DEIN COACH ZUM ERFOLG!

Dein ActiveBook auf My**STARK**:

Du kannst auf alle digitalen Inhalte zu diesem Band online zugreifen. Registriere dich dazu unter **www.stark-verlag.de/mystark** mit deinem **persönlichen Zugangscode**:

C01540-000737

Die Inhalte dieser Auflage stehen bis Schuljahresende zur Verfügung.

MySTARK

Das Active**Book** *bietet dir:*

- Original-Prüfungsaufgaben von 2022 mit vollständigen Lösungsvorschlägen
- Kleinschrittige Aufgaben zur Analyse von literarischen und pragmatischen Texten
- Videos zur Veranschaulichung des Vorgehens bei der Textanalyse
- Sofortige Ergebnisauswertung und Feedback zu einzelnen Aufgaben

DEIN COACH ZUM ERFOLG!

So kannst du interaktiv lernen:

Interaktive Aufgaben

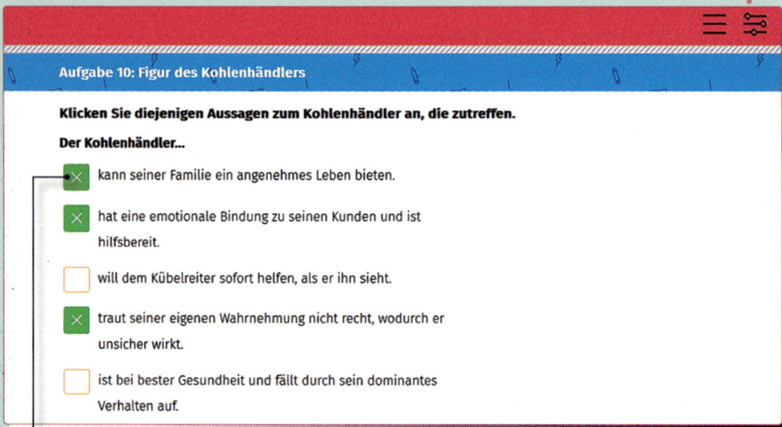

Sofortige Ergebnisauswertung

Lernvideos

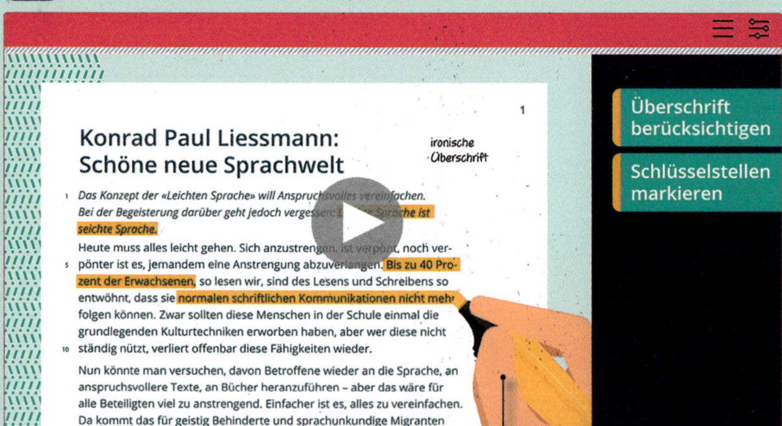

Anschauliche Erklärungen zur Textanalyse

Systemvoraussetzungen:
- Mindestens 1024×768 Pixel Bildschirmauflösung
- Chrome, Firefox oder ähnlicher Webbrowser
- Internetzugang

2023

Abitur

Original-Prüfungsaufgaben
mit Lösungen

Schleswig-Holstein

Deutsch

STARK

14. neu bearbeitete und ergänzte Auflage
www.stark-verlag.de

Inhalt

Sobald die Original-Prüfungsaufgaben 2022 freigegeben sind, können sie als **PDF** auf der **Plattform MyStark** heruntergeladen werden (Zugangscode vgl. Farbseiten vorne im Buch).

Autorinnen und Autoren:

Christian Berg (Übungsaufgabe 4)
Sigrid Deinzer-Kneip (2019/Aufgabe 1)
Roman Eisner (2020/Aufgabe 3)
Regina Esser-Palm (Übungsaufgabe 7)
Erasmus Ganghofer (2021/Aufgabe 4)
Annika Gärtner (2018/Aufgabe 4)
Stefan Grahamer (2020/Aufgabe 4)
Christian Heigel (Übungsaufgabe 5)
Jennifer Hermann (Übungsaufgabe 3)
Dr. Monika Lindinger (Übungsaufgabe 8)
Claudia Mutter (2021/Aufgabe 3)
Wolfgang Mohn (2020/Aufgabe 1)
Annika Neesen/Redaktion (Übungsaufgabe 1)
Silke Nippert-Bussacker (Übungsaufgabe 9)
Christoph Oldeweme/Redaktion (Übungsaufgabe 2)
Alisa Schlegel (2021/Aufgabe 2)
Peter Wöhrle (2019/Aufgabe 4)
Petra Wurm (2021/Aufgabe 1)
Barbara Zeller (Übungsaufgabe 6)

Vorwort

Liebe Abiturientinnen und Abiturienten,

Sie werden 2023 das Abitur im Fach Deutsch ablegen. Das Ministerium für Schule und Berufsbildung stellt die Prüfungsaufgaben einheitlich für alle Schülerinnen und Schüler in Schleswig-Holstein zentral.

Der vorliegende Band soll Ihnen dabei helfen, sich optimal auf die Prüfung im Fach Deutsch vorzubereiten. Das einführende Kapitel „**Hinweise und Tipps**" informiert Sie über die offiziellen Rahmenvorgaben, macht Sie mit den Arbeitsanweisungen (Operatoren) vertraut und erläutert die verschiedenen Schwierigkeitsstufen (Anforderungsbereiche) innerhalb jeder einzelnen Aufgabe. Es schließen sich konkrete Tipps an, was Sie bei der Bearbeitung der verschiedenen Aufgabenarten beachten müssen. Hinweise zur mündlichen Prüfung runden diesen Teil ab.

Im Fach Deutsch gibt es offizielle thematische Vorgaben, an denen sich die Abituraufgaben orientieren. Grundlage ist der gültige Lehrplan. Die **Übungsaufgaben** in unserem Buch sind **passend zu den thematischen Vorgaben für 2023** konzipiert, sodass sie optimal zum Training für die Prüfung genutzt werden können. Neben inhaltlichem Wissen kann so die Herangehensweise an eine komplexe Aufgabenstellung gelernt werden.

Außerdem enthält der Band eine Auswahl von **offiziellen Prüfungsaufgaben** des Zentralabiturs von **2018 bis 2022**.

Zu jeder Aufgabe finden Sie einen ausführlichen **Lösungsvorschlag**, mit dem Sie Ihren eigenen Aufsatz vergleichen können. Den Lösungsvorschlägen vorangestellt sind **Hinweise und Tipps**, die Ihnen bei der Erschließung der einzelnen Arbeitsanweisungen helfen. Wesentliche **Begriffe** in den Lösungsvorschlägen sind durch Fettdruck hervorgehoben, **Strukturierungshinweise am Rand** helfen dabei, den Gedankengang nachzuvollziehen. Vergegenwärtigen Sie sich bei Ihrer Vorbereitung immer wieder die genaue Fragestellung und die verwendeten Operatoren und lesen Sie wiederholt die Erklärung der unterschiedlichen Aufgabenarten in den Hinweisen nach. Auf diese Weise wiederholen Sie auch die im Unterricht gelernten Inhalte und Methoden.

Sollten nach Erscheinen dieses Bandes noch wichtige Änderungen für die Abiturprüfung 2023 vom Schulministerium bekannt gegeben werden, finden Sie aktuelle Informationen dazu im Internet unter: www.stark-verlag.de/mystark.

Wir wünschen Ihnen eine effektive Abiturvorbereitung und eine erfolgreiche Abiturprüfung!

Die Autor*innen und der Verlag

Hinweise und Tipps zur schriftlichen Abiturprüfung

1 Grundlagen

1.1 Vorgaben für das Abitur Deutsch

Die schriftlichen Prüfungsaufgaben richten sich in Aufbau und Inhalt nach:

- den bundesweit verbindlichen Bildungsstandards im Fach Deutsch für die Allgemeine Hochschulreife, online zu finden unter: http://www.kmk.org/fileadmin/Dateien/veroeffentlichungen_beschluesse/2012/2012_10_18-Bildungsstandards-Deutsch-Abi.pdf,
- den schleswig-holsteinischen „Fachanforderungen für die Abiturprüfung im Fach Deutsch".

Die letztgenannte Veröffentlichung des Ministeriums für Schule und Berufsbildung des Landes Schleswig-Holstein und weitere Informationen sind im Internet unter https://za.schleswig-holstein.de (→ Abitur) zu finden.

Wie schon in den letzten Jahren kann es sein, dass im Abitur 2023 eine Aufgabe aus einem Aufgabenpool gestellt wird, auf den auch andere Bundesländer zugreifen können. Eine gängige Aufgabenform ist hierbei insbesondere der Vergleich zweier lyrischer Texte.

1.2 Zeitrahmen und Hilfsmittel

In der Abiturprüfung im Fach Deutsch werden Ihnen vier unterschiedliche Aufgaben vorgelegt, von denen Sie eine auswählen müssen. Zur Bearbeitung stehen Ihnen 315 Minuten (inklusive Lese- und Auswahlzeit) zur Verfügung. Als Hilfsmittel sind ein Wörterbuch der deutschen Rechtschreibung und ggf. die Textausgabe der im Unterricht besprochenen Lektüre aus den thematischen Vorgaben zugelassen.

2 Prüfungsstoff

Im **Fach Deutsch** wird das **Zentralabitur** durchgeführt, d. h. in ganz Schleswig-Holstein sind dieselben Prüfungsaufgaben zu bearbeiten.
Das Ministerium für Schule und Berufsbildung in Schleswig-Holstein hat für die Prüfung 2023 thematische Vorgaben gemacht, die Bereiche des Lehrplans als Prüfungsstoff und damit als verbindliche Unterrichtsinhalte festsetzt.

Für die Abiturprüfung 2023 gelten folgende thematische Vorgaben:

1. Jahr der Qualifikationsphase: **Liebeskonzepte in der Lyrik**

2. Jahr der Qualifikationsphase: **Georg Büchner, *Woyzeck***

Ein möglicher Gegenstand weiterer Aufgaben sind folgende Themen und Bereiche:
- **Kurzprosa** unter Einbezug **parabolischer Texte**
- **Sprache:** aktuelle Entwicklungen der deutschen Sprache: Sprachnormen, Sprachwandel, Sprachvarietäten
- **Medien:** Medienbegriff, Medienwandel, Medienkritik, mediales Handeln
- **Lesen und Literatur:** Leseprozess, Funktionen von Literatur, persönliche Leseerfahrungen

Kleiner Tipp: In dem STARK-Band ***Abi – auf einen Blick. Deutsch. Schleswig-Holstein 2023*** (Titelnummer: 1154402, ISBN: 978-3-8490-5306-2) finden Sie die thematischen Vorgaben in aller Kürze übersichtlich zusammengefasst.

Überschneidungen der Themenfelder sind möglich. Übergreifende Fragestellungen zielen auf Formen der Kommunikation sowie auf die Bedeutung von Sprache, Medien und Literatur für die persönliche bzw. gesellschaftliche Entwicklung.

3 Aufgabenarten

Die Abituraufgaben sind nach den Bildungsstandards entweder textbezogen oder materialgestützt. Das heißt im Umkehrschluss, dass es Aufgaben ohne Texte und/ oder Materialien nicht geben wird. Die folgende tabellarische Zusammenstellung aus den Bildungsstandards illustriert die **möglichen Schreibformate**, die miteinander kombinierbare Grundmuster darstellen:

	Textbezogenes Schreiben				**Materialgestütztes Schreiben**	
Aufgabenart	Interpretation literarischer Texte	Analyse pragmatischer Texte	Erörterung literarischer Texte	Erörterung pragmatischer Texte	Materialgestütztes Verfassen informierender Texte	Materialgestütztes Verfassen argumentierender Texte

Quelle: Bildungsstandards im Fach Deutsch für die Allgemeine Hochschulreife (Beschluss der KMK vom 18. 10. 2012), S. 24

3.1 Interpretation literarischer Texte

Ihnen liegt ein epischer, lyrischer oder dramatischer Text (bzw. ein Auszug daraus) vor, der zu interpretieren und auf Bekanntes zu beziehen ist. Es geht bei der Interpretation darum, den Text in seiner **inhaltlichen, formalen und sprachlichen Besonderheit** zu verstehen und dieses Verständnis sprachlich zum Ausdruck zu bringen. Es ist ratsam, ihn zunächst mehrfach zu lesen, Auffälliges zu markieren, Beobachtungen zu notieren, Fragen an den Text zu stellen und sich zu überlegen, was charakteristisch und wesentlich daran ist. Die Deutung soll aus solchen Beobachtungen heraus entwickelt und mit Zitaten belegt werden. In der Regel muss darüber hinaus ein Bezug zu Stoff oder Thema, die im Unterricht behandelt worden sind, hergestellt werden. Als weitere Aufgabe schließt sich manchmal noch eine persönliche Auseinandersetzung mit dem Erkannten an, die oft auch dazu auffordert, ein eigenes Urteil zu formulieren.

Eine Variante stellt der **Textvergleich** dar, bei dem zwei Werke unterschiedlicher Autoren, Epochen oder Form einander gegenüberstehen und unter einem Gesichtspunkt in Beziehung zueinander gesetzt werden sollen. Häufig bezieht sich so ein Textvergleich auf Gedichte, es sind aber beispielsweise auch kurze epische Texte (z. B. Kurzgeschichten oder auch Auszüge aus Romanen) denkbar. Solche Aufgabenstellungen sind in der Regel zweigeteilt: Die erste Teilaufgabe erfordert die Erschließung eines Textes (auf Grundlage der Analyse von Inhalt, Form und Sprache), während die zweite Teilaufgabe einen aspektorientierten Vergleich mit einem weiteren Text oder einem thematisch verwandten literarischen Textausschnitt beinhaltet. Diese Vergleichstexte weisen Gemeinsamkeiten mit dem Ausgangsgedicht auf (bzgl. Thema oder Motiv) und müssen meist nicht detailliert und umfassend interpretiert werden, sondern lediglich unter denjenigen Aspekten analysiert und gedeutet werden, die für einen Vergleich fruchtbar erscheinen. Der Schwerpunkt liegt nämlich in der Regel auf der ersten Teilaufgabe.

3.2 Analyse pragmatischer Texte

Die Textanalyse bezieht sich auf Sachtexte, die in ihrer **Aussage und Struktur**, ihrer **Argumentation und Intention** sowie ihrer **Gestaltung** zu erschließen und zu erläutern sind. Je nach Schwerpunktsetzung der Aufgabe und nach Schwierigkeitsgrad des zu untersuchenden Textes folgt meistens eine Aufgabe, in der man zur Beurteilung des Textes oder zur Erörterung einzelner Thesen aufgefordert wird. Üblicherweise handelt es sich um journalistische Texte, Berichte, Kommentare, Kritiken, Reden und Essays. Im Unterschied zu literarischen Texten sind sie nicht fiktional: Nicht ein lyrisches Ich oder ein erdachter Erzähler, sondern reale Persönlichkeiten ergreifen um einer spezifischen Botschaft (Intention, Wirkungsabsicht) willen das Wort. Sie wollen appellieren und überzeugen, manchmal auch provozieren. Die für das Abitur ausgewählten Sachtexte beziehen sich auf die fachspezifischen Inhalte des Deutschunterrichts (z. B. auf die im Unterricht behandelten literarischen Werke, auf den Literaturbetrieb, die Medien, auf die Rezeption und Umsetzung von Literatur oder die Sprachtheorie).

3.3 Erörterung literarischer Texte und pragmatischer Texte

Die literarische Erörterung sowie die Erörterung auf der Grundlage eines Sachtextes gehen über eine reine Textinterpretation bzw. Textanalyse hinaus. Das Verständnis der Vorlage bildet hier die Grundlage für die nun im Zentrum stehende Erörterung. Bei dieser Aufgabenart sollte man folgerichtig **argumentieren und Gesichtspunkte gegeneinander abwägen** können, um daraus ein eigenes Fazit zu ziehen. Gegenstand der Erörterung kann ein literarisches Werk (auf Grundlage eines literarischen Textes oder eines Sachtextes) oder ein anderes fachspezifisches Sachthema des Deutschunterrichts sein, dies dann auf der Basis der Erschließung eines Sachtextes.

Bei der literarischen Erörterung zu einer Pflichtlektüre sollten Sie diese unbedingt gut kennen, um schlüssige Argumente entwickeln und anhand des Textes belegen zu können. Mithilfe **der Ihnen vorliegenden Textausgabe** können Sie sich noch einmal zentrale Passagen vergegenwärtigen oder relevante Zitate ausfindig machen, die Sie in Ihren Text einbauen wollen.

3.4 Das materialgestützte Schreiben

Unter dem Begriff „materialgestütztes Schreiben" verstehen die Bildungsstandards zwei Varianten: Zum einen geht es darum, „Leser über einen Sachverhalt so zu **informieren**, dass sie eine Vorstellung über seine wesentlichen Aspekte entwickeln können". Zum anderen kann verlangt werden, „zu strittigen oder erklärungsbedürftigen Fragen, Sachverhalten und Texten **differenzierte Argumentationen** zu entwickeln". In beiden Fällen sind Materialien (kurze Texte, Tabellen, Grafiken, Diagramme) vorgegeben, die entsprechend der Fragestellung ausgewertet werden müssen. Selbstverständlich sind Sie auch aufgefordert, auf **eigenes Wissen** zurückzugreifen.

Beim materialgestützten Schreiben geht es deshalb nicht darum, die vorgegebenen Texte, Bilder oder Grafiken möglichst vollständig zu analysieren, sondern viel eher darum, die Informationen und Aussagen für das eigene Schreibziel zu nutzen. Sie beweisen so vor dem Schreiben eine **vertiefte Lesekompetenz**, denn Sie müssen ja belegen, dass Sie in der Lage sind, die Aspekte des Materials zu identifizieren, die Sie für Ihren eigenen Text brauchen. Als Nächstes müssen Sie zeigen, dass Sie die ausgewählten Komponenten **sachgerecht wiedergeben** können, z. B. durch direkte oder indirekte Textzitate. Und schließlich wird bewertet, ob aus der durch die Bearbeitung der Materialien entstandenen Stoffsammlung ein **geschlossener**, stringent **aufgebauter und überzeugender Text** entstanden ist. Strukturieren und Gliedern sind für alle Schreibformen von zentraler Bedeutung, aber beim materialgestützten Schreiben müssen Sie Ihren Text besonders sorgfältig planen.

Die Wahl einer materialgestützten Schreibaufgabe ist v. a. dann attraktiv, wenn Sie das Thema anspricht, Sie darüber schon etwas wissen und Sie (bei der argumentativen Variante) eine klar definierbare Position entwickeln können. In diesem Fall werden die Materialien dazu beitragen, einen informierenden oder argumentierenden Text auf hohem Niveau zu verfassen.

3.5 Tipps zur Arbeit mit Texten

Jeder gelungene Deutschaufsatz entsteht aus einem Zusammenspiel von genauem Eingehen auf die Aufgabenstellung und individuellem Zugang, also der Fähigkeit, den Text „zum Sprechen“ zu bringen. Für die Prüfungssituation ist es wichtig, über ein **Repertoire an Fragen** zu verfügen, mit denen man an Texte herangeht.

Interpretation einer dramatischen Szene

- Hier sollte man – vorausgesetzt, dass die Aufgabenstellung nicht ausdrücklich einen bestimmten Untersuchungsaspekt vorgibt – nach Kommunikationssituation und Redeanteilen fragen.
- In welcher Konstellation stehen die Figuren zueinander? Gibt es Kontrast- oder Parallelfiguren? Wie sind die Status- und Machtverhältnisse der Figuren untereinander zu beschreiben und zu beurteilen?
- Welche Spannung liegt in der Szene? Wie spitzt sich die Auseinandersetzung zu?
- Gibt es einen Höhe- und Wendepunkt? Wo liegt er?
- Welche Rolle spielt der Schauplatz und eventuell ein Requisit bzw. eine Geste?
- Was tragen die Regieanweisungen zum Verständnis bei?
- Was bleibt hinter dem gesprochenen Wort unausgesprochen und ist mitzudenken? Was lässt uns ahnen, wie es in der Figur wirklich aussieht und was sie eventuell plant?

Gedichtinterpretation

Bei einer Gedichtinterpretation sollten Sie hinhören und überlegen, wie das Gedicht wirkt, und untersuchen, wodurch diese Wirkung zustande kommt. Erarbeiten Sie den Text zunächst mithilfe von Markierungen und Notizen, um dann ein Konzept für Ihren Aufsatz erstellen. Wichtige Aspekte und Leitfragen sind zum Beispiel:

- Aus welcher Perspektive wird im Gedicht gesprochen?
- Was ist mit dem lyrischen Ich, das implizit oder explizit sich und seine Sicht der Welt zum Ausdruck bringt? Wie spricht es? Welche Sprache wählt es?
- Gibt es eine Entwicklung? Was entwickelt sich vom ersten bis zum letzten Vers?
- Welche Versgruppen gehören zusammen? Wie ist ein Motiv durchgeführt und inwieweit wandelt es sich?
- Welche sprachlichen und formalen Mittel werden verwendet und mit welcher Wirkung (Wortwahl, bildliche Sprache, rhetorische Figuren, Metrum usw.)? Hierbei ist zu beachten, dass man nicht mechanisch z. B. das Metrum bestimmt, ohne zu sagen, was es ausdrückt und bewirkt.
- Ergibt sich fließend ein Erlebniszusammenhang mit einer spürbaren Atmosphäre? Oder ist es ein eher spröder, intellektuell gedachter und gebauter Text, durchsetzt von Konjunktionen, Einsprüchen und Antithesen?

Und noch etwas: Wie das eine oder andere letztlich zu verstehen ist, ist nicht immer eindeutig zu entscheiden: Gedichte haben einen offenen Deutungsraum. Die Interpretation muss daher nach Plausibilität streben, indem sie sich nahe am Gedicht bewegt und die Thesen durch konkrete Textbelege stützt.

Interpretation von epischen Texten

Bei erzählender Literatur sollten Sie sich vor der Gefahr hüten, in der Fülle des Stoffes zu ertrinken und zu viel Inhaltliches zu rekonstruieren.

- Entscheidend für das Verständnis ist es sehr oft, die Erzählperspektive und Haltung des Erzählers zu erkennen und zu deuten. Weiß er nicht mehr, als die einzelne Person wissen kann, erzählt er gleichsam aus ihr heraus personal? Oder überschaut er die erzählte Welt? Oder verschwindet er ganz hinter einem erzählenden Ich? Hegt der Erzähler Sympathie für seine Helden oder bleibt er ironisch distanziert?
- Wird linear-chronologisch erzählt oder gebrochen in Zeitsplittern, Facetten, Vorwegnahmen und Rückblicken?
- Entsteht ein Abbild unserer Wirklichkeit oder erscheint sie ins Artifizielle, Groteske, Absurde verfremdet?
- Und welches Bild von der erzählten Zeit wird entworfen, mit welchen Fragen setzt sich der Autor in seinem Text auseinander?

Analyse von Sachtexten

- Bei Sachtexten ist es wichtig, Textsorte, Adressatenbezug und Kommunikationszusammenhang zu klären, denn oft reagieren Autoren auf ganz bestimmte Situationen, greifen mit ihrem Beitrag in eine öffentliche Debatte ein oder lösen eine ebensolche aus. Bei der Wahl solcher Themen sollten Sie also möglichst über ein gewisses Hintergrundwissen verfügen.
- Entscheidend ist es, das zentrale Problem zu erfassen, die Intention des Autors aus der Fülle der Aussagen herauszuschälen und die wichtigsten Argumente zu finden, die die vorgetragene Intention stützen.
- Bei Reden wäre zu fragen, ob überzeugend argumentiert oder ob eher überredet, manipuliert, verschleiert und mit Emotionalität und Suggestion Stimmung erzeugt wird. Aufschlussreich bei der Untersuchung von Reden ist es auch, nach Merkmalen zu suchen, die vielleicht eine „Wir-Gruppe“ von einer „Feind-Gruppe“ abgrenzen.
- Bei Glossen und Polemiken kommt es sehr darauf an, Mittel der Ironie, der Übertreibung und Zuspitzung nicht zu überlesen.
- Bei Texten, die sich interpretierend und/oder bewertend auf ein literarisches Werk beziehen (Rezensionen oder literaturwissenschaftliche Texte zum Beispiel), müssen Sie deren Stichhaltigkeit auf der Basis der eigenen Kenntnis und Bewertung des Werks überprüfen. Welche Schwerpunktsetzungen werden vorgenommen? Welche Aspekte werden ausgeblendet? Wo ist sachliche Begründung von subjektiver Wertung zu unterscheiden?

Einen guten Eindruck macht es immer, wenn Sie korrekt **zitieren** können. Die Textstelle sollte dabei nicht zu umfangreich sein und dem Leser nicht kommentarlos präsentiert werden. Zitate, oft nur ein Satzfetzchen oder ein besonderes Wort, werden gewählt, weil sie aufschlussreich und vielsagend sind: Sie müssen also damit arbeiten, sie erläutern und kommentieren. Überhaupt ist es das A und O jeder Interpreta-

tion, das Vorgegebene mit eigenen Worten zu erfassen. Wer nur wiederholt, was der Autor sagt, bleibt gleichsam erkenntnisblind. Die Anstrengung dagegen, Fremdes selbstständig in der eigenen Sprache wiederzugeben, wirft unwillkürlich Fragen auf und bedeutet damit den ersten Schritt zum Verständnis eines Textes.
Sehr ratsam ist es, über zentrale **Fachbegriffe** so zu verfügen, dass über Erzähltes und Dargestelltes präzise gesprochen werden kann. Sie sollten etwa schreiben können: „Die Peripetie erkenne ich in dem Moment, in dem …“ Oder: „Hier wird der Beziehungsaspekt wichtiger als der Inhalt.“ Oder: „In diesen Ellipsen, diesen Kurzsätzen ohne Prädikat, drückt sich aus, wie …“. – Sehen Sie zu, dass Sie Wortarten, Satzteile und Nebensatztypen korrekt bezeichnen können. Üben Sie sich darin, die wichtigsten rhetorischen Figuren zu erkennen, die gestalteter Sprache ihre Wirkung verleihen.

Erörtern

Die Schreibform des Erörterns wird genutzt, um eine Behauptung (eine These) oder ein Problem kritisch abzuwägen und am Ende zu einem Ergebnis oder zu einem Urteil zu gelangen. Dies setzt voraus, dass man eine Aussage identifizieren kann, die überhaupt strittig ist (man kann z. B. nicht ernsthaft darüber streiten, ob die Farbe Rot schön oder hässlich ist). Weil es darum geht, den Leser von der eigenen Meinung zu überzeugen, muss jede These durch entsprechende Begründungen belegt werden. Daraus ergeben sich folgende Bewertungskriterien, die Sie leicht selbst überprüfen können:

- Wird die **Hauptthese** meiner Erörterung deutlich?
- Ist ggf. klar erkennbar, gegen welche Behauptung ich Stellung beziehe?
- Habe ich die Hauptthese und alle anderen Behauptungen jeweils **gut begründet**?
- Stimmen die Aussagen des Textes **logisch** überein?
- Ist meine Argumentation auch **sprachlich überzeugend**?
- Sind die **Beispiele**, die die Begründungen untermauern sollen, tragfähig?
- Komme ich zu einem für den Leser **nachvollziehbaren Schluss**?

Materialgestütztes Schreiben

Beim materialgestützten Schreiben wird in der Aufgabenstellung in der Regel ein **Adressat** genannt, an den sich der Text richten soll. Der informierende wie auch der argumentierende Text muss sich deshalb erkennbar am (potenziellen) Leser orientieren. Darüber hinaus achten Sie auf folgende Aspekte:

- Haben Sie **alle Materialien** ausgewertet?
- Sind die **Informationen und Erkenntnisse der Materialien passend** in Ihre Argumentationskette bzw. in die sachlogische Gliederung eines informierenden Textes **eingefügt**?
- Wird **richtig zitiert**? (Achten Sie auf die Angaben in der Aufgabe. Nicht immer muss wissenschaftlich korrekt zitiert werden!)
- Ist ein in sich geschlossener Text entstanden, der eine **klare Aussage** transportiert **oder** einen **nachvollziehbaren und überzeugenden Standpunkt** vertritt?

- Sind alle **Bedingungen erfüllt**, die sich aus der **Aufgabenstellung** ergeben? (Wenn Sie z. B. aufgefordert werden, eine bestimmte Rolle zu erfüllen, dann müssen Sie prüfen, ob Sie Ihren Aufsatz tatsächlich aus deren Sicht verfasst haben!)

4 Anforderungsbereiche und Operatoren

4.1 Anforderungsbereiche (AFB)

In den Bildungsstandards werden **drei Anforderungsbereiche** definiert, die sich in jeder Aufgabe, in jeweils leicht variierenden Anteilen, wiederfinden. Die einzelnen Bereiche bauen aufeinander auf und verlangen einen zunehmenden Grad an Abstraktionsfähigkeit und Problemlösungsvermögen. In jedem Bereich gilt es, eine Verstehensleistung, eine Argumentationsleistung und eine Darstellungsleistung zu erbringen.

- **Anforderungsbereich I** betrifft die **Reproduktion**: die Wiedergabe von gelernten Sachverhalten sowie die wiederholende Zusammenfassung. Der im Unterricht erarbeitete Hintergrund an Lektüre- und Faktenwissen, fachspezifische Arbeitstechniken, Methoden der Texterschließung sowie Darstellungstechniken sollen zum Einsatz gebracht werden.
- **Anforderungsbereich II** zielt auf die Anwendung erworbener Arbeitsweisen, auf **Reorganisation von Bekanntem und Transferleistungen**. Es geht um selbstständiges Auswählen, Ordnen, Erläutern, Interpretieren oder Vergleichen. Erwartet wird von Ihnen eine eigenständige, argumentativ begründete Interpretation bzw. Erörterung, die zeigt, dass Sie in der Lage sind, Gelerntes auch auf unbekannte Zusammenhänge anzuwenden. Auf dem AFB II liegt in der Abiturprüfung das Hauptgewicht.
- **Anforderungsbereich III** betrifft die gedankliche Selbstständigkeit der Leistung: Hier müssen Sachverhalte und Zusammenhänge eigenständig ausgewertet, durchdacht und begründet beurteilt oder gestaltet werden. Sie sollen zu einer differenzierten und kritischen Wertung von Texten und Sachverhalten gelangen und Ihre Fähigkeit zur **Reflexion und Problemlösung** beweisen.

Nicht immer sind die drei Anforderungsbereiche aus den Teilaufgaben erschließbar bzw. einzelnen Arbeitsanweisungen zuzuordnen. Oft wird ein umfassender Operator (Arbeitsanweisung) wie „erörtern“, „interpretieren“ oder „analysieren“ eingesetzt, der Leistungen in allen drei Anforderungsbereichen erfordert. Wird die Aufgabe nicht weiter differenziert, entfällt damit eine erste Strukturierungshilfe, die einzelne Teilaufträge ansonsten bieten. Folglich haben Sie hier zwar weniger Orientierungspunkte, aber auch mehr Freiraum beim Gliedern und der Schwerpunktsetzung Ihres Aufsatzes.

4.2 Operatoren

Operatoren sind **Arbeitsanweisungen**. Sie machen deutlich, welche Art von Aufgabenstellung gemeint ist, lassen sich den einzelnen **Anforderungsbereichen** zuordnen und geben einen Hinweis auf das Gewicht der entsprechenden Aufgabe. Durch ihre konkreten Vorgaben dienen Operatoren sowohl dazu, Arbeitsaufträge eindeutig zu formulieren und voneinander abzugrenzen, als auch einheitliche Bewertungs- und Korrekturmaßstäbe zu setzen. Die folgende **Operatorenliste** basiert auf den Vorgaben des Ministeriums für Schule und Bildung.

Globaloperatoren

Operatoren und Anforderungsbereiche	Erläuterung	*Beispiele*
interpretieren **I–III**	Hier ist ein komplexes Verständnis eines literarischen Textes gefordert, das methodisch reflektiert und nachvollziehbar dargestellt werden muss. Dazu gehört insbesondere die Erschließung der Wechselwirkung zwischen Inhalt, Form und Sprache. Je nach Text und Aufgabenstellung kann auch eine aufgabenbezogene Kontextualisierung erwartet werden. Das Ziel ist eine schlüssige Gesamtdeutung eines Textes.	*Interpretieren Sie* das vorliegende Gedicht.
analysieren **I–III**	Hier sollen (z. T. unter bestimmten Fragestellungen) Elemente, Strukturmerkmale und Zusammenhänge eines Sachtextes herausgearbeitet und die Ergebnisse dargestellt werden. Es gilt den funktionalen Zusammenhang von Inhalt, Form und Sprache zu untersuchen und daraus schlüssig die Aussageabsicht abzuleiten. Je nach Text und Aufgabenstellung kann auch eine aufgabenbezogene Kontextualisierung erwartet werden.	*Analysieren Sie* den vorliegenden Text im Hinblick auf die Argumentationsstruktur.
erörtern **I–III**	Es wird von Ihnen erwartet, dass Sie zu strittigen oder fraglichen Sachverhalten unter Bezug auf literarische oder pragmatische Texte oder unter Nutzung von Materialien eine abwägende, differenzierte und strukturierte Argumentation entwickeln. Das Ziel ist die Verdeutlichung des eigenen Standpunktes und ein Urteil, das aus der Argumentation abgeleitet ist. Oft ist dazu die Nutzung von Kontextwissen erforderlich.	*Erörtern Sie* die Notwendigkeit von Sprachförderkonzepten im Zusammenhang mit den Aussagen der beiden vorliegenden Texte.

entwerfen, gestalten, verfassen **I–III**	Hierbei handelt es sich um produktionsorientierte Aufgabenstellungen, die in der Regel weitere Kriterien ausweisen. Die Grundlage bildet die Untersuchung eines Textes oder einer Materialiensammlung.	*Entwerfen Sie* einen möglichen Ausgang der Geschichte. *Gestalten Sie* ein Flugblatt textlich und grafisch, das die Intention der Rede widerspiegelt. *Verfassen Sie* auf Grundlage der Materialien einen Kommentar zum Phänomen „Kiezdeutsch".

Operatoren

beschreiben **I–II**	Hier sind Sachverhalte, Situationen, Vorgänge, Merkmale von Personen/Figuren etc. in eigenen Worten wiederzugeben, wobei auf Wertungen verzichtet werden soll (eventuell materialgestützt).	*Beschreiben Sie* die Entwicklung der Hauptfigur.
darstellen **I–II**	Sie haben die Aufgabe, Inhalte, Zusammenhänge, Sachverhalte etc. klar und strukturiert abzubilden.	*Stellen Sie* die Wirkungsabsicht *dar,* die der Autor mit seinem Text verfolgt.
zusammenfassen **I–II**	Es wird von Ihnen erwartet, dass Sie Inhalte, Zusammenhänge oder Texte komprimiert und strukturiert wiedergeben. Dabei können Sie selbst entscheiden, ob Sie linear oder aspektorientiert vorgehen. Sie sollten aber eigene Worte verwenden.	*Fassen Sie* die unterschiedlichen Meinungen zum Thema X *zusammen.*
einordnen **I–II**	Ein Text, eine Aussage oder auch ein Sachverhalt soll begründet in einen vorgegebenen Zusammenhang eingefügt werden. Dafür nutzen Sie Ihr Kontextwissen.	*Ordnen Sie* die vorliegende Szene in den Handlungszusammenhang des Dramas *ein.*
untersuchen, analysieren, erschließen **II–III**	Hier gilt es unter gezielten Fragestellungen Elemente, Strukturmerkale und Zusammenhänge herauszuarbeiten und die Ergebnisse darzustellen.	*Untersuchen/Analysieren Sie* das Gedicht unter dem Aspekt der sprachlichen Gestaltung. *Erschließen Sie* aus der Szene den zentralen Konflikt des Dramas.
charakterisieren **II–III**	Sie sollen Figuren oder Konzepte (meist bezogen auf einen literarischen Text) treffend beschreiben und dafür geeignete Belege heranziehen. Ggf. gehört dazu auch deren Bewertung oder die Bestimmung ihrer Funktion.	*Charakterisieren Sie* die Figur des Kommissars in Friedrich Dürrenmatts Drama „Die Physiker".

in Beziehung setzen **II–III**	Sie haben die Aufgabe, Zusammenhänge unter vorgegebenen oder selbst gewählten Gesichtspunkten herzustellen und dabei zu begründen.	*Setzen Sie* Ihr Analyseergebnis *in Beziehung* zur aktuellen Medienkritik am Privatfernsehen.
erklären **II–III**	Es wird von Ihnen erwartet, dass Sie Materialien, Sachverhalte, Zusammenhänge oder Thesen in einen Begründungszusammenhang stellen.	*Erklären Sie* die Kommunikationssituation anhand des Modells von Schulz von Thun.
erläutern **II–III**	Hier sind Materialien, Sachverhalte, Zusammenhänge oder Thesen mithilfe zusätzlicher Informationen und Beispiele zu veranschaulichen.	*Erläutern Sie* Schillers Theaterverständnis mithilfe seines Dramas X.
vergleichen **II–III**	Sie sollen Texte, Problemstellungen, Sachverhalte etc. unter vorgegebenen oder selbst gewählten Aspekten einander gegenüberstellen. Dazu ermitteln Sie Gemeinsamkeiten, Ähnlichkeiten und Unterschiede, wägen diese gegeneinander ab und formulieren auf dieser Basis ein Fazit.	*Vergleichen Sie* die Figurenkonstellation mit derjenigen im Drama X. *Vergleichen Sie* Art und Wirkung der Metaphorik in beiden Gedichten.
Stellung nehmen **II–III**	Hier geht es darum, zu einzelnen Meinungen, Textaussagen oder auch Problemstellungen argumentativ und wertend eine Position zu formulieren.	*Nehmen Sie* zu den Aussagen des Autors *kritisch Stellung,* indem Sie Erkenntnisse der Sprachsoziologie berücksichtigen.
prüfen, überprüfen **II–III**	Hier untersuchen Sie eine (Text-) Aussage, These, Behauptung etc. kritisch im Hinblick auf deren Gültigkeit, um zu einer begründeten Einschätzung zu gelangen.	*Überprüfen Sie* die Stimmigkeit des Interpretationsansatzes auf der Grundlage Ihres eigenen Textverständnisses.
beurteilen, bewerten **II–III**	Sie sollen auf der Basis fundierter Kriterien oder begründeter Wertmaßstäbe Einschätzungen formulieren, z. B. zu einer Aussage oder Problemstellung.	*Beurteilen Sie* den Versuch des Autors, seine Fluchterfahrung in lyrischer Form darzustellen. *Bewerten Sie* Jandls lyrische „Sprachspiele“ auf der Basis Ihres eigenen Verständnisses von der Aufgabe der Lyrik in der Gegenwart.
sich auseinandersetzen mit **II–III**	Dieser Operator fordert eine argumentative Abwägung in Bezug auf Sachverhalte oder Problemstellungen, wobei in der Regel eine genauere Fragestellung vorgegeben ist.	*Setzen Sie sich* mit der Frage auseinander, ob es einen Lesekanon geben sollte.

5.1 Praktische Tipps

Die **Wahl der Aufgabe** sollte sorgfältig getroffen werden, denn von der „richtigen" Aufgabe hängt ganz wesentlich der Erfolg der Arbeit ab. Deshalb sollten Sie nicht nur die Textvorlage, sondern auch die Aufgabenstellung genau lesen und für sich selbst folgende Fragen beantworten:

- Was genau wird verlangt: Reproduktion, Erarbeitung, Beurteilung, Stellungnahme, Vergleich, Eigengestaltung?
- Welches ist die Schwerpunktaufgabe? Liegt sie mir?
- Welche Aufgabe fordert mich heraus? Wo kann ich meine Stärken einbringen?
- Wo habe ich Gelegenheit, Kenntnisse aus dem Unterricht zu nutzen?

Ausschlaggebend sollte nicht die vermeintliche Leichtigkeit einer Aufgabe sein, sondern die Möglichkeit, sie auf ergiebige und gehaltvolle Weise zu lösen.
Ist die Entscheidung gefallen, sollten Sie möglichst nicht mehr wechseln, denn das wäre verschenkte Zeit.

Eine grobe **Zeitplanung** ist immer hilfreich. Die 315 Minuten Bearbeitungszeit entsprechen sieben Schulstunden. Es liegt nahe, eine Grobplanung im 45-Minuten-Takt vorzunehmen. Bei Analyseaufgaben könnte man zum Beispiel zwei Unterrichtsstunden für die Konzeptphase ansetzen (Textmarkierungen, Skizzen, Aufsatzgliederung, Disposition, Ausformulierung von Kern- und Gelenkstellen), etwa zwei Stunden für die Reinschrift und eine Stunde für die Durchsicht und Feinkorrektur. Damit wären etwa fünf Stunden verplant, sodass noch Zeit für Pausen und ein ausreichender Puffer bleibt. Pausen sollte man erst nach Beendigung eines Arbeitsganges einlegen, im Idealfall erst vor der Reinschrift.

5.2 Hinweise zu den Bewertungskriterien

Bei der Bepunktung werden folgende Bewertungskategorien berücksichtigt:

- die inhaltliche Leistung und
- die sprachliche Leistung.

Besonders viel Gewicht wird in der Bewertung darauf gelegt, dass

- Ihre Ausfertigung sachlich richtig ist,
- Ihre Aussagen folgerichtig und begründet sind,
- Ihre Arbeit einen bestimmten Grad an Selbstständigkeit, z. B. in der Entwicklung von Gedankengängen, aufweist,
- über einen klaren Aufbau und eine deutliche Sprache verfügt,
- eine grundlegende Sicherheit im Umgang mit der Fachsprache und den entsprechenden Methoden aufzeigt und
- sprachlich richtig und in ihrer äußerlichen Form angemessen ist.

Hinweise und Tipps zur mündlichen Abiturprüfung

1 Allgemeines

Die Aufgabenstellung in der mündlichen Prüfung besteht aus zwei Aufgaben. Einer der beiden Aufgaben ist ein (kurzer) Text zur Bearbeitung beigegeben, der Ihnen nicht aus dem Unterricht bekannt ist. Jede der beiden Aufgaben enthält in der Prüfung in der Regel zwei gleichwertige Elemente, durch die einerseits die Fähigkeit zum selbstständig konzipierten **Vortrag**, andererseits die Fähigkeit zur Beteiligung am **Prüfungsgespräch** überprüft wird. Beide Teile der Prüfung (Vortrag und Prüfungsgespräch) sollen zeitlich etwa gleich bemessen sein. Es gelten ansonsten grundsätzlich dieselben Kriterien für die Bewertung wie bei den schriftlichen Anforderungen, wobei es besonders darauf ankommt, dass man auch in mündlicher Rede gewandt und präzise argumentiert, ohne den Faden zu verlieren.

Zunächst erhalten Sie die Aufgabenstellungen, für deren Bearbeitung Ihnen im **Vorbereitungsraum 30 Minuten** zur Verfügung stehen. Innerhalb dieser Zeit sollen Sie zu beiden Aufgaben jeweils einen etwa 5-minütigen Vortrag erarbeiten, der in sich geschlossen und logisch untergliedert ist. Während des Referats können Sie sich auf Ihre stichwortartigen Aufzeichnungen stützen.

Die Kürze der Vorbereitungszeit schließt aus, dass Sie Ihren Vortrag schriftlich ausformulieren; vielmehr ist es, ähnlich wie bei der Sichtungsphase in der Klausur, notwendig, ihn durch sinnvolles Markieren und knappe Anmerkungen zu konzipieren.
Der jeweils zweite Prüfungsteil zu jeder Aufgabe besteht aus einem Prüfungsgespräch, in dem Ihr Hintergrundwissen und Ihre Fähigkeit, größere fachliche und sachliche Zusammenhänge zu erschließen, überprüft werden.

2 Prüfungsteil I: eigenständiger Vortrag

Die größten Schwierigkeiten bei der mündlichen Abiturprüfung liegen erfahrungsgemäß im ersten Teil, also in dem zusammenhängenden, gegliederten Vortrag. Da es für solche Vorträge kaum echte Übungsmöglichkeiten im Unterricht gibt, zumindest nicht für jeden Einzelnen, fehlt es weitgehend an konkreten Vorerfahrungen; daher im Folgenden einige Tipps, wie Sie sich auf diese Prüfungssituation vorbereiten und Ihren Vortrag ansprechend gestalten können.

Tipps für die 30-minütige Vorbereitung

- Themenstellung: Was ist die Zielrichtung der geforderten Bearbeitung?
- Operatoren: Welche konkreten Anforderungen werden gestellt? Bei Mehrteiligkeit: Welche Gliederungshilfe bieten die Teilaufgaben? Welcher Aufgabe kommt das größte Gewicht zu?
- Einstieg: Mit welcher Einleitung führt man den Vortrag schnell und stringent zum Kern der Aufgabenstellung?
- Texte: Fachbegriffe bzw. analytische Aspekte an den Rand schreiben, Quellen-Anmerkungen ergänzen, Stichworte für den Vortrag festlegen; wichtige Zitatstellen markieren.
- Gliederung: Nummerieren Sie Ihre Markierungen, damit Sie Ihren Vortrag anhand dieser Reihenfolge gestalten können.
- Beenden Sie Ihr Referat mit einem klaren Fazit.
- Grobstruktur: Nennung der Aufgabenstellung – Einleitung – Bearbeitung der Teilaufgaben – Schlussteil.

Tipps für den Vortrag

- Zeitmanagement: Legen Sie eine Armbanduhr neben Ihr Konzept, notieren Sie, bevor Sie zu sprechen anfangen, den konkreten Zeitraum für Ihren Vortrag – so haben Sie klare zeitliche Anhaltspunkte.
- Nutzen Sie die Anmerkungen, die Sie während der Vorbereitungszeit angefertigt haben, als Leitfaden.
- Tragen Sie möglichst frei vor, klammern Sie sich nicht an Ihre Aufzeichnungen.
- Sprechen Sie klar, deutlich und hinreichend laut.
- Achten Sie auf ein angemessenes Sprechtempo. Versuchen Sie, nicht zu schnell zu sprechen.
- Vermeiden Sie sowohl „Endlossätze" als auch Aneinanderreihungen und monotone Satzanfänge („Und … und … und …").
- Achten Sie darauf, Füllwörter wie „halt", „sozusagen", „irgendwie" u. a. möglichst zu vermeiden.
- Nutzen Sie die Fachsprache, die Sie gelernt haben, um zu verdeutlichen, dass Sie Ihr Metier beherrschen.
- Zitate/Textbelege: Erklären Sie während des Vortrages, woher Sie Ihre Aussagen beziehen, indem Sie Kernstellen mit Zeilenhinweis anführen.
- Ein gelegentlicher Blickkontakt zu Ihrem Prüfer oder den übrigen Beisitzern zeugt von einem souveränen Umgang mit der Situation und den Kommunikationsregeln.
- Bewegen Sie sich bei Ihrem Vortrag auf einer einheitlichen Sprachebene und vergegenwärtigen Sie sich, dass die Adressaten Ihres Vortrags Deutschlehrerinnen und Deutschlehrer, also Fachleute sind.

Sie können den ersten Teil der mündlichen Prüfung üben und simulieren, indem Sie Arbeitsaufträge aus diesem Band zugrunde legen, die Vorbereitungszeit exakt ein-

halten und zwei Kursmitglieder als fiktive Prüfungskommission hinzuziehen. Lassen Sie sich anschließend von Ihrer „Prüfungskommission" begründet darlegen, ob Ihr Vortrag sprachlich und inhaltlich verstanden wurde.
Ebenso können Sie natürlich in der Familie oder im Freundeskreis das Referieren üben oder zu diesem Zweck Ihren Vortrag selbst aufnehmen und überprüfen.

3 Prüfungsteil II: das Prüfungsgespräch

Die zeitliche Dauer des zweiten Prüfungsteils entspricht in etwa derjenigen des ersten Teils: ca. 5 Minuten zu jeder Aufgabe je nach Verlauf. Im Prüfungsgespräch wird an Ihren Vortrag angeknüpft. Hier bekommen Sie je nachdem die Möglichkeit, Dinge zu korrigieren, zu präzisieren, ausführlicher zu erläutern oder in einen anderen oder erweiterten Kontext zu stellen. Sie sollten sich dabei aber nicht wiederholen oder gar den Eindruck erwecken, dass Sie dem Thema des Prüfungsgesprächs ausweichen wollen.
Sie sollen Ihre Kommunikationskompetenzen im Rahmen eines Fachgespräches unter Beweis stellen: Zeigen Sie sich also als gewandter Gesprächspartner, der adressatengerecht und sachkundig die Fragen und Impulse aufgreift und möglichst selbstständig und ergiebig damit umgeht.

Tipps für das Prüfungsgespräch

- *Sprechanteil:* Je eigenständiger und umfassender Sie als Prüfling mit den Fragen und Impulsen umgehen, desto besser! Begnügen Sie sich nicht mit Kurzantworten, führen Sie länger aus.
- *Erfassen der Frageintention:* Achten Sie auf die Operatoren und auf fachliche Kernbegriffe! Führen Sie sinnvolle Beispiele oder Vergleiche aus dem Unterricht an, zeigen Sie Ihr Hintergrund- und Allgemeinwissen. Aber schweifen Sie nicht ab, bleiben Sie beim Thema.
- *Gesprächsaufbau durch den Prüfer:* In der Regel gestaltet der Prüfer ein solches Gespräch nach dem Prinzip „Vom Einfachen zum Schwierigen, vom Einzelfallbeispiel zum Allgemeinen/Modellhaften".
  Wenn Sie einen Bezug zu einer Ihnen passend erscheinenden Theorie oder zu einem aus dem Unterricht bekannten Beispiel selbst herstellen können: Tun Sie dies!
- *Unterrichtsbezüge:* Hintergrund aller Fragen und Impulse ist das aus dem Unterricht Bekannte. Stellen Sie also nach Möglichkeit über das gerade angesprochene Einzelbeispiel hinaus Vergleiche zu dem im Unterricht Behandelten an, weisen Sie auf Gemeinsamkeiten oder auch auf Unterschiede hin. Machen Sie somit deutlich, dass Sie den Gesprächsgegenstand aus dem Prüfungsgespräch in größere Zusammenhänge einordnen können.
- *Verständnisproblem:* Sollten Sie mit einer einzelnen Frage einmal nichts anfangen können: Verlieren Sie keine Zeit, bitten Sie an einer solchen Stelle um eine kurze ergänzende Erläuterung.

- *Unterbrechungen:* Lassen Sie sich nicht irritieren. Der Prüfer möchte Ihnen entweder zurück auf den Haupt(frage)weg helfen oder den Themenschwerpunkt wechseln, was vielleicht nur daran liegt, dass die Prüfungszeit allmählich knapp wird: Werten Sie solche Unterbrechungen in jedem Fall als für Sie günstig und hilfreich.
- *Mimik und Gestik:* Lassen Sie sich nicht durch Äußerlichkeiten irritieren: Die Prüfer werden sich bemühen, eine neutrale Atmosphäre herzustellen. Wenn das Prüfungsgespräch beispielsweise weniger persönlich verläuft als eine normale Unterrichtsstunde, ist das kein beunruhigendes Zeichen.

Abitur Deutsch (Schleswig-Holstein) – Übungsaufgabe 1: Interpretation eines literarischen Textes

Thema:
Liebeskonzepte in der Lyrik

Arbeitsgrundlage:
Joseph von Eichendorff: *Das zerbrochene Ringlein*
Else Lasker-Schüler: *Ein Lied*

Aufgabe:

1. Interpretieren Sie das Gedicht *Das zerbrochene Ringlein* von Joseph von Eichendorff. Berücksichtigen Sie dabei auch epochentypische Merkmale. (60 %)
2. Vergleichen Sie das Gedicht *Das zerbrochene Ringlein* mit Else Lasker-Schülers Gedicht *Ein Lied* im Hinblick darauf, wie jeweils das Motiv der unglücklichen Liebe und der Umgang mit dieser ausgestaltet wird. Berücksichtigen Sie dabei neben inhaltlichen auch ausgewählte sprachliche und formale Aspekte. (40 %)

Erlaubte Hilfsmittel:
– Ein Wörterbuch der deutschen Rechtschreibung

Material 1
Joseph von Eichendorff (1788–1857): Das zerbrochene Ringlein (1810/11)

In einem kühlen Grunde
Da geht ein Mühlenrad,
Mein Liebste ist verschwunden,
Die dort gewohnet hat.

Sie hat mir Treu versprochen,
Gab mir ein'n Ring dabei,
Sie hat die Treu gebrochen,
Mein Ringlein sprang entzwei.

Ich möcht als Spielmann reisen
Weit in die Welt hinaus,
Und singen meine Weisen,
Und gehn von Haus zu Haus.

Ich möcht als Reiter fliegen
Wohl in die blutge Schlacht,
Um stille Feuer liegen
Im Feld bei dunkler Nacht.

Hör ich das Mühlrad gehen:
Ich weiß nicht, was ich will –
Ich möcht am liebsten sterben,
Da wär's auf einmal still!

Aus: Joseph von Eichendorff: Werke, Bd. 1. Düsseldorf und Zürich: Artemis und Winkler 1996.

Material 2
Else Lasker-Schüler (1869–1945): Ein Lied (1917)

Hinter meinen Augen stehen Wasser,
Die muß ich alle weinen.

Immer möcht ich auffliegen,
Mit den Zugvögeln fort;

Buntatmen mit den Winden
In der großen Luft.

O ich bin so traurig –
Das Gesicht im Mond weiß es.

Drum ist viel samtne Andacht
Und nahender Frühmorgen um mich.

Als an deinem steinernen Herzen
Meine Flügel brachen,

Fielen die Amseln wie Trauerrosen
Hoch vom blauen Gebüsch.

Alles verhaltene Gezwitscher
Will wieder jubeln,

Und ich möchte auffliegen
Mit den Zugvögeln fort.

Aus: Else Lasker-Schüler: Werke und Briefe.
Kritische Ausgabe, Bd. 1: Gedichte.
Jüdischer Verlag im Suhrkamp Verlag 1996.

Hinweise und Tipps

Bei der vorliegenden Aufgabe handelt es sich um einen ***Gedichtvergleich****. Die erste Teilaufgabe verlangt zunächst eine* ***vollständige Interpretation*** *des Gedichts „Das zerbrochene Ringlein" von Joseph von Eichendorff, die zweite Teilaufgabe fordert dann den* ***Vergleich*** *mit dem Gedicht „Ein Lied" von Else Lasker-Schüler. Beide Teilaufgaben setzen voraus, dass Sie die Analyse von Gedichten beherrschen. Teilaufgabe 1 geht mit 60 %, Teilaufgabe 2 mit 40 % in die inhaltliche Bewertung ein.*

Teilaufgabe 1: *Der Operator „interpretieren" verlangt eine umfassende Auseinandersetzung mit dem Gedicht. Dazu gehört eine genaue Analyse der* ***Bild- und Formensprache****, die nicht isoliert bleiben darf, sondern in Verknüpfung mit der* ***Inhaltsbetrachtung*** *für die Interpretation nutzbar gemacht werden sollte. Da die Aufgabenstellung den dezidierten Hinweis gibt,* ***epochentypische Merkmale*** *in besonderer Weise zu berücksichtigen, sollten Sie diesen ausreichend Raum widmen. Auch in Bezug auf die für die Epoche charakteristischen Elemente gilt, dass Sie diese sowohl auf der Inhaltsebene als auch auf der Ebene der Formsprache verorten und aufeinander bezogen interpretieren sollten. Eine sorgfältige Interpretation dieses Gedichts ist unbedingt notwendig, da sie die Voraussetzung dafür bildet, Teilaufgabe 2 erfolgreich bearbeiten zu können.*

Teilaufgabe 2: *Bei einem Vergleich sind* ***Gemeinsamkeiten, Ähnlichkeiten und Unterschiede*** *zu ermitteln und sprachlich angemessen darzustellen. Die Arbeitsanweisung gibt eine Hilfestellung, da sie die zu betrachtenden Vergleichsaspekte benennt: die Gestaltung des* ***Motivs der unglücklichen Liebe*** *und des* ***Umgangs*** *damit. Der Vergleich ist dabei nicht auf inhaltliche Aspekte zu beschränken, vielmehr wird ausdrücklich darauf hingewiesen, dass auch die* ***Sprache*** *und die* ***Form*** *der Gedichte beachtet werden sollen. Die Formulierung, dass „****ausgewählte*** *sprachliche und formale Aspekte" zu berücksichtigen sind, lässt sich als Hinweis auf eine stärkere Gewichtung der inhaltlichen Ebene verstehen.*
Denken Sie daran, dass von Ihnen keine für sich stehende Interpretation des zweiten Gedichts gefordert ist, sondern dass dieses nur zum Vergleich herangezogen werden soll. Um Ihr Verständnis des zweiten Gedichts plausibel zu machen, kann es allerdings an der einen oder anderen Stelle sinnvoll sein, mit ***Textbelegen*** *zu arbeiten.*

Lösungsvorschlag

Teilaufgabe 1

Einleitung

Grundlegende Informationen zu Gedicht, Epochenzuordnung, Thema

Das in der Epoche der **Romantik** zu verortende Gedicht „Das zerbrochene Ringlein" von Joseph von Eichendorff, verfasst in den Jahren 1810/11, gestaltet die Reaktion des männlichen lyrischen Ichs auf den Treuebruch seiner Geliebten. Dem durch das Ende der Liebe hervorgerufenen Schmerz begegnet das einsame lyrische Ich mit einer Reihe verzweifelter Fluchtwünsche, die als Illusion entlarvt werden und schließlich in Todessehnsucht münden.

Der **Liedcharakter** des Gedichts wird hervorgerufen durch fünf Volksliedstrophen à 4 Verse, die ein Kreuzreimschema mit korrespondierendem Wechsel von männlichen und weiblichen Kadenzen aufweisen. Unterstützt wird dieser Eindruck des Liedhaften, mit dem sich das Gedicht in die romantische Tradition der Volks- bzw. Kunstlieder einreiht, durch den gleichmäßig fließenden Rhythmus, der durch einen **dreihebigen Jambus** erzeugt wird. Bindende Enjambements sowie Anaphern (z. B. V. 5/7) und Parallelismen (z. B. V. 9/13) verstärken die Musikalität der Verse weiterhin und sorgen für einen harmonischen Klang. Eine Ausnahme stellen die Eingangs- und die Schlussstrophe dar. Die dort zu findenden Assonanzen – Eichendorff reimt „Grunde" auf „verschwunden" (V. 1/3) sowie „gehen" auf „sterben" (V. 17/19) – führen zu einem Bruch der Symmetrie.

Interpretation
Form

Epochenbezüge

In den **ersten beiden Strophen** beschreibt der verlassene Liebende die **Vorgeschichte**, die die Ursache für seinen aktuellen Gefühlszustand ist, im Perfekt: „Mein Liebste ist verschwunden,/Die dort gewohnet hat." (V. 3 f.) Die Ortsbeschreibung der Wohnstatt seiner Liebsten, die durch das Bild eines sich drehenden „Mühlenrad[es]" (V. 2) erfolgt, erscheint nur vordergründig pittoresk. Die Kühle des Grundes (vgl. V. 1) weist bereits auf erloschene Gefühle hin und das sich fortwährend drehende **Mühlrad** wird zum Symbol eines unaufhaltsam weiterlaufenden Lebens nach dem Treuebruch. Die erwähnte Assonanz („Grunde" – „verschwunden", V. 1/3) spiegelt auch auf der Formebene wider, dass es sich um eine **getrübte Idylle** handelt.

Inhaltliche Analyse unter Berücksichtigung der sprachlichen Gestaltung

Strophen 1 und 2

In der zweiten Strophe wird von einem „**Ring**" (V. 6) als gängigem **Symbol der Bindung** bzw. des Treueschwurs Gebrauch gemacht. Das durch die Untreue der Geliebten hervorgerufene Entzweispringen des Ringes (vgl. V. 8) weist nochmals unmissverständlich auf das Ende der Liebe hin. Die Antithese „Treu versprochen" (V. 5)/ „Treu gebrochen" (V. 7) macht die veränderte Lebenssituation des lyrischen Ichs deutlich, auf die es nun zu reagieren gilt.

Die dritte und vierte Strophe – nun im Präsens formuliert – sind **möglichen Reaktionen** des verletzten und trauernden lyrischen Ichs auf die Einsamkeit gewidmet, die jeweils mit dem Wunsch „ich möcht" eingeleitet werden (vgl. V. 9, V. 13).

Strophen 3 und 4

In der **dritten Strophe** erwägt der Verlassene das **Vagabundieren**, das Leben als in die Welt hinausziehender „Spielmann" (V. 9), dem die räumliche Trennung von der Geliebten hilft, sich mit der Realität der gescheiterten Beziehung abzufinden. Indem das lyrische Ich „von Haus zu Haus" (V. 12) zieht und seine „Weisen" (V. 11) singt, erhofft es sich, seine Erfahrungen weiterzutragen und zu verarbeiten. Die Singkunst erscheint hier als ein möglicher Weg, das eigene Leid zu lindern. Anzumerken ist, dass die Auseinandersetzung mit dem eigenen Schicksal nur vordergründig in der Interaktion mit anderen stattfindet. Die Kommunikation mit Mitmenschen bleibt für den reisenden Spielmann flüchtig, sodass die beschriebene musische Bewältigung der Erfahrungen an die Einsamkeit und an die Besinnung auf sich selbst gekoppelt ist. Das Motiv des Reisens und die **Verarbeitung von Emotionen in der Kunst** weisen das vorliegende Gedicht wiederum als typisch romantisch aus.

Epochentypische Motive

Die zweite Option, die das lyrische Ich erwägt, ist das **Soldatenleben** (vgl. V. 13 f.). Schnittmenge mit der erstgenannten Möglichkeit ist, dass auch hierbei das alte Lebensumfeld verlassen wird. Die Verarbeitung des Schmerzes erfolgt allerdings nicht mehr auf einer künstlerischen Ebene; vielmehr scheint das Ich eine **Verdrängung durch erlebte Gefahren** zu wünschen. Anzunehmen ist, dass ein Ventil für die negativen Emotionen gesucht wird. Der Krieg wird für das lyrische Ich zu einem probaten Mittel, um die destruktiven Gefühle in der „blutge[n] Schlacht" (V. 14) offen auszuleben. Bei dem Gedanken an das Soldatenleben spielen auch **latente Todeswünsche** eine Rolle. „Um stille Feuer" (V. 15) in „dunkler Nacht" (V. 16) möchte das lyrische Ich liegen, beide Attribute rufen Assoziationen an den Tod hervor.

Strophe 5

In der fünften und **letzten Strophe** werden die zuvor formulierten **Bewältigungsvorstellungen** als **illusionär** entlarvt. Das Motiv des Mühlrades, das die mittleren Strophen wie eine Klammer umspannt, wird wieder aufgegriffen. Das fortwährende Rauschen (vgl. V. 17) gemahnt an das Erlittene und ruft die qualvolle Erinnerung an die Geliebte wach. Das Erinnern führt sogleich zu der Einsicht, dass die vorangegangenen Verhaltensoptionen nicht den erwünschten Zustand herbeiführen. An die Stelle der Gedankenspiele tritt blanke Ratlosigkeit: „Ich weiß nicht, was ich will –" (V. 18). Die zuvor geäußerten Wünsche können damit als aufgehoben gelten. Sie erscheinen dem lyrischen Ich nun nicht mehr als geeignete Mittel, der Erinnerung und dem tief empfundenen Leid zu entkommen. Stattdessen wird als einzige Möglichkeit der Tod, der in Strophe vier nur als latenter Wunsch zutage trat, in Betracht gezogen: „Ich möcht am liebsten sterben" (V. 19). Der Gedankenstrich, von dem in Vers 18 Gebrauch gemacht wird, deutet das Zögern des lyrischen Ichs vorm Aussprechen des **Todeswunsches** an; letztlich erscheint dieser dem Leidenden aber als alternativlos. Der Grund für die Sehnsucht nach dem Tod wird erneut mit dem Symbolbild des Mühlenrades umschrieben: „Da wär's auf einmal still!" (V. 20) Stille ist hier gleichzusetzen mit einem **Ende der Erinnerung**, einem Ende des Leidens am Treuebruch der Geliebten. Dass hier das einzige Ausrufezeichen im ganzen Gedicht zu finden ist, unterstreicht mit Nachdruck den Wunsch des verlassenen Liebenden. Die Assonanz in der letzten Strophe („gehen" – „sterben", V. 17/19) zeigt abschließend an, dass das lyrische Ich keine emotionale Ausgeglichenheit empfindet. Die emotionalen Dissonanzen erscheinen – ganz in romantischer Manier – nur durch einen letzten Bruch, den Tod, aufhebbar, der allerdings, so wird durch den Konjunktiv angedeutet, vermutlich auch keine wirkliche Option für das lyrische Ich darstellt.

Epochentypisches Motiv

Eichendorffs Gedicht vermittelt das Leiden eines verlassenen Liebenden, der keinen anderen Ausweg aus seinem Elend mehr sieht als den Tod. Das Gedicht ist sowohl durch seine liedhafte **Form** als auch durch die durchgängig verwendete romantische **Motivik** des Liebesleides, der Sehnsucht, der künstlerischen Verarbeitung von Schmerz, des Reisens und schließlich der Todessehnsucht als geradezu **prototypisch für die Epoche der Romantik** anzusehen.

Fazit mit Epochenbezug

Teilaufgabe 2

Aufgabenbezogene Überleitung

Epochenzuordnung und Thema

Wie Eichendorff in seinem Text stellt auch Else Lasker-Schüler in ihrem expressionistischen Gedicht „Ein Lied" ein lyrisches Ich in den Fokus, das nach Wegen sucht, mit **der Realität einer unglücklichen Liebe umzugehen**. Im Gedicht des Romantikers werden Möglichkeiten der Bewältigung erwogen, schließlich erscheint dem lyrischen Ich aber nur der Tod als Möglichkeit, der Trauer zu entkommen. Auch Lasker-Schüler konstruiert ein intensiv leidendes lyrisches Ich – dieses aber ist gewillt und guter Hoffnung, einen **Ausweg aus der dunklen Gefühlswelt** finden zu können.

Vergleich der Gedichte

Vergleichbare Ausgangssituation

Beide Gedichte enthalten sowohl im Präsens als auch im (Im-)Perfekt formulierte Passagen, wobei die im **Imperfekt** bzw. **Perfekt** verfassten Verse jeweils die **Ursachen für den emotionalen Status quo** beleuchten. Bei Eichendorff wird das traditionelle Symbol des Rings bemüht, um den Treueschwur und in der Folge den Treuebruch zu veranschaulichen. Während hier die Ausgangssituation in den ersten beiden Strophen in **knappen, aber klaren Beschreibungen** offengelegt wird, erfährt der Rezipient von „Ein Lied" erst in der sechsten und siebten Strophe den Grund für die Traurigkeit des lyrischen Ichs – und muss dafür erst noch das **Bild** des „steinernen Herzen[s]" (V. 11) **entschlüsseln**. Lasker-Schüler bedient sich hier eines bekannten poetischen Bildes, das die **Gefühllosigkeit des Geliebten** als Grund für die seelische Verletzung des lyrischen Ichs nahelegt, die wiederum in der Metapher der gebrochenen Flügel (vgl. V. 12) Ausdruck findet. Während das Gedicht Eichendorffs **konkret** die Situation und die Gefühlslage des

Eichendorff: Klarheit der Situation vs. verschlüsselte Bilder bei Lasker-Schüler lyrischen Ichs umreißt, entbehren bei Lasker-Schüler manche Bilder und Vergleiche eines klaren Wirklichkeitsbezugs. Die **subjektiv-expressive Chiffrierung** in den Versen 13 und 14 erschwert den direkten Zugang des Lesers zu den Folgen des Liebesverlusts. Das Bild der fallenden Amseln, die als ein expressionistisches Symbol des Todes gelten können und zudem mit „Trauerrosen" (V. 13) verglichen werden, erzeugt aber in jedem Fall den Eindruck eines **großen und schmerzhaften Verlusts**. Zudem steht die Farbe Blau in vielen Gedichten dieser Epoche für paradiesische Glückszustände – dass die Amseln von einem „blauen Gebüsch" (V. 14) fallen, deutet daher einen vormaligen **Glückszustand** an, der nun **verloren** ist.

Liebesverlust als schmerzhafte Erfahrung …

Wie **schmerzhaft** das **Scheitern der Liebe** für Eichendorffs lyrisches Ich ist, wird insbesondere in der letzten Strophe deutlich, in der es seinen **Todeswunsch** artikuliert – bei Lasker-Schüler hingegen durchziehen das gesamte Gedicht Hinweise auf das **Leid des lyrischen Ichs** („Wasser, / Die muß ich alle weinen", V. 1 f.; „so traurig", V. 7; „Trauerrosen", V. 13). In beiden Texten artikuliert das lyrische Ich dabei den Wunsch, das Leid zu verarbeiten bzw. hinter sich zu lassen. Bei Eichendorff erwägt es zwei Möglichkeiten, das Leben als reisender Spielmann und das Leben als Soldat, um der **quälenden Erinnerung zu entfliehen**. Insbesondere durch die fast narrativ zu nennende Ausgestaltung seiner Vorstellungen wirken diese wiederum sehr konkret – ganz im Gegensatz zu dem Bild der „Zugvögel[]" (V. 4), mit denen das lyrische Ich bei Lasker-Schüler fortfliegen will. In diesem Bild gewinnt sein **Bedürfnis nach emotionaler Erleichterung** Gestalt, ohne dass darin wie bei Eichendorff eine reale Fluchtmöglichkeit aufscheint. Dennoch zeugen die Verse von der **Hoffnung**, dass die Weite der Welt („[i]n der großen Luft", V. 6) noch vielfältige („Buntatmen", V. 5) **positive Erfahrungen** in sich birgt. Die Sehnsucht nach solchen Erfahrungen teilen die enttäuschten Liebenden der beiden vorliegenden Gedichte daher.

… und der Umgang damit

Lasker-Schüler: Hoffnung auf Überwindung der Trauer vs. Eichendorff: Tod als Ausweg

Bei Lasker-Schüler ist sich das lyrische Ich dabei offenbar bewusst, dass die Befreiung von der Trauer ein **längerer Prozess** ist: „Hinter meinen Augen stehen Wasser, / Die muß ich alle weinen." (V. 1 f.) Diese Verse verdeutlichen zum einen in ihrer Hyperbolik den großen Schmerz des lyrischen Ichs, zum anderen aber bieten sie auch die Aussicht, dass dieser **überwunden** sein wird, wenn der Trauerprozess abgeschlossen ist. Hoffnung stiftet darüber hinaus die vermenschlichte Natur als Vertraute und Verstehende: „Das Gesicht im Mond weiß es." (V. 8) Aus ihr scheint das lyrische Ich Trost zu schöpfen (vgl. V. 9 f.). Mit dem „nahende[n] Frühmorgen" (V. 10) wird zudem die Vorstellung eines **Neubeginns** geweckt, die sich auch in der Hoffnung auf Wiederbelebung früherer Lebensfreude spiegelt: „Alles verhaltene Gezwitscher / Will wieder jubeln" (V. 15 f.). Ein solcher Ausweg erweist sich bei Eichendorff am Ende als **illusionär**. Hier mündet die Trauer in **Ratlosigkeit** (vgl. V. 18) und schließlich in **Todessehnsucht** (vgl. V. 19 f.). Das Symbol des beständig gehenden „Mühlrad[es]" (V. 17) veranschaulicht, dass die Erinnerung omnipräsent ist, sodass das lyrische Ich nur noch den **Ausweg des Todes** sieht. Während Eichendorff am Ende das negativ besetzte Motiv des Mühlrads wieder aufgreift, endet Lasker-Schülers Text bezeichnenderweise mit der erneuten Verwendung des **positiv besetzten Motivs der Zugvögel**. Aus ihrem Gedicht wird der Leser mit dem hoffnungsfrohen Eindruck entlassen, dass das lyrische Ich auf dem besten Wege ist, sich **aus der Welt der Trauer und Depression zu befreien**.

Formale Unterschiede

Zur **erzählerischen Grundanlage** von Eichendorffs Gedicht und der damit verbundenen Zugänglichkeit der bei ihm vermittelten Erfahrung des Liebesverlusts passt dessen **einfache liedhafte Form**. Im Unterschied dazu wählt Lasker-Schüler mit zweizeiligen, reimlosen Strophen und freien Rhythmen eine **weniger harmonische und melodische Form**, die im Verbund mit der teilweise schwierigen Bildlichkeit den Leser herausfordert. Angesichts dessen mag es verwundern, dass die Autorin ihrem Gedicht den Titel „Ein Lied" gegeben hat – der Schluss liegt nahe, dass sie damit nicht auf die Form, sondern vielmehr auf den **vermittelten intensiven Gefühlsausdruck** anspielt: Das lyrische Ich besingt seinen Trennungsschmerz.

Fazit

Die beiden vorliegenden Gedichte, die zwei verschiedenen Epochen – der Romantik bzw. dem Expressionismus – entstammen und formal wenig gemeinsam haben, sind doch verbunden durch das **zeitlose Motiv der unglücklichen Liebe** und durch die Frage, wie der Liebesschmerz überwunden werden kann. Die Suche nach neuem Sinn führt bei **Lasker-Schüler** zu der **Sehnsucht nach Fröhlichkeit** und innerlicher Freiheit, bei **Eichendorff** zur **Sehnsucht nach dem Tod**, da nur dieser dem lyrischen Ich das Ende der schmerzlichen Erinnerung zu verheißen scheint.

Abitur Deutsch (Schleswig-Holstein) – Übungsaufgabe 2: Interpretation eines literarischen Textes

Thema:
Liebeskonzepte in der Lyrik

Arbeitsgrundlage:
Karoline von Günderrode: *Die eine Klage*
Karin Kiwus: *Lösung*

Aufgabe:
1. Interpretieren Sie das Gedicht *Die eine Klage* von Karoline v. Günderrode unter Berücksichtigung der Vorstellung von einer gelungenen Liebesbeziehung. Gehen Sie hierbei auch auf den Epochenkontext ein. (60 %)
2. Vergleichen Sie die Gestaltung des Themas „Liebesbeziehung“ in Günderrodes *Die eine Klage* und in dem Gedicht *Lösung* von Karin Kiwus. Berücksichtigen Sie dabei sowohl inhaltliche als auch sprachliche und formale Aspekte. (40 %)

Erlaubte Hilfsmittel:
- ein Wörterbuch der deutschen Rechtschreibung

Material 1
Karoline von Günderrode (1780–1806): Die eine Klage (vermutlich 1806)

Wer die tiefste aller Wunden
Hat in Geist und Sinn empfunden,
Bittrer Trennung Schmerz;
Wer geliebt, was er verloren,
Lassen muss, was er erkoren[1],
Das geliebte Herz,

Der versteht in Lust die Tränen
Und der Liebe ewig Sehnen
Eins in Zwei zu sein,
Eins im Andern sich zu finden,
Dass der Zweiheit Grenzen schwinden
Und des Daseins Pein[2].

Wer so ganz in Herz und Sinnen
Könnt ein Wesen lieb gewinnen,
O! den tröstet's nicht,
Dass für Freuden, die verloren,
Neue werden neu geboren:
Jene sind's doch nicht.

Das geliebte, süße Leben
Dieses Nehmen und dies Geben,
Wort und Sinn und Blick,
Dieses Suchen und dies Finden,
Dieses Denken und Empfinden
Gibt kein Gott zurück.

Aus: Der Neue Conrady – Das große deutsche Gedichtbuch von den Anfängen bis zur Gegenwart. Neu hrsg. und aktual. v. Karl Otto Conrady. Düsseldorf, 2000, S. 372.

Anmerkungen:
1 *erkoren:* auserwählt
2 *Pein:* Schmerz

Material 2
Karin Kiwus (geb. 1942): Lösung (1979)

Im Traum
nicht einmal mehr
suche ich
mein verlorenes Paradies
bei dir

Ich erfinde es
besser allein
für mich

In Wirklichkeit
will ich
einfach nur leben
mit dir
so gut es geht

Aus: Karin Kiwus, Angenommen später. Gedichte. Frankfurt a. M.: Suhrkamp, 1979, S. 74.

Hinweise und Tipps

*Diese Aufgabe bezieht sich auf das für das Abitur vorgegebene **Thema „Liebeskonzepte in der Lyrik“** und verlangt von Ihnen einen **Gedichtvergleich**. Teilaufgabe 1 fordert zunächst eine **vollständige Interpretation** des Gedichts „Die eine Klage“ von Karoline von Günderrode und wird mit 60 % gewertet. In Teilaufgabe 2 sollen Sie dann das interpretierte Gedicht mit einem zweiten Gedicht **vergleichen** – mit Karin Kiwus' „Lösung“. Diese Teilaufgabe geht mit 40 % in die Bewertung der inhaltlichen Leistung ein.*

Beide Teilaufgaben setzen voraus, dass Sie über ausgeprägte Kompetenzen im Bereich der Lyrikanalyse verfügen.

***Teilaufgabe 1:** Erst einmal **erarbeiten** Sie sich Günderrodes Gedicht: Nach ein oder zwei Lesedurchgängen, in denen Sie ein erstes Textverständnis entwickeln, bearbeiten Sie den Text mithilfe von **Markierungen und Notizen**. Die Textbearbeitung bildet dann die Grundlage für die Ausarbeitung Ihrer schriftlichen Interpretation.*

*Berücksichtigen Sie die Ihnen bekannten Aspekte einer Gedichtanalyse: Benennen Sie nach einer Einleitung das **Thema** und die **Situation** des lyrischen Sprechers, widmen Sie sich dem **formalen Aufbau** und gehen Sie auf die **sprachlichen Gestaltungsmittel** ein. Dabei ist es – gemäß der Aufgabenstellung – erforderlich, die Ergebnisse im Hinblick auf die im Gedicht dargestellte Vorstellung von einer **gelungenen Liebesbeziehung** zu deuten. Darüber hinaus wird Ihnen ein weiterer Schwerpunkt vorgegeben: die Berücksichtigung des **Epochenkontextes**. Damit wird von Ihnen eine Beantwortung der Frage verlangt, ob und inwiefern das Gedicht von Günderrode hinsichtlich des Inhalts und der sprachlichen Gestaltung epochentypische oder -untypische Merkmale aufweist.*

***Teilaufgabe 2:** Im Vergleichsauftrag wird ausdrücklich ein Vergleichsaspekt benannt: das **Thema „Liebesbeziehung“**. Um die Teilaufgabe bewältigen zu können, müssen Sie sich zunächst intensiv mit dem zweiten Gedicht befassen. **Erarbeiten** Sie es wie das erste Gedicht mithilfe von Markierungen und Notizen. Das wird Ihnen vermutlich leichter fallen als bei Günderrode, weil Kiwus' Text zugänglicher ist. Eine eigene schriftliche Interpretation des zweiten Gedichts ist allerdings nicht gefordert. Ihre Untersuchungsergebnisse fließen also **direkt in den Vergleich** ein.*

*In einer **aufgabenbezogenen Überleitung** nennen Sie am besten zunächst den gleichen thematischen Zusammenhang, in dem beide Texte stehen. Wie Sie den Vergleich strukturieren, bleibt Ihnen überlassen. So können Sie zunächst Gemeinsamkeiten und dann Unterschiede thematisieren – ein **differenzierter Vergleich** gelingt aber in der Regel besser, wenn Sie sich **bestimmte Aspekte** der Gedichte (z. B. Sprechsituation, Haltung zur Liebe) herausgreifen und dann jeweils prüfen, welche **Gemeinsamkeiten** und welche **Unterschiede** es hinsichtlich dieser Aspekte gibt.*

*Runden Sie Ihren Aufsatz mit einem **Schlussteil** ab. Sie können hier die wichtigsten Ergebnisse Ihres Vergleichs noch einmal **zusammenfassen**, Sie können aber auch noch einmal auf die **Epochenkontexte** zu sprechen kommen, auch wenn dies nicht ausdrücklich von der Aufgabe gefordert ist.*

Lösungsvorschlag

Teilaufgabe 1

Einleitung
Autor, Titel, Zeit etc.

Das Gedicht „Die eine Klage“ von Karoline von Günderrode wurde zu Beginn des 19. Jahrhunderts geschrieben und gehört somit in die literaturgeschichtliche Epoche der Romantik.

Interpretation
Thema

Es thematisiert die **negativen Emotionen**, die eine Trennung nach einer großen, einzigartigen Liebe hinterlässt. Dabei stehen nicht die individuellen unmittelbar erlebten schmerzvollen Emotionen des Sprechers im Mittelpunkt, sondern es werden **fast schon allgemeingültig** die schmerzhaften Erfahrungen nach einer Trennung von einem geliebten Menschen beschrieben, sodass jeder Leser sich mit ihnen identifizieren kann.

Formale Gestaltung und Gedichtstruktur

Das Gedicht besteht aus vier Strophen mit jeweils sechs Versen und folgt durchgehend dem Schweifreimschema (aabccb). Während die Paarreimverse im vierhebigen Trochäus mit weiblicher Endung gestaltet sind, weisen die einzeln stehenden Verse einen dreihebigen Trochäus mit männlicher Kadenz auf. Aufgrund der **syntaktischen Gestaltung** lässt sich das Gedicht in **drei Sinneinheiten** aufteilen. Die erste und die zweite Strophe bilden die erste Einheit: Der Relativsatz (1. Strophe, V. 1–6) hält die Bedingung für die Gültigkeit des anschließenden Hauptsatzes (2. Strophe, V. 7–10) fest. Diese syntaktische Struktur wiederholt sich verkürzt in der dritten Strophe, deren Anfangsverse die Bedingung für das Nachfolgende (V. 15–18) beschreiben. Die letzte Strophe nimmt von diesem syntaktischen Bau Abstand. Die **Spannungsstruktur** der ersten beiden Sinneinheiten bleibt jedoch insofern erhalten, als die beiden wichtigsten Satzteile (Subjekt und Prädikat) erst im letzten Vers folgen.

Inhalt

Sofort in der ersten Strophe wird dem Leser der Grund der „eine[n] Klage“ (vgl. Titel) genannt: der starke Schmerz, der durch die **Trennung von einem geliebten Menschen** verursacht wird. Was alle diejenigen, die schon mal einen geliebten Menschen verloren haben, fühlen, wird in der zweiten Strophe genauer ausgeführt. Sie kennen die ewige Sehnsucht nach der verlorenen Liebe, die ein ganz besonderes Zusammengehörigkeits- und Einheitserlebnis ausgezeichnet hat. Die Hoffnung auf einen möglichen Ersatz durch neue Freuden wird in der dritten Strophe zunichte gemacht. Warum die eine große Liebe unersetzbar ist, macht die vierte Strophe dem Leser klar, denn hier wird die vollkommene Liebe als eine beschrieben, in der Gegensätze wie „Nehmen“ und „Geben“, „Suchen“ und „Finden“ in einem Einheitserlebnis einander ergänzen. Im Schlusssatz folgt die vollkommene Ernüchterung: Nicht einmal Gott behebt diesen Verlust (vgl. V. 24).

Die vielen Begriffe aus dem **Bedeutungsfeld „Liebe“** – Herz, Lust, Zweiheit, Sinn, Blick, Empfinden – verdeutlichen, dass im Gedicht von einer gelungenen und intensiven Liebesbeziehung die Rede ist. Doch wie wird die Liebesbeziehung, die unersetzbar zu sein scheint, beschrieben?

Beschreibung der vollkommenen Liebesbeziehung – Deutung der sprachlichen Gestaltungsmittel

Betrachtet man die formale und die sprachliche Gestaltung des Gedichts, fallen sofort die Anaphern im Zentrum auf: „Eins in Zwei zu sein, / Eins im Andern sich zu finden“ (V. 9 f.). Sie geben den Hinweis auf das entscheidende Merkmal einer gelungenen Liebesbeziehung: Zwei Menschen werden eins und finden sich jeweils im anderen wieder. Um diesen zentralen Gedanken zu betonen, wird er im anschließenden Vers in Form einer Paraphrase gleich wiederholt: Die vollkommene Liebesbeziehung ist eine, in der „der Zweiheit Grenzen schwinden“ (V. 11). In einem solchen Einheitserlebnis wird jede Polarität zwischen zwei Menschen aufgehoben. Die Liebenden verstehen sich und verschmelzen so zu einer Einheit. Eine gelungene Liebesbeziehung meint somit sowohl die geistige als auch die gefühlsmäßige und körperlich-sexuelle Vereinigung. Wie wichtig die Verbindung der geistigen und körperlich-erotischen Bereiche ist, zeigt die direkte Aneinanderreihung von „Wort und Sinn und Blick“ (V. 21). Das Polysyndeton betont deutlich das Einheitserleben in einer gelungenen Liebesbeziehung. Als ob die Besonderheit dieser Verbindung von rational-geistiger und emotional-körperlicher Ebene noch nicht deutlich genug geworden wäre, wird sie in den darauffolgenden Versen gleich wiederholt und durch ein hinweisendes Pronomen wieder eindringlich betont: „Dieses Denken und Empfinden“ (V. 23) sei unersetzlich.

Die Liebenden erfahren eine **allumfassende gegenseitige Zuwendung und sehnsuchtsvolle Hingabe**, denn „[d]ieses Nehmen und dies Geben“ (V. 20), „[d]ieses Suchen und dies Finden“ (V. 22) geschieht offenbar immer im Gleichklang, also im Miteinander statt im Gegeneinander. Konflikte, wie sie in einer Beziehung immer wieder möglich sein können, haben in dieser gelungenen Liebesbeziehung keinen Platz: Niemand von beiden nimmt mehr als der andere, keiner gibt weniger zurück als der andere. Die Liebenden finden sich immer sehnsüchtig wieder (vgl. V. 20–22). Die vollkommene Liebesbeziehung scheint keine Herrschaft und Unterdrückung zu kennen. Statt einer Hierarchie besteht eine Komplementarität zwischen den Liebenden: Sie ergänzen sich und bilden eine Einheit.

Die **Besonderheit und Einmaligkeit dieser Liebe** wird durch die Versanordnung nochmals deutlich. Vers 9 und Vers 21 sind die Verse, die aus dem Paarreimschema einen Schweifreim machen.

Sie stellen das besondere Einheitserlebnis heraus: „Eins in Zwei zu sein“ (V. 9), in „Wort und Sinn und Blick“ (V. 21). Folgerichtig wird durch Vers 15, der auch den Paarreim unterbricht, der besondere Schmerz beim Verlust dieser Liebe herausgestellt: „O! den tröstet's nicht“ (V. 15). Diese Exclamatio zeigt, dass ein Leben ohne den geliebten Menschen nicht mehr lohnenswert zu sein scheint, denn das „geliebte, süße Leben“ (V. 19), das „geliebte Herz“ (V. 6), das hier als Pars pro Toto für den ganzen Menschen steht, kann weder durch neue Freuden (vgl. V. 16–18) noch durch eine Hinwendung zur Religion bzw. zu Gott (vgl. V. 24) ersetzt werden. Indem der Liebe **unersetzbare Einmaligkeit** zugesprochen wird, erhalten die bitteren Verlustgefühle **Ewigkeitscharakter**.

Epochenkontext – Zerrissenheit

Auch wenn es in der romantischen Dichtung nicht das eine unumstößliche Liebeskonzept gegeben hat, so kann man in dem Gedicht von Karoline von Günderrode doch einige **typische Merkmale der romantischen Epoche** und der damit einhergehenden Vorstellungen einer idealen Liebe finden. Ein zentrales Merkmal der Romantik war die Reaktion auf ein Gefühl von Zerrissenheit, das unter anderem auch durch die rationalistische Wissenschaft der Aufklärung erzeugt worden war: **Trennung** von Gefühl und Verstand, von Glauben und Wissen, von Natur und Geist, von Gott und Mensch, von Leben und Arbeiten, und schließlich auch Trennung von Liebe und Vernunft, von sinnlicher und geistiger Liebe, von Liebe und Freundschaft, von Mann und Frau. Auch in dem Gedicht von Karoline von Günderrode wird der Gedanke der Zerrissenheit durch die kontrastiven Verben im Zusammenhang der zunächst „erkorenen“ und „gewonnenen“, dann aber verlorenen Liebe und Freude (vgl. V. 4, 5, 14, 16) angedeutet, ebenso verweisen die damit verbundenen Gefühle von „Lust“ und „Tränen“ (V. 7) auf die Zerrissenheit.

Entgrenzung, Streben nach Einheit und Sehnsucht

Viele Vertreter der romantischen Dichtung, wie z. B. Clemens Brentano und Novalis, strebten in ihren Gedichten jedoch die **Aufhebung der Gegensätze und eine Herstellung der Ganzheit** an. Hinderliche Grenzen sollten überwunden werden – und das galt auch für die Liebe. Die typische **Vorstellung von Entgrenzung**, wie sie in vielen Gedichten der Romantik thematisiert wird, findet sich wörtlich in dem Gedicht „Die eine Klage“, wenn es heißt, dass in einer perfekten Liebe „der Zweiheit Grenzen schwinden“ (V. 11). Das für die Romantik typische Streben nach Entgrenzung spiegelt sich auch in der Vorstellung einer Synthese von sinnlicher und geistiger Liebe wider. Dieser Gedanke wird nicht zuletzt deutlich in der von Vertretern der Romantik immer häufiger formulierten Forderung nach einer Einheit von Liebe und Ehe statt der damals noch weit verbreiteten Vernunftehe. Die mit dieser Forderung verbundene Vorstellung von einer **Dauerhaftigkeit von Liebe und Treue** wird auch in dem Gedicht von Karoline von Günderrode aufgegriffen: Selbst wenn die vollkommene Liebe verloren ist, dauert sie in der **Sehnsucht** nach ihr fort und kann durch keine anderen Freuden ersetzt werden (vgl. V. 16–18). Wesentlich ist für die Epoche der Romantik jedoch nicht das Finden, sondern die Suche und Wanderschaft als Metapher für das Leben und damit die Sehnsucht. Allerdings hat das lyrische Ich bei von Günderrode die – sich beispielsweise auch im romantiktypischen triadischen Geschichtsbild niederschlagende – **Hoffnung aufgegeben**, Einheit und Ganzheit wiederzuerlangen (vgl. 4. Strophe). Selbst die Hoffnung auf eine „Heilung" durch die transzendente Macht Gottes, wie sie sich in der Romantik häufig finden lässt, entfällt: „Das geliebte, süße Leben […] / Gibt kein Gott zurück." (V. 19–24) Diese pessimistische Sicht verleiht dem Gedicht **modernere Züge**.

Unter anderem deshalb ist ein **Vergleich** mit dem Gegenwartsgedicht „Lösung" von Karin Kiwus interessant. Auch darin steht das Thema „Liebesbeziehung" im Zentrum. Der Titel des Textes von Kiwus klingt dabei zunächst ganz anders als „eine Klage", denn er scheint **optimistisch** eine „Lösung" anzukündigen.

<u>**Teilaufgabe 2**</u>
Aufgabenbezogene Überleitung
Titel, Autor, Thema des zweiten Gedichts

Die **Sprechhaltung** in den beiden Gedichten unterscheidet sich: In Kiwus' „Lösung" spricht das lyrische Ich ausdrücklich **von sich selbst**, wie schon die vielen Personalpronomina der ersten Person verraten (vgl. V. 3, 4, 6, 8, 10). Karoline von Günderrodes lyrischer Sprecher hingegen scheint – oberflächlich betrachtet – **allgemeine Einsichten** zu vermitteln und spricht nicht ausdrücklich von eigenen Erfahrungen. Dass es aber dennoch um solche geht, verraten die Intensität, mit der er sich äußert, und der Titel, der die Äußerungen als Klage markiert.

Vergleich der Gedichte
Sprechhaltung: Selbstaussprache vs. Vermittlung allgemeiner Einsichten

Die **Situation** des lyrischen Ichs scheint in den beiden Gedichten zumindest ähnlich zu sein: Auch bei Kiwus ist das Liebesglück offenbar vorbei, wie die Metapher vom „verlorene[n] Paradies" (V. 4) verdeutlicht. Während man allerdings bei von Günderrode davon ausgehen darf, dass auch die **Beziehung ihr Ende gefunden** hat, wird diese in Kiwus' Text **aufrechterhalten** (vgl. Strophe 3). Ihr lyrisches Ich klagt nicht über den Liebesverlust, sondern teilt mit, das Glück nicht mehr beim Partner zu suchen, sondern es für sich „allein" zu „erfinde[n]" (V. 6 f.) – und mit dem Partner so gut wie möglich weiter zusammenzuleben.

Situation: Ende von Liebe und Beziehung vs. Ende der Liebe und Aufrechterhalten der Beziehung

Während bei von Günderrode das eine **absolute Liebesideal Maßstab jeglicher Beziehung** ist und durch keine anderen Freuden ersetzt oder zumindest ausgeglichen werden kann, gibt sich das lyrische Ich bei Karin Kiwus **bescheidener**. Es verzichtet auf eine nach-

Haltung zu Liebe und Beziehung: Begrenzung und Bescheidung vs. Entgrenzung und Verlustschmerz

trauernde sehnsuchtsvolle Grundhaltung und versucht stattdessen, das Beste aus der Situation zu machen. Die hohe **Glückserwartung** ist nicht wie in „Die eine Klage“ auf den **Partner** ausgerichtet, sondern auf **sich selbst**. Dieser Gedanke in Vers 7, das Paradies „besser allein“ zu erfinden, bildet – auch formal – die Achse des Gedichts. Der Begriff „erfinden“ verdeutlicht dabei, dass das zu „findende“ Glück nur Fiktion bzw. Illusion ist und insofern weiterhin auf der Seite des „Traum[s]“ (V. 1) und nicht auf der Seite der „Wirklichkeit“ (V. 9) zu verorten ist. In Vers 8 („für mich“) wird der entscheidende Unterschied der beiden Beziehungsvorstellungen in den Gedichten nochmals unterstrichen. Während in dem Gedicht aus der Romantik die Liebe nur durch die **Entgrenzung**, also in Form einer Verschmelzung beider Identitäten zu einer unauflösbaren Einheit vorstellbar ist, hängt im Gegenwartsgedicht die **Glückserfüllung** gerade **nicht mehr von der Zweier-Beziehung** ab, sondern wird **von dieser abgelöst**. Während in der Liebesbeziehung des Romantikgedichts „der Zweiheit Grenzen schwinden“ (V. 11), baut sich das lyrische Ich des Gegenwartsgedichts sozusagen **zwei Welten** auf: auf der einen Seite das für sich allein „erfundene“ Paradies, in dem der Partner keine Rolle mehr spielt – „nicht einmal mehr“ „[i]m Traum“ (V. 1 f.) –, und auf der anderen Seite die Realität, die das lyrische Ich gemeinsam mit dem Partner bewältigen möchte, „so gut es geht“ (V. 13). Die Trennlinie verläuft also innerhalb der Beziehung zwischen „Traum“ (V. 1) bzw. „Erfindung“ (vgl. V. 6) und „Wirklichkeit“ (V. 9). Und diese Trennung öffnet dem lyrischen Ich offenbar neue Möglichkeiten, während der Sprecher in Karoline von Günderrodes Gedicht mit seinem Fokus auf die verlorene Liebe im **Schmerz** stecken bleibt.

Lyrisches Ich: Aktivität vs. Passivität

Dementsprechend wirkt das lyrische Ich im Kiwus-Gedicht auch **aktiver** als der Sprecher im romantischen Gedicht. Es scheint sich bewusst dafür entschieden zu haben, das Glück nur noch bei sich selbst zu suchen. Der bzw. die Liebende bei von Günderrode dagegen bleibt **passiv** und dem Schmerz **hilflos** ausgeliefert.

Haltung zur Realität: Realitätssinn vs. Idealisierung

Bei Kiwus wird ein Realitätssinn deutlich, der auf jede romantische Überhöhung oder Idealisierung der Beziehung verzichtet. Dass dieser Realitätssinn auf einen Prozess der **Desillusionierung** zurückzuführen ist, macht unter anderem die Verwendung des Traumbegriffs deutlich: Die träumerische Illusion eines gemeinsamen, andauernden Liebesglücks wird aufgegeben. Das lyrische Ich ist aus dem „Paradies“ in der „Wirklichkeit“ angekommen – aber es will dort nicht auf den Partner verzichten, sondern mit ihm zusammen sein, auch wenn tiefe Gefühle fehlen und das ständige Bemühen, die paradiesische Vergangenheit wiederzubeleben, entfällt. Auch der lyrische Sprecher in „Die eine Klage“ hat **keine Illusionen**, dass die Liebe sich wiederbeleben ließe oder mit jemand anderem neu entstehen könnte. Bei ihm aber liegt das insbesondere an der **Idealisierung** der vergangenen Liebe – sie wird so absolut gesetzt, dass selbst Gott sie nicht zurückgeben kann (vgl. V. 24).

Zukunft: Pessimismus vs. Lösungsangebot

Während sich so bei von Günderrode **keine andere Zukunftsperspektive** als die der immer währenden Trauer über den Verlust ergibt, findet Kiwus' lyrisches Ich eine „Lösung" für den Verlust der Hoffnung auf Liebesglück, die in der **Bescheidung auf das einfache Miteinander** in der Wirklichkeit besteht und die Suche nach Glück in andere Bereiche als die Liebe verlagert. Eine solche „Lösung" ist im Günderrode-Gedicht dagegen unvorstellbar: Die Verabsolutierung der Liebesempfindungen **schließt** jegliche **Kompromisse und Alternativen aus**.

Sprachlich-formale Anlage

Nüchtern-spartanische Sprache – Intensität

Die eher **nüchterne, in Bezug auf das Liebesglück desillusionierte Sichtweise** bei Kiwus wird durch die schlichte Gestaltung des Gedichts noch unterstützt: Anders als in Günderrodes Gedicht gibt es keinen Reim und keinen Rhythmus, wodurch jegliche Dynamik fehlt. Und auch die sonstige sprachliche Ausgestaltung bleibt im Vergleich zu Karoline von Günderrodes Gedicht **spartanisch:** Die Romantikerin umschreibt die Liebe (und deren Verlust) wort- und bildreich und erzeugt mithilfe rhetorischer Mittel (u. a. Ausruf, Wiederholungen, Polysyndeton) sowie mithilfe von Reim und Rhythmus einen Sprechgestus, der von **hoher Dichte und Intensität** geprägt ist und den Klageton stützt. Kiwus' schon rein äußerlich **karg** wirkendes Gedicht, das nur aus wenigen Worten und aus Kurzversen besteht, verzichtet dagegen nicht nur auf Reim und Versmaß, sondern weitgehend auch auf Bildlichkeit (Ausnahme: V. 4) und rhetorische Mittel – ihr Gedicht liest sich eher wie **Prosa**. Zwar setzt auch Kiwus Wiederholungen ein, doch dienen sie hier nicht zur Intensivierung, sondern zur **Strukturierung:** Die Entsprechungen in der Satzordnung und der Versorganisation von Abschnitt 1 und 3 unterstreichen die **Kontrastierung** von **Traum und Wirklichkeit** sowie von **Liebesglück** („Paradies") und **funktionierender Alltagsbeziehung**.

Fazit – die Gedichte im Epochenkontext

Die unterschiedliche Thematisierung von Liebe in den Gedichten verweist auf den jeweiligen Epochenkontext. „Die eine Klage" von Karoline von Günderrode zeigt eine für die Liebeslyrik der Romantik **typische Überhöhung der Liebe** und die unerfüllte Sehnsucht nach ihr. Die für die Romantik untypischen resignativen Züge ihres Gedichts verbindet es aber mit modernen Gedichten wie dem von Karin Kiwus. Auch wenn die Liebeslyrik in der zweiten Hälfte des 20. Jahrhunderts vielgestaltig ist – in der Regel wird wie bei Karin Kiwus auf **romantische Idealisierung verzichtet**, insbesondere seit den 1970er-Jahren. Meist herrscht ein **resignativer Ton** vor und es werden eher **Schwierigkeiten einer gelingenden Partnerschaft** oder auch die **Vergänglichkeit von Gefühlen** thematisiert. Ob die romantische Vorstellung von einer vollkommenen Liebe, wie sie in dem Gedicht von Karoline von Günderrode beschrieben wird, auch heute noch das Richtbild einer gelungenen Beziehung ist oder die eher alltagstaugliche „Lösung“ in dem Gedicht von Karin Kiwus, muss jeder Leser selbst entscheiden.

Abitur Deutsch (Schleswig-Holstein) – Übungsaufgabe 3: Interpretation eines literarischen Textes

Thema:
Georg Büchner: *Woyzeck*

Arbeitsgrundlage:
Ernst Toller: *Der deutsche Hinkemann. Eine Tragödie in drei Akten* (Auszug)

Aufgabe:

1. Interpretieren Sie den vorliegenden Auszug aus Ernst Tollers Drama *Der deutsche Hinkemann* (1923). (60 %)
2. Vergleichen Sie den Auszug aus Tollers Drama mit Georg Büchners *Woyzeck* im Hinblick darauf, wie das Motiv „eine Frau zwischen zwei Männern" inhaltlich ausgestaltet wird. Gehen Sie dabei auch auf die Lebenssituation der Figuren, ihre Beweggründe und auf ihr Verhalten ein. (40 %)

Erlaubte Hilfsmittel:
- unkommentierte Ausgabe: *Woyzeck*
- ein Wörterbuch der deutschen Rechtschreibung

Ernst Toller (1893–1939)
Der deutsche Hinkemann (1923, Auszug aus I, 1)

Im Mittelpunkt des Dramas steht der Kriegsinvalide Eugen Hinkemann, dem im Ersten Weltkrieg die Genitalien weggeschossen worden sind. Davon weiß bisher nur seine Ehefrau Grete, mit der er in ärmlichen Verhältnissen lebt. In der vorliegenden Szene ist Hinkemanns Freund Paul Großhahn zu Besuch bei dem kinderlosen Paar. Im weiteren Verlauf des Dramas betrügt Grete ihren Mann mit Großhahn.

HINKEMANN: […] Aber […] die Maschine!! Die zerbricht uns unsere Knochen, ehe wir noch so recht aufgestanden sind. Mir graut vor jedem neuen Arbeitstag, und wenn ich morgens die Arbeit aufnehme, kann ich mir kaum vorstellen, daß man das den ganzen Tag aushalten soll. Und wenn abends die Fabrikglocke geht, stürme ich zum Fabriktor hinaus, als wenn ich besessen wäre.

PAUL GROẞHAHN: Mich drückt die Maschine nicht. Ich bin der Herr und nicht die Maschine. Wenn ich an der Maschine stehe, packts mich mit Teufelslust: Du mußt den Knecht da fühlen lassen, daß du der Herr bist! Und dann treibe ich das heulende und surrende und stöhnende Ding bis zur äußersten Kraftleistung, daß es Blut schwitzt … sozusagen … und ich lache und freue mich, wie es sich so quält und abrackert. So, mein Tierchen, rufe ich, du mußt gehorchen! Gehorchen!

Und das wildeste Stück Holz laß ich die Maschine verschlingen und laß es sie formen nach meinem Befehl! Nach meinem Befehl! Sei ein Mann, Eugen, dann bist du der Herr.

HINKEMANN *leise*: Es gibt Fälle auf Erden, wo einer eher ein Gott werden kann als ein Mann.

GRETE HINKEMANN *starrt Großhahn unverwandt an:* Wie wild Sie blicken können, Herr Großhahn.

PAUL GROßHAHN: Och …

HINKEMANN: Der hat das Wildblicken gelernt, aber nicht an der Maschine.

GRETE HINKEMANN: Sondern?

HINKEMANN: Wo, willst du wissen? Bei den Frauensleuten.

PAUL GROßHAHN: Was hat denn son Prolet[1] von seinem Leben? Wenn er auf die Welt kommt, flucht der Alte, daß wieder ein Esser mehr da ist. Hungrig geht er morgens in die Schule, und wenn er abends ins Bett geht, zwiebelt ihm der Hunger das Gedärm. Na, und dann kommt er in die Frohn[2]. Er verkauft seine Arbeitskraft, wie man einen Liter Petroleum verkauft und gehört dem Unternehmer, dem Prinzipal[3]. Er wird … sozusagen … ein Hammer oder ein Stuhl oder ein Dampfhebel oder ein Federhalter oder er wird ein Bügeleisen. Es ist doch so! … Was bleibt sein einziges Vergnügen? D i e L i e b e ! Wo keiner ihm etwas dreinzureden hat? – D i e L i e b e ! Wo er frei ist, wo er dem Herrn Unternehmer und Polizisten sagen kann: Hier ist meine Villa! Eintritt verboten!? – D i e L i e b e ! ! Sehen Sie, die reichen Leute haben so viele Sachen, mit denen sie sich amüsieren … Badereisen und Musik und Bücher … […] Für uns Proleten ist die Liebe ganz was anderes als für die reichen Leute. Sie ist für uns … sozusagen … der Lebenskern. Wenn der angefault ist, dann lieber gleich einen Strick. Ist es nicht so, Eugen?

HINKEMANN: Du magst wohl recht haben …

PAUL GROßHAHN: Sie sind eine verheiratete Frau, Frau Hinkemann, man kann deshalb ein offenes Wort mit Ihnen reden. Was hätte unsereiner wohl vom Leben, wenn er nicht jeden Tag einmal bei seinem Mädchen sein könnte.

HINKEMANN *beobachtet gespannt Grete.*

PAUL GROßHAHN: Was sagen Sie, Frau Hinkemann?

GRETE HINKEMANN: Was ich sage? … *Scheu.* Alle Frauen sind nicht gleich.

HINKEMANN *aufspringend:* Ich schaff Arbeit, Grete, da kannst du dich drauf verlassen … ich will dir doch was schenken können zu Weihnachten! …

PAUL GROßHAHN: Kannst dir den Weg sparen.

HINKEMANN: Abwarten, Paule! Auf Wiedersehen, Grete. *Hinkemann verläßt das Zimmer.*

Einige Minuten Stille.

PAUL GROßHAHN: Ein Mann wie ein Ringkämpfer. Ist doch jammerschade, daß der brach liegen muß. Und immer Humor. Sie sind wohl recht glücklich, Frau Hinkemann?

GRETE HINKEMANN *sieht ihn starr an:* Ja.

PAUL GROßHAHN: Ich bin immer neidisch auf den Eugen, wenn ich Sie beide so sehe.

GRETE HINKEMANN *stützt weinend den Kopf in ihre Hände.*

PAUL GROẞHAHN: Was ist denn, Frau Hinkemann? … Ich habe doch nichts Übles gesagt? Sie weinen ja? … Was ist denn? … soll ich dem Eugen nachlaufen? Vielleicht erreiche ich ihn noch …

GRETE HINKEMANN *fassungslos aufweinend:* Mein Kopf zerbricht! … Mich können sie ins Irrenhaus schaffen! … Ich schrei! … Ich schrei! …

PAUL GROẞHAHN *besorgt:* Sind Sie krank, Frau Hinkemann? Kann ich Ihnen helfen? Oder sind Sie gar in guter Hoffnung[4]? … Da bekommen manche Frauen die Fallsucht[5].

GRETE HINKEMANN: Ach du lieber Herr Jesus, ach du lieber Herr Jesus … in andern Umständen … *Krampfhaft auflachend.* in Umständen, daß ich froh wäre, wenn sie mich heut begraben täten …

PAUL GROẞHAHN: Ist der Eugen nicht gut zu Ihnen? Schlägt er Sie?

GRETE HINKEMANN: Ich sags … ich sags … ich sags … ich bin ein armes Menschenkind … mein Eugen … mein Eugen … mein Eugen, der ist ja gar … der ist ja gar kein Mann …

PAUL GROẞHAHN: Sind Sie wirklich nicht krank, Frau Hinkemann? Vielleicht haben Sie Fieber?

GRETE HINKEMANN: Nee … mein Eugen … mein Eugen, den haben sie im Krieg draußen so zugerichtet … und jetzt ist er ein Krüppel … ich schäm mich ja so … ich kanns nicht erklären … Verstehen Sie mich doch, Herr Großhahn, er ist gar kein Mann mehr … *Hält sich wie erschreckt über sich selbst den Mund zu.*

PAUL GROẞHAHN *prustet einen kurzen, rohen Lachlaut.*

GRETE HINKEMANN: Ach Herr Jesus … was hab ich nu angerichtet? Was hab ich nu gesagt? Wie Sie mich jetzt auslachen … pfui! pfui! Das hätt ich nicht gedacht … das hätt ich Ihnen nicht zugetraut.

PAUL GROẞHAHN: Entschuldigen Sie, Frau Hinkemann, es kommt mir nur … es kommt mir nur so die Kehle herauf … Wenn ein Mann das hört, da muß er eben lachen. *Entrüstet.* Aber der Eugen, der ist ja ein Egoist! Was hält der Sie? Der liebt Sie nicht, sonst würde er Sie gehen lassen … *Großhahn streichelt Grete. Grete lehnt sich an ihn.*

GRETE HINKEMANN: Das ist alles viel schwerer, wie Sie sich das denken, Herr Großhahn. Man findet sich nicht zurecht. Eben ist es hell, und dann ist es wieder finstere Nacht … Der Mensch dauert mich so[6] … Was war das für ein Mann vor dem Krieg! Das blühende Leben! Aber heute … nur noch grübeln kennt er. Er hadert mit Gott und hadert mit den Menschen … Und wenn er mich anschaut, meine ich, er will mich durch und durch schauen, als ob ich ein Ding wäre und kein Mensch. Und manchmal, da fürchte ich mich vor ihm … da mag ich ihn nicht leiden … da ekelt er mich! … *Sich schüttelnd.* Da ekelt er mich! … Herr Jesus, wie soll das enden? …

PAUL GROẞHAHN *immer zärtlicher werdend:* Weinen Sie nur, Frau Grete, weinen Sie nur … Tränen, die man zurückhält, sind wie Steine, die einem auf dem Herzen liegen, hat meine Mutter selig immer gesagt …

GRETE HINKEMANN: Sie werden ihm nichts verraten, Herr Großhahn? Ich ginge ins Wasser!

PAUL GROßHAHN: Nichts werde ich ihm sagen, Grete. Kein Sterbenswörtchen. Da kannst du ohne Sorge sein. Ich hab schon einmal einen Monat Gefängnis auf mich genommen, weil ich versprochen hatte, reinen Mund zu halten … Da kannst du ohne Sorge sein … Du bist ein junges Weib … guck mich mal an … zum Teufel, du machst es nicht mehr ein Jahr, wenn du dich so weiter grämst … Greteken … Greteken … *Küßt sie.*

GRETE HINKEMANN: Nu werde ich doch schlecht …

PAUL GROßHAHN: Schlecht? Wie kann schlecht sein, was aus der Natur kommt? … sozusagen … aus dem Blut … Schlecht, mit dem Wort jonglieren die Pfaffen und die Kapitalisten … Schlecht wärst du gegen dich, wenn du einem Mann, der kein Mann ist, die Treue halten wolltest. Und überhaupt Treue. Auch ein Gottseibeiuns fürs arme Volk. Für die reichen Leute ist das längst ein Ammenmärchen. Mein Freund hatte sogar eine Liebschaft mit … einer Frau Kommerzienrat …

GRETE HINKEMANN: Ich höre jemand auf der Treppe … Wenn es Eugen ist …

PAUL GROßHAHN: Dann will ich lieber gehen … Greteken, magst du mal zu mir kommen? Du weißt, wo ich wohne … Brauchst keine Bange zu haben, mich besucht niemand … Du kannst dein Herz bei mir ausschütten … sozusagen … Du kannst dich ruhig bei mir ausweinen … Kommst du zu mir?

GRETE HINKEMANN: Ich weiß es noch nicht …

PAUL GROßHAHN: Erinnerst du dich noch, wie wir zusammen am großen Sandhaufen im Stadtpark Burgen bauten, Greteken? … Ich hatte schon ein Auge auf dich geworfen, als du noch eine kleine Milchdirn[7] warst … Greteken, kommst du zu mir?

GRETE HINKEMANN *schüttelt widerstrebend den Kopf.*

PAUL GROßHAHN *plötzlich brutal:* Ohne Ziererei … Du kommst! …

GRETE HINKEMANN: Ich …

PAUL GROßHAHN: Du kommst!

GRETE HINKEMANN: Ja …

PAUL GROßHAHN: Adschö[8] auch, Greteken, adschö. *Großhahn geht.*

GRETE HINKEMANN *allein:* Man ist nur ein armes Weib. Und das Leben ist so verworren.

Aus: Ernst Toller: Der deutsche Hinkemann. Eine Tragödie in drei Akten. Potsdam: Kiepenheuer 1923, S. 7–12.

Anmerkungen:

1 *Prolet:* Proletarier, hier im Sinne von „einfacher Arbeiter“
2 *Frohn:* Frondienst (= im Mittelalter Dienstleistung der Bauern für ihre Grundherren, in der Regel von Zwang geprägt)
3 *Prinzipal:* Arbeitgeber (von lat. *princeps* = Vorsteher, Führer)
4 *in guter Hoffnung sein:* schwanger sein
5 *Fallsucht:* vor allem früher benutzter Begriff für Epilepsie (= plötzlich auftretende Krampfanfälle)
6 *dauern:* jemandem leidtun
7 *Milchdirn:* Milchmädchen = frühere Bezeichnung für Mädchen oder Mägde, die Milch besorgten und anboten
8 *Adschö:* dialektale Form des französischen Abschiedsgrußes „Adieu“

Hinweise und Tipps

*Lesen Sie für die Bearbeitung von **Teilaufgabe 1** zunächst mehrfach den vorliegenden Ausschnitt aus Ernst Tollers Drama „Der deutsche Hinkemann". **Markieren** Sie dabei alle Stellen, die Ihnen auffallen, sei es in sprachlicher oder inhaltlicher Hinsicht. Mithilfe von Notizen am Rand des Textes können Sie dabei schon wesentliche Beobachtungen festhalten. Am besten vermerken Sie hier auch schon den inhaltlichen Aufbau des Auszugs, indem Sie ihn in Sinnabschnitte einteilen und deren Inhalt in knappster Form zusammenfassen. Fragen Sie sich dazu, wann eine wichtige Veränderung stattfindet – beispielsweise wenn eine Figur die Bühne betritt oder verlässt oder wenn die Kommunikation eine entscheidende Wendung nimmt. Notieren Sie außerdem auffallende **Stilmittel** und überlegen Sie, welche Wirkung diese haben. Wenn Sie zudem Beobachtungen zu den **Figuren** notieren, fällt es Ihnen später leichter, diese zu charakterisieren.*

*Beginnen Sie Ihre Ausarbeitung mit einer knappen **Einleitung**. In dieser nennen Sie Autor, Titel, Erscheinungsjahr, Textart, Textstelle (Akt und Szene) und den Hauptinhalt des vorliegenden Auszugs. Am besten fassen Sie anschließend **kurz den Inhalt zusammen**, um einen Überblick über den Auszug zu geben. Danach **interpretieren** Sie den Text, wobei Sie neben **inhaltlichen Aspekten** auch auf die **sprachliche Gestaltung** eingehen. Dabei ist es hilfreich, sich an den Sinnabschnitten zu orientieren. Eine andere Möglichkeit ist es, Inhalt und Sprache nacheinander abzuhandeln. Dabei besteht jedoch die Gefahr, sich zu wiederholen. Im folgenden Musteraufsatz werden die beiden Verfahren kombiniert: Die Untersuchung sprachgestalterischer Aspekte, die den gesamten Auszug betreffen, werden der Detailinterpretation der Sinnabschnitte vorangestellt – sprachliche Besonderheiten, die an der jeweiligen Stelle bedeutsam sind, werden dann im Rahmen dieser Detailinterpretation berücksichtigt. Im Anschluss folgt dann noch eine zusammenfassende Charakterisierung der drei Figuren.*

*Eine Herausforderung bei dieser Aufgabe ist der Umfang des Auszugs. Aus zeitlichen Gründen können Sie nicht jeden einzelnen Redebeitrag auswerten – versuchen Sie daher, sich auf die **zentralen Linien und wichtigen Punkte** zu konzentrieren.*

*Runden Sie den ersten Teil Ihrer Ausarbeitung mit einem **Zwischenfazit** ab, in dem Sie Ihre bisherigen Erkenntnisse zusammenfassen.*

*In **Teilaufgabe 2** sollen Sie den interpretierten Dramenauszug mit Büchners Fragment „Woyzeck" vergleichen, das Ihnen aus dem Unterricht bekannt ist. Als Vergleichsaspekt wird das **Motiv „eine Frau zwischen zwei Männern"** genannt. Im Fokus des Vergleichs steht also die Figurenkonstellation. Dabei sollen Sie u. a. die Lebenssituation, die Beweggründe und das Verhalten der Protagonisten behandeln. Es ist sinnvoll, den Vergleich nach den jeweiligen „Rollen" der Figuren aufzubauen (geprellter [Ehe-]Mann / Frau zwischen zwei Männern / Liebhaber) – Sie können aber auch einen anderen Aufbau wählen. Als Vorbereitung des Vergleichs können Sie in einer Tabelle jeweils Unterschiede und Gemeinsamkeiten der Figuren notieren.*

*Ihre Ausarbeitung von Teilaufgabe 2 beginnen Sie mit einer kurzen **Überleitung** zum Vergleich. Anschließend gehen Sie auf die gefundenen **Unterschiede** und **Gemeinsamkeiten** ein. Bei Bedarf können Sie **Textbelege** aus „Woyzeck" in Ihre Argumen-*

tation einflechten. Halten Sie sich aber nicht zu lange mit der Suche nach passenden Zitaten auf. Am Ende Ihres Aufsatzes ziehen Sie ein ***Fazit****, in dem Sie die wesentlichen Erkenntnisse aus dem Vergleich festhalten oder auch einen Ausblick geben. Beachten Sie, dass die erste Teilaufgabe in der Bewertung mit 60 % und die zweite mit 40 % gewichtet wird. Der Schwerpunkt der Aufgabe liegt also auf der Interpretation des Auszugs.*

Die Textnachweise zu Büchners „Woyzeck" im folgenden Lösungsvorschlag beziehen sich auf diese Ausgabe: Georg Büchner, „Woyzeck", „Leonce und Lena". Hrsg. v. Burghard Dedner. Stuttgart: Reclam 2005. RUB: 18420.

Lösungsvorschlag

Teilaufgabe 1
Einleitung
Grundlegende Informationen zum Drama

Ernst Tollers Drama „Der deutsche Hinkemann. Eine Tragödie in drei Akten" von 1923, aus dem der vorliegende Textauszug stammt, handelt von dem Arbeiter Eugen Hinkemann, dem im Ersten Weltkrieg die Genitalien weggeschossen worden sind und den seine Frau Grete mit seinem Freund Paul Großhahn betrügt.

Interpretation
Einteilung in Sinnabschnitte und kurze Inhaltswiedergabe

Der hier behandelte Auszug aus der ersten Szene des ersten Aktes zeigt einen Besuch Großhahns bei den Hinkemanns und lässt sich in **drei Sinnabschnitte** einteilen. Zu Beginn (vgl. Z. 1–49) unterhalten sich Hinkemann und Großhahn über die Fabrikarbeit, die sie sehr unterschiedlich wahrnehmen. Im Folgenden kommt Großhahn auf die in seinen Augen große **Bedeutung der Liebe** zu sprechen, woraufhin Hinkemann den Raum verlässt. Im zweiten Sinnabschnitt (vgl. Z. 50–81) plaudert Großhahn mit Grete über das scheinbare Glück der Hinkemann'schen Ehe und Grete bricht weinend zusammen – auf seine Nachfragen erzählt sie ihm von den fehlenden Genitalien ihres Mannes. Der dritte Sinnabschnitt (vgl. Z. 82–131) zeigt Großhahns Bemühungen, sich ihr **anzunähern**. Schließlich schafft er es, die anfangs zögerliche Grete zu einem Besuch bei ihm zu Hause zu bewegen.

Grundsätzliche Merkmale der sprachlichen Gestaltung

Der Haupttext ist in **Prosa** verfasst und bildet – mit Ausnahme von Gretes kurzem Monolog nach Großhahns Weggang – durchgehend einen **Dialog** ab. Die Ellipsen (vgl. Z. 47), Einschübe (vgl. „sozusagen", Z. 35) und die vielen Auslassungspunkte, die Gesprächspausen verdeutlichen, ahmen ebenso eine natürliche, **authentische Mündlichkeit** nach wie die dialektal gefärbte Umgangssprache (z. B. „son Prolet", Z. 23; „Adschö", Z. 129). Letztere unterstreicht auch teilweise die Zugehörigkeit der Figuren zur Arbeiterschicht.

Detaillierte Interpretation nach Sinnabschnitten

1. Sinnabschnitt

Im ersten Sinnabschnitt verdeutlicht das einleitende Gespräch der Männer über ihre Arbeit an der Maschine schon die erheblichen **Unterschiede in ihrem Charakter und ihrer Belastbarkeit**. Hinkemann erträgt sie kaum, wie u. a. die Bildlichkeit („zerbricht uns unsere Knochen“, Z. 1; vgl. auch Z. 5) und die Wortwahl (u. a. „Mir graut“, Z. 2) unterstreichen. Sein Freund hingegen empfindet bei der Bedienung der Maschine ein **Machtgefühl**. Bei ihm dominieren kraftvolle Ausrufe, kombiniert mit einer Herr-Knecht-Metaphorik für die Beziehung zwischen ihm und der als „Tierchen“ (Z. 11) verniedlichten Maschine. Großhahn **überhöht sich** geradezu zu einem Beherrscher der Natur („das wildeste Stück Holz“, Z. 12), der diese ganz nach seinem Willen zu „formen“ (Z. 13) vermag. Mit seiner Aufforderung an Hinkemann, „ein Mann“ zu sein, um „der Herr“ (Z. 13 f.) zu sein, deutet er implizit einen **Mangel an „Männlichkeit“ bei diesem** an, woraufhin Hinkemann erstmals leise sein Problem andeutet (vgl. Z. 15 f.).

Eine kurze Gesprächssequenz über Großhahns wilden Blick bildet die Überleitung zum **Thema Liebe** (vgl. Z. 17–22). Großhahn referiert über ihre existenzielle Bedeutung für die einfachen Arbeiter (vgl. Z. 23–37), deren klägliche Lebensläufe von Hunger und Verdinglichung (vgl. Z. 28 f.) geprägt seien. Als einziges Vergnügen und einziger **Freiheitsraum**, den sie gegenüber den Herrschenden behaupten könnten (vgl. Z. 31 f.), bleibe nur die Liebe, während die Reichen so viel mehr Möglichkeiten hätten. Seine Einschätzung unterstreichen die enthusiastischen Ausrufe „Die Liebe!“ (Z. 30 ff.), mit denen er sich selbst gestellte Fragen beantwortet, und die metaphorische Umschreibung der Liebe als „Lebenskern“. Sei dieser „angefault“ (Z. 36), könne man sich doch gleich umbringen. Mit Großhahns direkter Ansprache der Eheleute (vgl. Z. 36 f., 43) gerät hier die Frage in den Blick, wie es denn bei ihnen um diesen „Lebenskern“ stehe. Davon zeugen Hinkemanns **Anspannung** und Gretes **scheue Antwort** (vgl. Z. 42 ff.). Offenbar aus Sorge, Grete könne angesichts der Überlegungen Großhahns an ihrer Ehe zweifeln, verlässt Hinkemann das Zimmer, um sich Arbeit zu suchen und so seiner Frau ein Weihnachtsgeschenk kaufen zu können.

2. Sinnabschnitt

Im zweiten Sinnabschnitt lenkt Großhahn nun ausdrücklich den Blick auf die **Beziehung des Paares**, wenn er nach Gretes Eheglück fragt und seinen Neid bekundet (vgl. Z. 52 f., 55). Grete beginnt zu weinen. Der Spannungsaufbau bis zu Gretes Enthüllung erfolgt hier durch den Wechsel von **besorgt wirkenden Nachfragen** Großhahns und **steigende Verzweiflung** ausdrückenden Äußerungen Gretes. Diese reichen vom doppelten Ausruf „Ich schrei!“ (Z. 61) über die Anrufung Jesu (vgl. Z. 65) bis hin zu Stammeln andeutenden Wiederholungen der Fügungen „ich sags“ und „mein Eugen“ (Z. 69 f.).

Unter anderem die Ansprache Jesu verleiht ihrer Eröffnung, ihr Mann sei „gar kein Mann mehr" (Z. 76 f., vgl. auch Z. 71), den Charakter einer **Beichte**. Großhahns wenig einfühlsame Reaktion – er lacht prustend – enttäuscht Grete und lässt sie an ihrer Entscheidung zweifeln, das Geheimnis preiszugeben (vgl. Z. 79 f.).

3. Sinnabschnitt

Der dritte Sinnabschnitt zeigt Großhahns **Annäherungsversuche**. Nach einer halbherzigen Entschuldigung bahnt er erste Zärtlichkeiten an, die zunächst noch als Trost durchgehen könnten (vgl. Z. 85 f.), dann aber immer deutlicher Großhahns **sinnliches Anliegen** verraten („immer zärtlicher werdend", Z. 96; „Küßt sie", Z. 106). Die Annäherung zeigt sich sprachlich durch die zunehmende Vertrautheit der Anrede: von „Sie" (Z. 96) zu „du" (Z. 102) und von „Frau Hinkemann" (Z. 82) über „Frau Grete" (Z. 96) und „Grete" (Z. 101) hin zu „Greteken" (Z. 105). Grete ihrerseits wird von Großhahns Trost dazu verleitet, ihm den tatsächlichen Zustand ihrer Ehe mitzuteilen: Sie leidet sehr unter der kriegsbedingten Schwermut ihres Mannes (vgl. Z. 87, 89) bis hin zu Furcht und Ekel vor ihm (vgl. Z. 93 f.). Eine Hell-dunkel-Metapher (vgl. Z. 88 f.) verdeutlicht dabei ihre schwankende Stimmung. Gretes Sorge, Großhahn könne ihrem Mann ihre peinliche Enthüllung offenlegen (vgl. Z. 99), stellt ihr Gesprächspartner als unbegründet dar. Ihre Bedenken bei seinem Kuss, die ihr Satz „Nu werde ich doch schlecht …" (Z. 107) andeutet, versucht er mit **moralkritischen Erwägungen** wegzuwischen (vgl. Z. 108–113). Ihre weiteren Reaktionen (vgl. Z. 114, 119, 124) auf seine Annäherungsversuche, zu denen auch seine Frage gehört, ob sie ihn besuchen kommen werde, signalisieren Abwehr. Unvermittelt schaltet Großhahn auf rigorose, „plötzlich brutal[e]" (Z. 125) Aufforderungen um, die Grete kaum eine Wahl lassen (vgl. Z. 125, 127): Sie **bejaht** schließlich ein **heimliches Treffen**. Großhahn hat sein Ziel erreicht und verlässt das Haus.

Genauere Betrachtung der Figuren

Nimmt man die Figuren genauer in den Blick, fallen zunächst die **sprechenden Namen der beiden Männer** auf: „Hinkemann" verweist auf eine Behinderung, während der „Hahn" in „Großhahn" als stolz, imposant und männlich gilt, was durch das vorangestellte Adjektiv noch verstärkt wird.

Hinkemanns innere Schwäche

Hinkemann ist vor dem verhängnisvollen Krieg „[d]as blühende Leben" (Z. 90) gewesen und immer noch „[e]in Mann wie ein Ringkämpfer" (Z. 51), was auf **äußere Stärke** verweist. Im Kontrast dazu steht seit der Verletzung seine **innere Schwäche**, die durch seine Klagen über die schwere Arbeit und seine häufigen Grübeleien (vgl. Z. 90) zum Ausdruck kommt. Der Krieg hat ihn zu einem **schwermütigen Menschen** gemacht. Dass seine **Ehe** ein **wichtiger**

Halt für ihn ist, den er nicht verlieren möchte, zeigt sein Vorhaben, eine neue Arbeitsstelle zu suchen, um Grete etwas bieten zu können. In der vorliegenden Szene wirkt er im Vergleich zu seinem Freund und späteren Kontrahenten Großhahn **unterlegen**.

Berechnender Großhahn

Während die körperliche Liebe für den Kriegsversehrten unerreichbar ist, findet Großhahn in ihr sein „einziges Vergnügen" (Z. 30) und seinen „Lebenskern" (Z. 36). Statt einer festen Beziehung vergnügt er sich gerne mit „Frauensleuten" (Z. 22), die bezeichnenderweise in der Pluralform genannt werden. Treue ist aus seiner Sicht ein religiös unterfüttertes „Ammenmärchen" (Z. 112) und widerspricht dem natürlichen Begehren des Menschen. Seine **gesellschaftskritische Haltung** zeigen seine Beschreibung des Arbeiterlebens und sein Loblied auf die Liebe als einziger Freiheitsraum der Arbeiterschicht. Im Umgang mit Grete verhält er sich **berechnend**, denn auf ihre Enthüllung hin stellt er ihren Mann als **Egoisten** dar (vgl. Z. 84 f.), wohl in der Hoffnung, bei ihr ein Gefühl von Distanz zu ihrem Ehemann wachzurufen. Sogleich versucht er durch Zärtlichkeit, die verzweifelte Frau emotional an sich zu binden. Sein ganzes Verhalten Grete gegenüber scheint auf die Erreichung seines Ziels ausgerichtet, sie zum Ehebruch zu verleiten. Großhahns Selbstdarstellung als **Inbegriff der Männlichkeit** sowie seine **begeisterten Worte über die Liebe** lassen sich vor diesem Hintergrund möglicherweise schon als strategische Vorbereitung der Annäherungsversuche verstehen. Insgesamt kommt seine **Skrupellosigkeit** zum Ausdruck, denn er hat keinerlei Hemmungen, ein Verhältnis mit der Ehefrau seines Freundes anzufangen. Des Weiteren fällt Großhahns **Machtstreben** auf, einerseits gegenüber der Maschine bei der Arbeit, andererseits gegenüber Grete, wie seine herrischen Aufforderungen zu einem Treffen zeigen. Die **Anbahnung des** später folgenden **Ehebruchs geht von ihm aus**.

Verzweifelte Grete

Grete leidet unter den Auswirkungen der Kriegsverletzung ihres Mannes. In seiner Gegenwart wirkt sie verschlossen, was durch ihre wenigen, kurzen Redebeiträge im ersten Abschnitt deutlich wird. In der Folge wird sie als eine **unsichere Frau in Not** dargestellt, die sich – sich selbst kleinmachend – als „armes Menschenkind" (Z. 69 f.) bezeichnet. Dass sie sich zur Enthüllung der Einschränkung ihres Mannes bewegen lässt, zeigt die **Dringlichkeit ihres Redebedürfnisses** und ihren Leidensdruck. Gleichzeitig schwankt sie zwischen **Pflicht- und Mitleidsgefühlen** gegenüber ihrem Mann und dem **Bedürfnis nach einem erfüllteren Leben**. Großhahns herrisches Auftreten nötigt sie schließlich zu einer Zusage zu einem Treffen, vor dem sie eigentlich zurückschreckt.

Die Szene offenbart **gesellschaftskritische Züge:** Die Handlung ist im **Arbeitermilieu** angesiedelt, wo kein Geld für Geschenke übrig ist und die einfachen Leute die Folgen des Krieges, in dem sie sich für das Land einsetzen mussten, zu tragen haben – sowohl in physischer als auch in psychischer Hinsicht. Inwiefern Großhahns Aussagen, denen zufolge die reichen Leute alles haben und dürfen, während den Armen die Liebe als einziges Vergnügen bleibt, diesen gesellschaftskritischen Ansatz widerspiegeln, hängt auch davon ab, wie man Großhahn bewertet. Es wäre eine interessante Frage, wie diese hier intrigant wirkende Figur im weiteren Verlauf des Dramas weiter ausgestaltet wird – als skrupelloser Egoist oder ebenfalls als armes Opfer der gesellschaftlichen Verhältnisse, dessen Affäre mit Grete der einzige Lichtblick in einem tristen Leben ist.

Zwischenfazit

Im Vergleich mit dem Fragment gebliebenen sozialen Drama „Woyzeck", das Georg Büchner 1836 zu schreiben begann, fällt die sehr ähnliche **Grundkonstellation** der beiden Werke auf: Im Zentrum der im **ärmlichen Milieu** spielenden Handlung stehen **zwei Männer und eine Frau**, die mit dem einen – gesundheitlich beeinträchtigten – Mann liiert ist und mit dem anderen, attraktiveren Mann fremdgeht. Ein genauerer Vergleich fördert weitere Gemeinsamkeiten, aber auch gewisse Unterschiede zutage.

Teilaufgabe 2

Aufgabenbezogene Überleitung

Eugen Hinkemann und Franz Woyzeck müssen beide **hart arbeiten**, um über die Runden zu kommen. Ersterer ist von der Fabrikarbeit an Maschinen stark belastet und beklagt sich auch darüber. Um seiner Frau etwas bieten zu können, bemüht er sich um einen Zusatzverdienst. Bei dem einfachen Soldaten Woyzeck ist Fabrikarbeit noch kein Thema. Er muss jede Möglichkeit wahrnehmen, um zusätzliches Geld zu verdienen. Bei ihm ist das Motiv dafür allerdings **existenzieller** als bei Hinkemann: Von seinem schmalen Sold allein könnte er Marie und den gemeinsamen Sohn nicht ernähren, was die **gesellschaftskritische Aussage** des Dramas unterstreicht. Im Gegensatz zu Hinkemann beklagt sich Woyzeck aber nicht, auch wenn er demütigende Aufgaben übernehmen muss. Marie und das Kind genügen ihm als Motivation, wobei sich darin ein wichtiger Unterschied zu Hinkemann zeigt: Letzterer hat kein Kind und wird auch keines mehr zeugen können. Beide Titelfiguren wirken **schwach und versehrt**, sowohl in physischer als auch in psychischer Hinsicht – aber aus **unterschiedlichen Gründen:** Hinkemann ist durch den Krieg von einem lebensfrohen in einen **schwermütigen Mann** verwandelt worden, Woyzeck leidet vor allem unter der herabwürdigenden Ausbeutung, zu der auch die verordnete Erbsendiät gehört. Die **psychische Beeinträchtigung** hat bei Woyzeck allerdings sehr viel **größere Ausmaße** – er gleitet immer mehr in Wahnvorstellungen ab. Beide Figuren erscheinen

Vergleich der Texte

Hinkemann und Woyzeck

dabei **in ihrer Männlichkeit eingeschränkt** bzw. wirken wenig attraktiv, was ihre Frauen zum Fremdgehen verleitet.

Großhahn und der Tambourmajor

Die beiden Gegenspieler dagegen treten **selbstbewusst** auf und stellen ihre **Männlichkeit** heraus: Während sich der Tambourmajor als stattlicher Uniformträger präsentiert, im Wirtshaus mit seiner Körperkraft prahlt und Woyzeck verprügelt, inszeniert Großhahn sich als kraftstrotzender Herr über Maschine und Natur. Damit erfüllen sie die Rolle, die Hinkemann und Woyzeck aus verschiedenen Gründen nicht mehr verkörpern können. Der Tambourmajor wirkt dabei allerdings eher **einfach gestrickt und plump**, während Großhahn **rhetorisches Geschick** an den Tag legt und **manipulativ** verfährt. Sowohl Großhahn als auch der Tambourmajor neigen aber auch zu **befehlerischem Verhalten**, um ihren Willen zu bekommen (vgl. Z. 125, 127 und 6. Szene, S. 18). Ein Unterschied zwischen ihnen ist ihr **sozialer Status:** Großhahn ist wie Hinkemann ein armer Fabrikarbeiter, der schick uniformierte Tambourmajor ist dagegen **finanziell bessergestellt** als Woyzeck, wie z. B. das Geschenk an Marie verdeutlicht (vgl. 4. Szene, S. 14). Insgesamt erscheint Großhahn zudem **besonders skrupellos**, weil er seinen Freund mit dessen Frau hintergehen und dessen Schwäche unbarmherzig ausnutzen will. Der Tambourmajor hat mit Woyzeck hingegen keine näheren Berührungspunkte.

Grete und Marie

Die Frauenfiguren sind eher **unterschiedlich charakterisiert**. Grete wirkt **verzweifelt**, **unschlüssig** und **passiv** – sie lässt sich am Ende von Großhahn herumkommandieren und zu einem Besuch bei ihm überreden. Marie hingegen **nimmt sich ihre Freiheiten** und ihr Vergnügen mit dem Tambourmajor ohne Rücksicht auf die Konventionen aktiv heraus. So zeigt sie offen ihre Bewunderung für den Tambourmajor (vgl. 2. Szene, S. 10), flirtet hemmungslos mit ihm (vgl. 6. Szene, S. 17 f.) und ist sich ihrer Schönheit bewusst („hab' ich einen so roten Mund als die großen Madamen", 4. Szene, S. 14). Ein weiterer Unterschied zeigt sich in den **Gründen für das Fremdgehen:** Bei Grete liegen sie offenbar in ihrer **persönlichen Not** angesichts der Einschränkung ihres Mannes und dessen daraus resultierender depressiver Grundstimmung. Marie hingegen lässt sich nicht nur von der schicken Uniform des Tambourmajors und seiner demonstrativen Männlichkeit, sondern auch von den geschenkten Ohrringen **beeindrucken**. In ihr wird die Sehnsucht geweckt, der **Enge ihres ärmlichen Lebens** zu entfliehen und vielleicht auch mehr als eine einfache Frau sein zu können. Allerdings macht sich bei Marie ebenso wie bei Grete **ein schlechtes Gewissen** bemerkbar („Nu werde ich doch schlecht", Z. 107 und „Ich bin doch ein schlecht Mensch", 4. Szene, S. 15, vgl. auch Szene 17, S. 30 f.).

Das Motiv einer Frau zwischen zwei Männern ist also in den beiden Werken ähnlich, aber nicht gleich gestaltet. Zwar wird in beiden Dramen eine **sozialkritische Ebene** deutlich, allerdings kann man unterschiedliche Schwerpunktsetzungen in Bezug auf das genannte Motiv ausmachen. Büchner legt den Fokus sehr auf die **ökonomischen Umstände** der Figuren und insofern auf die gesellschaftliche Struktur: Die **ärmlichen Verhältnisse**, die Woyzeck zur Selbstausbeutung zwingen und denen Marie entfliehen möchte, sind der **maßgebliche Grund** für ihre Affäre mit dem Tambourmajor.

Gesellschafts-kritik?

Im „Hinkemann" spricht Großhahn zwar die gesellschaftlichen Ungleichheiten direkt an. Aber weil er im Drama als Verführer eine eher unrühmliche Rolle spielt und seine Einlassungen auch eine strategische Dimension haben, wirkt er eher nicht wie ein Sprachrohr des Verfassers. Im Hinblick auf das Motiv einer Frau zwischen zwei Männern scheinen die **ärmlichen Verhältnisse** zudem mehr **im Hintergrund** zu stehen, **ausschlaggebend** ist hier für die sich anbahnende Affäre das eher **individuelle Schicksal Hinkemanns:** Sein Verlust der Genitalien im Krieg verändert ihn so sehr, dass Grete verzweifelt – und diese Verzweiflung ist der **Ansatzpunkt für die Annäherungsversuche Großhahns**, der die sehr spezifische Ehesituation schamlos ausnutzen will. Von ihm wird Grete sich außerdem auch eher **keinen Aufstieg** erhoffen können, denn dieser ist ein Arbeiter wie Hinkemann – während der Tambourmajor in der militärischen Hierarchie über dem einfachen Soldaten Woyzeck steht und Marie wegen seines höheren Solds mit Geschenken beeindrucken kann.

Fazit

Die **Situation Woyzecks** (und Maries) wirkt insofern im Vergleich zu dem individuelleren Schicksal Hinkemanns **zwangsläufiger, paradigmatischer und mehr strukturell bedingt**. Vielleicht ist das der Grund dafür, warum Toller sein Drama eine Tragödie genannt hat, während Büchners Stück gemeinhin als soziales Drama gilt.

Abitur Deutsch (Schleswig-Holstein) – Übungsaufgabe 4: Materialgestütztes Verfassen eines argumentierenden Textes

Thema:
Georg Büchner: *Woyzeck*

Aufgabe:
Ihr Theaterkurs bereitet eine Aufführung von Georg Büchners „Woyzeck" vor und muss sich entscheiden, ob bei der Inszenierung der Schwerpunkt eher auf die im Stück verhandelte soziale Problematik oder aber auf den Liebeskonflikt gelegt werden soll. Verfassen Sie unter Berücksichtigung der Materialien und Ihrer Dramenkenntnis einen Aufsatz für das Programmbuch, in dem Sie sich mit dieser Frage auseinandersetzen und eine begründete Entscheidung treffen.

Wählen Sie eine geeignete Überschrift.

Zitate aus den Materialien werden dem Stil eines solchen Aufsatzes entsprechend ohne Zeilenangabe unter Nennung der Autorin/des Autors und ggf. des Titels verwendet.

Ihr Aufsatz für das Programmbuch sollte etwa 1 000 Wörter umfassen.

Erlaubte Hilfsmittel:
- unkommentierte Ausgabe: *Woyzeck*
- ein Wörterbuch der deutschen Rechtschreibung

Material 1: Zwei Theaterplakate

MPalitzsch / wikipedia, CC BY-SA 4.0.

Anmerkung: Das Plakat bezieht sich auf Alban Bergs 1925 uraufgeführte Oper „Wozzeck", die auf Büchners Stück basiert. Die unterschiedliche Schreibweise des Titels geht auf einen Lesefehler des ersten Herausgebers des Dramas zurück.

https://liberalarts.utexas.edu/germanic/_files/pdf/history/WoyzeckPoster2.jpg

Material 2: Ulrich Rasche zu seiner „Woyzeck“-Inszenierung

© *Sandra Then / Residenzthater München*

Frage: *Dein „Woyzeck“-Bühnenbild ist eine rotierende Scheibe, eine Art Weltscheibe, außerhalb der das bloße Nichts lauert. Auf dieser Scheibe wirken die Figuren der Leere des Universums hilflos ausgeliefert. An ihnen reißen Fliehkräfte, aber die Drehbewegung kennt kein Ziel und keine erlösende Ruhe. Kann man deine Bühne als Metapher für Büchners Geschichtsfatalismus lesen?*

Rasche: Büchners Erkenntnis vom Fatalismus der Geschichte deckt sich auf eine sehr spezielle Weise mit meinen Bühnenbildern. Für „Woyzeck“ habe ich eine Scheibe gebaut, die sich zum Schluss des Abends fast senkrecht aufstellen wird. Die Schauspieler*innen sind dabei unentwegt den sich dort entwickelnden Flieh- und Zugkräften ausgesetzt. Insbesondere Woyzeck, aber auch alle anderen Figuren werden in Büchners Stück stark durch außer ihnen liegende Umstände geformt. Die äußeren Umstände gehören zur Natur oder zur Gesellschaft. Sie bestimmen das Leben und Verhalten der einzelnen Figuren. Immer werden die Figuren in „Woyzeck“ gezwungen, diesen Kräften Widerstand zu leisten oder sich ihnen gegenüber zu verhalten. Wer dem Kräftespiel ausweichen will oder zu schwach ist, wird ausgeschieden.

Quelle: Woyzeck. Programmheft des Residenztheaters. Spielzeit 2019/2020

Anmerkung: Ulrich Rasche (*1969): deutscher Regisseur, dessen Inszenierungen sich durch spektakuläre Bühnenbilder und eine Rhythmisierung der Sprache auszeichnen; seine Inszenierung von „Woyzeck“ hatte 2020 am Münchner Residenztheater Premiere.

Material 3: Hermann Kurzke: Wir arme Leut

[…] Die Mitte des 19. Jahrhunderts kannte Pauperismus und Proletarierelend in schaurigem Umfang – Hungerlöhne, Überforderung, ungesunde Wohnverhältnisse, Epidemien, Kinderarbeit, daraus folgende sittliche Verelendung mit Gewalttaten, Raub und Diebstahl, Trunksucht, Promiskuität[1] und Prostitution. […] Das waren die Rahmenbedingungen in der historischen Wirklichkeit. Aber welche Rolle spielen sie in Büchners Kunst? Woyzeck ist keine Pauperismus-Studie, kein Arbeiter-Ausbeuter-Sozialgemälde wie Hauptmanns *Weber*[2], kein Drama einer heraufziehenden sozialen Revolution, sondern eine Liebestragödie unter Armutsbedingungen. Woyzeck ist arm, aber sein Motiv ist nicht das Geld. Sein Mord ist keine fehlgeleitete Ersatzhandlung für eine andere Gewalttat, die den Reichen und Mächtigen hätte gelten müssen, sondern die Verzweiflungshandlung eines Mannes, dessen verriegelte Welt nur einen einzigen Lichtblick kannte: die Liebe zu Marie. Die kümmerlichen Lebensumstände hatten sich um ihn geschlossen wie ein Sarg, den nur die Liebe eine Ritze weit offen hielt. Maries Untreue schlägt den Sargdeckel zu. Das „Geld reicher Wüstlinge" spielt überhaupt keine Rolle. Maries Fehltritt kommt einerseits aus sozialem Trotz und Körperstolz – sie hat „ein so rothe Mund als die großen Madamen" –, andererseits aus sexueller Sehnsucht. Sie sucht den Stier im Tambourmajor, nicht Geld oder Macht. Büchner hat die Figur des Dritten im Dreieck sehr bewußt gewählt. Ein Tambourmajor war kein wirklicher Major, sondern nur eine Kleiderpuppe im Rang eines Unteroffiziers – der Anführer eines Musikzugs eben, pompös geschmückt, aber weder reich noch mächtig noch gar adelig, wie es die richtigen Offiziere damals sein mußten. Eine soziale Revolution hätte Marie von ihren Sehnsüchten nicht befreien können. Büchner zeigt Menschen, die Gefangene ihrer Triebe und Lebensumstände sind. Er zeigt nicht den Schimmer eines Auswegs. Die Armut ist aussichtslos, nicht nur die geldliche. Alle sind Unterworfene, auch der Doktor, der sich unter dem Diktat der Wissenschaft, und der Hauptmann, der sich unter dem Diktat der Tugend lächerlich macht. Beide haben zwar ihr Auskommen, sind aber keine Geldleute. Nur ganz peripher geht es in diesem Stück um reich und arm, obgleich die wenigen Sätze darüber sehr viel zitiert werden. „Wir arme Leut" sagt Woyzeck, „das hat keine Tugend". Aber würde er die verklemmte Pharisäertugend[3] des Hauptmanns wirklich haben wollen, selbst wenn man ihm einen Hut und eine Uhr und eine Anglaise drein gäbe? Ist er nicht menschlich viel weiter mit seinem „Der Herr sprach: Lasset die Kindlein zu mir kommen"? So lange Marie zu ihm hält, ist Woyzeck auch ohne Geld und Ehering freier und glücklicher als der Hauptmann, der den Mädchen unter die Röcke gafft, wenn sie sie schürzen über den Pfützen. […]

Aus: Hermann Kurzke: Georg Büchner. Geschichte eines Genies. München: C. H. Beck 2013.

Anmerkungen:
1 *Promiskuität:* Geschlechtsverkehr mit häufig wechselnden Partnern
2 Gerhart Hauptmanns naturalistisches Drama „Die Weber" von 1892 behandelt den schlesischen Weberaufstand von 1844 und dessen blutige Niederschlagung.
3 *Pharisäer:* hier im Sinne von „Spießer"

Hermann Kurzke (*1943): deutscher Literaturwissenschaftler

Material 4
Michael Hofmann, Julian Kanning: Georg Büchner. Epoche – Werk – Wirkung

[…] Marie hat einen legitimen Anspruch auf die Erfüllung ihrer sinnlichen Bedürfnisse; dieser Anspruch wird auf einen Mann geleitet, der den Eindruck, den er macht, zu einem großen Teil seiner Stellung in der militärischen Hierarchie verdankt. Woyzeck hat wie alle Menschen ein Verlangen nach Glück, einen Anspruch darauf, nicht auf einen Befehlsempfänger und ein Versuchsobjekt reduziert zu werden […].

[…]

Und die Szene, in der Woyzeck Marie umbringen wird, kann als eine pervertierte romantische Liebesszene verstanden werden. Als Marie nämlich sagt: „Was der Mond rot auf geht", antwortet Woyzeck: „Wie ein blutig Eisen", und so ist die Farbe Rot, die auf die Liebe als den Ausweg aus Entfremdung und Not verweisen könnte, mit dem rücksichtslosen sinnlichen Begehren verknüpft und (über die Assoziationen „Blut" und „Eisen") mit der sich anschließenden Tötung.

Aus: Michael Hofmann, Julian Kanning: Georg Büchner. Epoche – Werk – Wirkung. München: C. H. Beck 2013.

Anmerkung: Michael Hofmann (*1957) und Julian Kanning (*1983): deutsche Literaturwissenschaftler

Material 5:
Edward McInnes: [Historischer Woyzeck versus Büchners Woyzeck]

[…] Als Büchner an die Gestaltung seines Woyzeck-Dramas herangeht, setzt er sich bekanntlich mit den Prozeßakten und den Clarus-Gutachten[1] intensiv auseinander. Je tiefer er sich aber mit diesen zahlreichen Materialien befaßt, desto klarer, so scheint es, stellt sich ihm seine eigenständige, intuitive Vision vom Leben und Schicksal des Mörders vor Augen. Indem er all die verschiedenartigen Dokumente untersucht, distanziert er sich zunehmend von dem darin enthaltenen Bild des 40jährigen Arbeitslosen, der auf so unspektakuläre und wenig sympathische Weise der Trunk- und Spielsucht verfallen war und eine Reihe gescheiterter sexueller Verhältnisse hinter sich hatte. Büchners Held ist nicht nur viel jünger als der geschichtliche Woyzeck, sondern auch, was wesentlicher ist, in sexueller Hinsicht unerfahren, ja unschuldig. Er hat die Liebe, wie es scheint, erst in seinen späten 20er Jahren kennengelernt und hat sich von Anfang an als Gatten Maries, seiner Geliebten, gesehen. Er sieht ihr gemeinsames Kind (auch dies eine bedeutsame Erfindung Büchners) als Beweis für die Beständigkeit ihrer Bindung und für die Permanenz ihrer menschlichen Verpflichtung zueinander […].

Es liegt Büchner offensichtlich daran, seinen Helden von der Atmosphäre lähmender Hoffnungslosigkeit, die das Leben des historischen Woyzeck umgab, zu befreien. Sein Protagonist ist nicht mehr der ratlose, sich herumtreibende Mann, den er in den Akten fand, sondern einer, der von einer Liebe ergriffen ist, die sein Dasein erfüllt und ihm Sinn und Ziel verleiht. Wenn Woyzeck Marie seine Frau nennt, dann heißt das nicht nur, daß er im sexuellen Sinne treu ist, sondern auch, daß er für alle Bereiche ihres Wohlergehens Verantwortung übernimmt, indem er etwa für ihre Unterkunft und Ernährung sorgt.

Es wird deutlich, daß diese umfassende Verpflichtung gegen Marie ihn, den ohnehin schon verarmten Soldaten, in eine Tiefe der Armut stößt, die ihm vor dieser Bindung kaum erträglich gewesen wäre. Aber obwohl er eine finanzielle Verpflichtung auf sich nimmt, die seine Mittel weit übersteigt, begreift er sie als selbstverständlich, als etwas, das er nie in Frage stellen könnte. Von diesem Standpunkt des Kampfes um das Überleben aus gesehen, erweist sich die Liebe Woyzecks zu Marie als ein konsequent durchgehaltener Akt der Revolte: ein Aufbegehren gegen eine übermächtige Welt, die sich seiner Liebe widersetzt. Der gehetzte Soldat erscheint als ein Protagonist, der [...] sein innerstes Wollen, das, was seine Individualität und seinen Lebenssinn eigentlich ausmacht, mit einer Unerbittlichkeit behauptet, die letztlich ihn selbst zerstören muß. Denn Büchner macht von Anfang an deutlich, daß Woyzecks verzweifelter Kampf um die Liebe seine Kräfte in solchem Maße überfordert, daß er geistig zusammenbricht [...].

[...]

Büchner gibt uns stets die Möglichkeit, die ergreifende, reine Stärke der Liebe Woyzecks mitzuempfinden, er erlaubt, ja zwingt uns jederzeit, mit einfühlender Sympathie an seinem schrecklichen Schicksal teilzunehmen.

So gelingt es Büchner, im „Woyzeck" zum erstem Mal in der Geschichte des deutschen Dramas sozialkritische Intention mit tragischer Erfahrung wesentlich und notwendig zu verbinden, rigoros analytische Einsicht mit dem Gefühl der unerbittlichen inneren Notwendigkeit so zusammenzubringen, daß sie sich gegenseitig steigern und sich zu einer provozierenden Synthese vereinigen.

Aus: Edward McInnes: Lenz und das Bemühen um realistische Tragödienformen im 19. Jahrhundert. In: „Unaufhörlich Lenz gelesen ...": Studien zu Leben und Werk von J. M. R. Lenz. Herausgegeben von Inge Stephan, Hans-Gerd Winter. Stuttgart/Weimar: Metzler 1994.

Anmerkungen:
1 Der Arzt Johann Christian August Clarus bestätigte in einem Gutachten die Zurechnungsfähigkeit von Johann Christian Woyzeck, der 1821 seine Geliebte erstochen hatte.

Edward McInnes (1935–1996): britischer Literaturwissenschaftler

Material 6: Elias Canetti: Büchnerpreis-Rede (1972)

[...] Woyzeck, Soldat, wie der Aff des Marktschreiers „unterste Stuf von menschliche Geschlecht", von Stimmen wie von Befehlen gehetzt, ein Gefangener, der frei herumläuft, zum Gefangenen vorbestimmt, auf Gefangenenkost gesetzt, immer dasselbe, Erbsen, vom Doktor zum Tier degradiert, der ihm zu sagen wagt: „Woyzeck, der Mensch ist frei, in dem Menschen verklärt sich die Individualität zur Freiheit", und damit nicht mehr meint, als daß Woyzeck fähig sein müßte, sich den Harn zu verhalten, – Freiheit zur Ergebenheit in jede Art von Mißbrauch seiner menschlichen Natur, Freiheit zur Versklavtheit um dreier Groschen willen, die er für seine Fütterung mit Erbsen bekommt.

[…]

Keine zwei Jahre später ist Büchner mit dem „Woyzeck" der vollkommenste Umsturz in der Literatur gelungen: die Entdeckung des Geringen. Diese Entdeckung setzt Erbarmen voraus, aber nur wenn dieses Erbarmen verborgen bleibt, wenn es stumm ist, wenn es sich nicht ausspricht, ist das Geringe intakt. Der Dichter, der sich mit seinen Gefühlen spreizt, der das Geringe mit seinem Erbarmen öffentlich aufbläst, verunreinigt und zerstört es. Von Stimmen und von den Worten der Anderen ist Woyzeck gehetzt, doch vom Dichter ist er unberührt geblieben. In dieser Keuschheit fürs Geringe ist bis zum heutigen Tage niemand mit Büchner zu vergleichen.

Quelle: https://www.deutscheakademie.de/de/auszeichnungen/georg-buechner-preis/elias-canetti/dankrede

Anmerkung: Elias Canetti (1905–1994): bulgarisch-britischer Schriftsteller, der bedeutende Romane, Dramen und anthropologische Studien in deutscher Sprache schrieb; 1972 wurde ihm mit dem Georg-Büchner-Preis der bedeutendste Literaturpreis im deutschsprachigen Raum verliehen; 1981 folgte der Nobelpreis für Literatur.

Material 7:
Jan-Christoph Hauschild: „Woyzeck" – Aus dem Leben eines Geringsten

[…] *Woyzeck* ist nicht die erste deutsche Sozialtragödie, aber der Füsilier Franz Woyzeck ist die erste subbürgerliche[1] Hauptfigur in der Geschichte des deutschen Dramas, seine Biographie, die Büchner aus zwei Prozessgutachten kannte, ein Musterbeispiel für die ökonomische Deklassierung eines Handwerksgesellen zu Beginn des 19. Jahrhunderts. Lediglich die Mordkatastrophe machte Woyzeck zur spektakulären Variante eines kollektiven sozialen Schicksals.

Die düstere Massenarmut, die zum 19. Jahrhundert ebenso gehört wie Dampfmaschine und Eisenbahn, Agrikulturchemie und Telegraph, ist „Fundament und tragischer Grund" des *Woyzeck*. In jeder Szene ist Woyzecks soziale Notlage gegenwärtig und greifbar: in den wenigen Habseligkeiten, die er kurz vor der Tat an seinen Stuben- und Bettgenossen Andres verschenkt, ebenso wie in der Möblierung von Maries Wohnung: Ihr Kind hat weder Bett noch Wiege, Marie besitzt nur *ein Stückchen* von einem Spiegel. Über dem Stück liegt eine dumpfe „soziale Werktagsatmosphäre". In der Darstellung von Armut und entfremdeter, körperlicher Arbeit gelangte Büchner auf eine Stufe der Konkretion, wie sie im Drama erst Jahrzehnte später wieder erreicht wurde. Der Arbeitsalltag im Zeitalter der Frühindustrialisierung hatte eben erst Eingang in die erzählende Literatur gefunden.

Aus: Jan-Christoph Hauschild: Georg Büchner. Reinbek bei Hamburg: Rowohlt 2013.

Anmerkungen:
1 *subbürgerlich:* proletarisch (unterhalb der bürgerlichen Schicht)

Jan-Christoph Hauschild (*1955): deutscher Literaturwissenschaftler und Publizist

Material 8:
Paul Rilla: Georg Büchner – und die sublime Langeweile

[…] Was dem Drama „Woyzeck“ zugrundeliegt, ist ein System sozialer Abhängigkeiten, bestimmt durch das „Verhältnis zwischen Armen und Reichen“, wovon in jener Briefstelle[1] als dem „einzigen revolutionären Element in der Welt“ die Rede war. Der Dichter Büchner ist nicht […] ein anderer als der Politiker Büchner oder gar einer, der aus politischer Enttäuschung literarisch resigniert, einer, der die sublime Langeweile seiner Politik durch „dichterische Überwindung“ kompensiert. Im „Woyzeck“ ist genau das gestaltet, was der Politiker bemerkt hat: die soziale Gebundenheit.

Weil „die Umstände außer uns liegen“, liege es in niemandes Gewalt, kein Dummkopf oder kein Verbrecher zu werden, heißt es in einem Brief Büchners an die Eltern. Woyzeck, der zum Mörder wird, erlebt die Welt in Dumpfheit und Stummheit als ein Spiel unbegreiflicher Gewalten, weil die „Umstände“ ihn nicht dazu gelangen lassen, sich selbst und die Welt mit dem artikulierten Wort zu enträtseln. Die Umstände liegen außer ihm. Sie liegen nicht nur in einem konstant und unveränderlich wirkenden Milieu, sondern in jenem System sozialer Abhängigkeiten, welches oben in einem Kanon gesellschaftlicher Wertungen endet, dessen Gültigkeit umso fragwürdiger wird, je tiefer es auf der sozialen Stufenleiter hinabgeht. Woyzeck steht ganz unten, ganz im Dunkeln. Wie ein Fliegenschwarm umschwirren ihn die Moralbegriffe einer Gesellschaftsordnung, die darauf beruht, daß es dies Oben und dies Unten gibt. Tugend, Vernunft, Willensfreiheit: es summt um ihn, aber es bleibt außer ihm, wie sein Schicksal außer ihm bleibt […].

Der Mediziner Büchner erkennt die Pathologie des Falles. Der Dichter Büchner artikuliert das Unartikulierte. Er macht die Stummheit beredt. Er deckt die soziale Verflochtenheit auf, aus welcher der Strick gedreht ist, der die Kreatur würgt. Woyzeck ist determiniert. Die Gegentypen sind es nicht minder.

Aus: Paul Rilla: Georg Büchner – und die sublime Langeweile. In: Dietmar Goltschnigg (Hrsg.): Georg Büchner und die Moderne: 1945–1980. Berlin: E. Schmidt Verlag 2001.

Anmerkungen:
1 Gemeint ist Büchners Brief vom 19. März 1835 an Karl Gutzkow

Paul Rilla (1896–1954): deutscher Journalist und Literaturwissenschaftler

Hinweise und Tipps

Die Aufgabenart des materialgestützten Schreibens ist in der Regel nicht in mehrere Teilaufgaben untergliedert, sondern konfrontiert Sie mit einem komplexen Arbeitsauftrag. Sie sollen im vorliegenden Fall einen ***argumentierenden adressatenbezogenen Text*** *verfassen, der in einem Programmheft zu einer Inszenierung von „Woyzeck" erscheinen soll. Damit sind Ihnen ein* ***situativer Kontext*** *sowie ein* ***kommunikativer Rahmen*** *vorgegeben, die Sie beachten müssen: Ihre Adressaten sind Theaterbesucherinnen und -besucher, ein kulturell aufgeschlossener Personenkreis, der vermutlich über Grundkenntnisse zu Autor und Werk verfügt. Jedoch sollten Sie nicht zu viel voraussetzen, sondern kurz das Drama vorstellen, um das es konkret geht. Zudem wird von Ihnen verlangt, den von der Aufgabenstellung angedeuteten* ***Gegensatz zwischen den interpretatorischen Schwerpunkten*** *„soziales Drama" und „Liebesdrama" zu entfalten.*

Neben Ihrer ***Werkkenntnis*** *sowie Ihrem literaturgeschichtlichen Wissen steht Ihnen ein* ***Materialdossier*** *zur Verfügung, auf das Sie in Ihrem Aufsatz zurückgreifen sollen. Diese Textsammlung bietet einige anspruchsvolle Quellen, die Sie aber nicht zur Gänze erschließen müssen. Sie sollten vielmehr die zentralen Aussagen herausarbeiten, die Sie für Ihren Text verwenden können: Unterstreichen Sie dafür wichtige Passagen bzw. Formulierungen und halten Sie am Rand der Materialien stichpunktartig deren jeweilige Quintessenz fest. Sammeln Sie dann auf einem Konzeptblatt die Punkte, die für eine Betonung des Liebesaspekts sprechen, und solche, die das Augenmerk eher auf die soziale Gebundenheit lenken.*

Ihren Text müssen Sie ***logisch strukturieren****; überlegen Sie sich eine plausible Gliederung: Sie können – wie im vorliegenden Lösungsvorschlag – wie bei einer klassischen Pro-Kontra-Erörterung in* ***zwei Argument-Blöcken*** *die beiden Lesarten des Dramas einander gegenüberstellen. Sie können Ihre Argumente aber auch freier anordnen, also z. B. eine Erläuterung des Beziehungsdreiecks durch ein Gegenargument relativieren, das Maries Liebesverrat als Folge der sozialen Bedingungen einordnet. Die Aufgabenstellung lässt bereits erkennen, dass eine Fokussierung auf nur eine Lesart (Beziehung oder soziale Zwänge) eine Verengung darstellt. Bemühen Sie sich daher,* ***differenziert zu argumentieren*** *und bei Ihrer Entscheidung für die Inszenierungsweise beide Lesarten zu berücksichtigen. Nutzen Sie das Dossier, indem Sie auf wichtige Passagen verweisen oder auch direkt daraus zitieren. (Die Aufgabenstellung gibt vor, dass es ausreicht, beim Zitatnachweis Autor und Werk anzuführen.) Ihnen liegen auch drei Bildmaterialien vor (zwei Plakate und ein Szenenfoto), die Sie nutzen können, um zum Thema Ihres Aufsatzes hinzuleiten oder um Ihre Argumente durch Beispiele zu stützen. Beschreiben Sie dafür kurz die Bilder und benennen Sie deren Grundaussage.*

Nicht zuletzt sollten Sie Ihre Ausführungen in eine ***sprachlich angemessene Form*** *kleiden: Da Ihr Text sich an eine größere Leserschaft richtet und diese informieren will, sollten Sie einen ansprechenden Stil wählen und bei passender Gelegenheit auch rhetorische Mittel einflechten. Vergessen Sie außerdem nicht, Ihren Aufsatz mit einer geeigneten* ***Überschrift*** *zu versehen.*

Lösungsvorschlag

Woyzeck, der Ausgebeutete, oder Woyzeck, der Betrogene? Unsere Sicht auf Georg Büchners Drama

Titel

Was, wenn die persönliche Welt nicht mehr ist als eine Scheibe – eine Scheibe, die nur einen geringen Radius hat, sodass kaum Raum bleibt zur freien Entfaltung? Eine Scheibe, die sich immer schneller dreht und aufrichtet, die zudem glatt ist, sodass man nur schwer einen sicheren Stand findet und ins Nichts abzurutschen droht? Mit diesem ausdrucksstarken Bühnenbild visualisiert Regisseur Ulrich Rasche am Münchner Residenztheater die **determinierte Existenz von Georg Büchners Antiheld Woyzeck**. Eingeschnürt von Zwängen und Verpflichtungen, hin und her gestoßen, gedemütigt, gehetzt. Die Symbolik des Bühnenbilds ist zugleich eine Interpretation des Dramas. Auf den ersten Blick kann das Publikum erkennen, worum sich die Inszenierung dreht – und das im wahrsten Sinn des Wortes.

Einleitung
Konkretes Inszenierungsbeispiel (Bezug zu M 2)

Zwar verfügt unser Theaterkurs nicht über die finanziellen, technischen und akrobatischen Mittel, um ein solch spektakuläres Setting einzurichten, doch mussten auch wir entscheiden, wie wir Büchners Drama vorrangig deuten wollen. Soll – wie bei Ulrich Rasche – eher die **soziale Seite** im Mittelpunkt stehen oder verstehen wir die Geschichte des armen Soldaten Franz Woyzeck in erster Linie als **Liebestragödie**? Dabei handelt es sich um **zwei gleichberechtigt nebeneinander existierende Lesarten** des Stücks, wie die abgedruckten Plakate zweier Inszenierungen belegen. Auf dem einen sieht man Woyzeck von oben in eine Kiste gesperrt, die ihm jegliche Bewegungsfreiheit und damit seine menschliche Würde raubt. Zwar ist so der absolute Gegensatz zur Münchner Inszenierung dargestellt – Kauern gegenüber Hetzen –, doch ist die Grundaussage dieselbe: Woyzeck ist eine gequälte Kreatur. Das andere Plakat präsentiert dagegen ein Beziehungsdreieck: In Rückenansicht ist ein Paar zu sehen, doch sucht und findet die Hand der Frau verstohlen die Hand ihres Liebhabers.

Herleitung der Themenfrage (Bezug zu M 1)

„Woyzeck“ erzählt sowohl von einer **scheiternden Beziehung** als auch von **sozialer Ausbeutung**. Um seine Partnerin Marie und ihr gemeinsames Kind zu ernähren, kann Woyzeck sich nicht mit dem geringen Sold begnügen, der ihm als einfachem Soldaten zusteht. Vielmehr muss er **Nebenjobs** annehmen, etwa seinen Hauptmann rasieren oder sich dem Doktor für fragwürdige und **unethische Experimente** zur Verfügung stellen: Dessen radikale Erbsendiät ruiniert Woyzecks physische und wohl auch psychische Gesundheit. Je mehr Aussetzer, desto besser! Denn nur so ist er für den Arzt ein

Hauptteil
Kurze problemorientierte Inhaltsangabe des Dramas

interessanter Casus. Doktor wie auch Hauptmann nutzen ihre Position, um Woyzeck zu schikanieren, sich über seine fehlende Bildung lustig zu machen und seine seelische Zerrüttung zu beschleunigen. Nicht zuletzt geben die beiden Woyzeck zu verstehen, dass **Marie ihn betrügt**. Gegen die großspurige und potente Männlichkeit des Tambourmajors kann Woyzeck nicht ankommen. So muss er es hinnehmen, dass Marie mit dem Nebenbuhler tanzt und von ihm Geschenke bekommt, er muss sogar Prügel einstecken. Der steigende Druck aus **Demütigungen, Belastungen und Wahnvorstellungen** braucht ein Ventil: **Woyzeck tötet Marie.**

Lesart 1: „Woyzeck" als Sozialtragödie (Bezug zu M 7)

In der Literaturgeschichte gilt „Woyzeck" als **„Sozialtragödie"**, deren Protagonist durch seine Mordtat „zur spektakulären Variante eines kollektiven sozialen Schicksals" (Jan-Christoph Hauschild) werde. Es braucht das Verbrechen, um die alltägliche Ausbeutung von Proletariern so zu gestalten, dass sie die Rezipienten packt. Und genau darum ging es **Büchner, der etwas verändern wollte** – immerhin hatte er bereits mit dem Flugblatt „Der Hessische Landbote" zu einer sozialen Revolution und einer Umverteilung des Besitzes aufgerufen. Der junge Mediziner war zutiefst bewegt vom **Elend und der ausweglosen Existenz des vierten Standes** – und die „soziale Gebundenheit" war nicht nur Thema des Politikers Büchner, sondern auch des Dichters Büchner, wie der Literaturwissenschaftler Paul Rilla feststellt.

– soziales Anliegen Büchners

(Bezug zu M 8)

Weg mit den gekrönten Häuptern und den hehren Helden der Weimarer Klassik! Die Bühne gehörte nun dem **Geringsten und dem gesellschaftlichen Außenseiter**. Woyzeck ist – trotz äußerer Freiheit – ein „Gefangener", einer, der sich selbst versklaven muss. Mit dieser „Entdeckung des Geringen" gelang Büchner laut Elias Canetti „der vollkommenste Umsturz in der Literatur", zumal der Dichter sein Erbarmen nicht lautstark und selbstgefällig zelebriert, sondern es indirekt durch seine dramaturgische Gestaltung vermittelt. „Er deckt die soziale Verflochtenheit auf, aus welcher der Strick gedreht ist, der die Kreatur würgt." (Paul Rilla) Dank Büchners Drama fällt Licht auf den, der „ganz unten, ganz im Dunkeln" steht und der fürchtet, selbst im Himmel ausgebeutet zu werden und beim Donnern helfen zu müssen. **Woyzeck als Vertreter der „arme[n] Leut"**, die sich keine Tugend leisten können – bis in die Details fängt Büchner die „düstere **Massenarmut**" wie die „entfremdet[e], körperlich[e] Arbeit" (Jan-Christoph Hauschild) der Frühindustrialisierung ein.

– Zuwendung zu den Geringen

(Bezug zu M 6)

(Bezug zu M 8)

– genaue Darstellung der Armut (Bezug zu M 3, M 7)

Zwischenfazit

Um die schonungslose Diagnose Büchners herauszuschälen und um seinem gesellschaftskritischen Anliegen gerecht zu werden, scheint die **Betonung des sozialen Aspekts sinnvoll**. Ein Underdog wehrt sich und zerstört damit erst recht seine Existenz.

Lesart 2: „Woyzeck“ als Liebestragödie

(Bezug zu M 3)

Allerdings tötet Woyzeck weder den Doktor noch den Hauptmann, somit keinen Vertreter des ausbeuterischen Systems. Der Literaturwissenschaftler Hermann Kurzke schlussfolgert daher: „Sein Mord ist keine fehlgeleitete Ersatzhandlung für eine andere Gewalttat, die den Reichen und Mächtigen hätte gelten müssen, sondern die Verzweiflungshandlung eines Mannes, dessen verriegelte Welt nur einen einzigen Lichtblick kannte: die Liebe zu Marie.“ Der **Liebesverrat von Marie** erscheint so als der **wahre Auslöser für die Katastrophe**. Kurzke ordnet das Drama denn auch als „Liebestragödie“ und nicht als „Pauperismus-Studie“ ein, schließlich geben die elenden Lebens- und Arbeitsbedingungen der Proletarier zwar den Rahmen vor, sind aber nicht der eigentliche Gegenstand der Handlung.

– Liebesbetrug als Grund für Mord

Wie entscheidend die Liebesbeziehung für die Eskalation ist, zeigt ein Blick auf den realen Fall, der dem Drama zugrunde liegt. Anders als der **historische Woyzeck**, ein trunk- und spielsüchtiger Arbeitsloser mit wechselnden sexuellen Affären, führt die **Dramenfigur eine feste Beziehung** und hat sogar ein Kind. Büchners Woyzeck ist „einer, der von einer Liebe ergriffen ist, die sein Dasein erfüllt und ihm Sinn und Ziel verleiht“.

– Änderungen gegenüber Vorlage: Liebe als Lebensinhalt Woyzecks

(Bezug zu M 5)

Erst aufgrund der Verantwortung für seine kleine Familie ist er gezwungen, sich aufzureiben. Darum nennt Edward McInnes Woyzecks Kampf um das Lebensnotwendige auch einen „verzweifelte[n] Kampf um die Liebe“. Ein Kampf, den er verlieren wird. Aufgrund ihrer beider Armut kann Woyzeck Marie nicht heiraten und sein Kind legitimieren. Doch seine Selbst- und Fremdausbeutung bringt die beiden Partner nicht etwa einander näher, sondern treibt sie auseinander. Infolge des Drucks ist er zudem nicht in der Lage, die sinnlichen Bedürfnisse seiner Partnerin zu befriedigen. **Die Liebe verschärft seine prekäre soziale Lage, die wiederum die Liebe unterminiert.**

– Liebe als Auslöser für prekäre Lage (Bezug zu M 5)

Zudem macht erst die scheiternde Liebe Woyzecks Geschichte für uns interessant. Wie McInnes feststellt, verleiht der **Liebesverrat** der Geschichte ihre **tragische Tiefe** und weckt unsere „einfühlend[e] Sympathie“ mit Woyzecks Schicksal.

– Empathie für Woyzeck aufgrund der Liebesgeschichte (Bezug zu M5)

Fazit

Entscheidung für Schwerpunkt der Inszenierung (Bezug zu M 4)

Unser Theaterkurs hat sich daher entschieden, in unserer Inszenierung das **Beziehungsdrama besonders herauszustellen**. Dabei werden wir auch die Deutung von Michael Hofmann und Julian Kanning aufgreifen, die in der Mordszene eine „pervertierte romantische Liebesszene“ sieht: „Was der Mond rot auf geht“, staunt Marie und Woyzeck entgegnet: „Wie ein blutig Eisen“. Blutrot wird daher der Mond in unserem Bühnenbild sein und in rotes Licht wird dann die folgende Tötung Maries getaucht sein. Rot wie die Liebe, das Blut, die Raserei. Doch auch wenn unser Fokus auf der Beziehung liegt, blenden wir natürlich die „soziale Gebundenheit“, die Zwänge und Ausweglosigkeit von Woyzecks Existenz nicht aus.

Die Figuren sind **„Gefangene ihrer Triebe <u>und</u> Lebensumstände**“ (Hermann Kurzke). Schließlich **potenzieren sich gesellschaftliche und persönliche Faktoren** wechselseitig und so hat Büchner „sozialkritische Intention mit tragischer Erfahrung“ (Edward McInnes) untrennbar miteinander verknüpft. Unsere Inszenierung wird nicht flach sein: Sie wartet nicht mit einer rotierenden Scheibe auf, sondern wird das Oben und Unten visualisieren, das Dunkel, in dem Woyzeck hetzt und buckelt, den Lichtstrahl, den die Liebe zu Marie für ihn bedeutet, und zuletzt das blutige Rot, als er Maries Betrug wahrhaben muss, sein Lebenssinn zerfällt und er zerstört, was er liebt.

Differenzierte Abwägung (Bezug zu M 3, M 5)

Abitur Deutsch (Schleswig-Holstein) – Übungsaufgabe 5: Literarische Erörterung

Thema:
Georg Büchner: *Woyzeck*

Arbeitsgrundlage:
Was ist das, das in uns lügt, mordet, stiehlt? Auszug aus einem Gespräch mit dem Regisseur Ulrich Rasche (2019)

Aufgabe:
1. Arbeiten Sie die Argumentation heraus und bestimmen Sie die Position des Verfassers. (30 %)
2. Setzen Sie sich mit der Position Rasches auseinander. (70 %)

Erlaubte Hilfsmittel:
- unkommentierte Ausgabe: *Woyzeck*
- ein Wörterbuch der deutschen Rechtschreibung

Was ist das, das in uns lügt, mordet, stiehlt? Auszug aus einem Gespräch mit dem Regisseur Ulrich Rasche (2019)

In einem Interview zu seiner „Woyzeck"-Inszenierung am Theater Basel und dem Münchner Residenztheater erläutert der Regisseur Ulrich Rasche sein Verständnis des Dramas.

Ich finde es wichtig, dass wir Woyzeck nicht nur als Opfer wahrnehmen. Er besitzt viele Eigenschaften, die ihn als einen starken und in sich ruhenden Charakter auszeichnen. Woyzeck wird dadurch für andere zu einem Objekt, dessen Nähe man sucht oder das man vielleicht sogar besitzen möchte. Eine Figur, die einseitig die Repressionen einer Gesellschaft erdulden muss, ohne sie auch als Rad im Getriebe zu begreifen, interessiert mich im Grunde nicht. Wenn wir heute im Theater Machtverhältnisse untersuchen wollen, müssen wir im Auge behalten, dass unser Zusammenleben schon lange nicht mehr in einer oppositionellen Struktur wie Herr und Knecht oder Arm und Reich abgebildet werden kann. Im Grunde leiden alle Figuren in „Woyzeck" unter den gesellschaftlichen Verhältnissen und an der Einrichtung der menschlichen Existenz schlechthin. Beides zusammenzudenken, ist für mich die größte Herausforderung der Arbeit. Büchner zeichnet ein kritisches Bild einer Gesellschaft, wie sie in der Restaurationsphase nach 1815 in Deutschland geherrscht hat. Dabei unterscheidet er klar zwischen der feudalen Klasse, dem liberalen Bürgertum und den Armen am unteren Ende der Leiter. Dennoch schildert Büchner auch soziale Konflikte innerhalb der oberen

Klasse und deren Unfähigkeit, ihr Leben so zu gestalten, dass sie es als freie und gleichberechtigte Individuen genießen können. Angesichts der drohenden Aufstände und Proteste innerhalb der Bevölkerung, die in revolutionäre Handlungen münden könnten, wird das Militär zweckentfremdet und zur Unterdrückung der Opposition eingesetzt. Die Offiziere werden ihrer eigentlichen Aufgabe enthoben und sind gezwungen, ein inaktives, monotones Leben in den Garnisonsstädten zu führen. Der Hauptmann beispielsweise leidet aufgrund dieser Situation unter einer Melancholie, wie es bei Büchner heißt, die wir heute als Depression beschreiben würden. Er langweilt sich und weiß nicht, wie er seine Zeit verbringen soll. Da er aufgrund der strikten Verordnungen des Militärs nicht heiraten darf und durch die moralische Doktrin der Kirche zum Triebverzicht verurteilt ist, dehnt sich für ihn der Augenblick zu einer beängstigenden Leere, die er nicht füllen kann. Zwischen Woyzeck und dem Hauptmann bildet sich eine Beziehung zwischen Bewunderung und Ablehnung. Woyzeck liebt sein uneheliches Kind, das er mit Marie gezeugt hat. In ihm erkennt er eine beneidenswerte Hingabe an seine Familie. Diese alle gesellschaftlichen Regeln ignorierende Bindung gibt ihm Grund und Sicherheit zu leben. Woyzeck leidet unter den Umständen seines Lebens nicht wirklich, solange ihm die Liebe zu seiner Frau und seinem Kind nicht genommen wird. Er ist eigentlich ein ganz zufriedener Mensch, der sieht, in welchen Verhältnissen er lebt und damit glücklich sein kann, obwohl alle sozialen Faktoren das Gegenteil sagen. Das ist der Punkt, wo Woyzeck für den Hauptmann interessant wird. Tatsächlich entwickelt sich das Drama auch erst, als Woyzeck das Fundament seines Lebens entzogen wird. Natürlich gibt Büchner den Prozessen, durch die das passiert, großen Raum, aber es ist wichtig, Woyzeck zunächst in einem hellen Licht zu sehen, in seiner charakterlichen Größe und Liebesfähigkeit.

Aus: Woyzeck. Programmheft des Residenztheaters. Spielzeit 2019/2020.

Hinweise und Tipps

*Die in der Aufgabenstellung angegebene **Gewichtung** der Teilaufgaben (30 % zu 70 %) bezieht sich nicht auf die von Ihnen erwartete Textmenge, sondern auf die **Bewertung**. Sie ist zudem als Orientierung und nicht in einem streng mathematischen Sinne zu verstehen. Ziel des von Ihnen zu schreibenden Aufsatzes ist eine Wiedergabe (Teilaufgabe 1) und Erörterung (Teilaufgabe 2) des Ihnen vorgelegten Außentextes, der sich auf Büchners „Woyzeck" bezieht.*

***Teilaufgabe 1:** Es wird von Ihnen verlangt, die **Kernaussagen Rasches herauszuarbeiten**. Dazu sollten Sie die zentrale(n) These(n) identifizieren und die Argumentationsstruktur des Textes untersuchen. Sie müssen also herausfinden, wie der Autor seine These(n) begründet und anhand welcher Beispiele er sie illustriert. Im Hinblick auf das Vorgehen empfiehlt es sich, den Text mehrmals zu lesen und die unterschiedlichen Aspekte farbig zu markieren sowie Randnotizen anzufertigen. In Ihrem ausformulierten Text sollen Sie die Aussagen des Autors auf sachliche Weise (d. h. ohne Wertungen!) und **in eigenen Worten wiedergeben**, zentrale Formulierungen können Sie zitieren. Bei Rasches Aussagen sollten Sie bedenken, dass der Autor Theaterregisseur ist und seine Deutung des „Woyzeck"-Dramas dementsprechend auf eine **Realisierung des Werks auf der Bühne** ausgerichtet ist. Dies schlägt sich in seiner Interpretation insofern nieder, als er den Dramentext sowohl im Hinblick auf seine Bedeutung für die Gegenwart (zum Zeitpunkt der Theaterinszenierung) betrachtet als auch in seinem historischen Entstehungskontext. Achten Sie beim Lesen bereits auf aus Ihrer Sicht **fragwürdige Aspekte** in Rasches Argumentation. Diese sollten Sie notieren, da Sie sie für die Bearbeitung der zweiten Teilaufgabe benötigen.*

***Teilaufgabe 2:** Ausgehend von Ihren Ergebnissen aus Teilaufgabe 1 sollen Sie sich eigenständig und auf der Basis Ihrer Textkenntnis zu „Woyzeck" mit dem Außentext auseinandersetzen. Es wird also eine **differenzierte Erörterung der Kernthesen aus Rasches Text und ihrer Begründungen** verlangt. Dabei soll **Ihre eigene Position** deutlich werden. Diese kann zustimmend oder ablehnend sein bzw. in einer Kombination aus diesen beiden Haltungen bestehen. Dazu müssen Sie Ihre Position **argumentativ entfalten**, d. h. in der Auseinandersetzung mit den Aspekten aus Rasches Text eigene Thesen entwickeln und diese begründen. Als Basis der Begründung dient **Ihre Kenntnis des „Woyzeck"-Dramas**. Diese schließt ein sehr gutes Wissen über Aufbau, Handlung, Themen, Figuren und (historische) Kontexte ebenso ein wie plausible Deutungen des Werks. Dabei sollten Sie auch auf die im Unterricht erarbeiteten Aspekte zurückgreifen. Rufen Sie sich **zentrale Textstellen** aus Büchners Drama in Erinnerung, die Sie für die Begründung Ihrer Position nutzen können. Bei der Ausformulierung Ihres Textes ist es ratsam, zentrale Stellen aus dem Drama zu zitieren (mit Angabe der Seitenzahl).*

Die sehr pointierten Aussagen Rasches zum Opferstatus von Woyzeck und dem Hauptmann fordern zu einer differenzierten Betrachtung heraus. Es bietet sich zudem an, auch Rasches Ansatz, das Drama aus einer Analyse aktueller gesellschaftlicher Verhältnisse heraus zu deuten, kritisch zu hinterfragen. Wenn Sie einzelnen Positionen widersprechen wollen, sollten Sie Aspekte aus dem „Woyzeck"-Drama herausgreifen, die bei Rasche zu kurz kommen, nicht erwähnt, nicht ausreichend oder schlüssig begründet oder anders gedeutet werden, als Sie es vor dem Hintergrund Ihres Textverständnisses für angemessen halten.

Beide Teilaufgaben sollten ***nicht isoliert voneinander behandelt****, sondern in einem* ***zusammenhängenden Aufsatz*** *dargestellt werden. Diesen sollten Sie mit einer Einleitung beginnen, die thematisch zielführend ist und die Basisinformationen zu Werk und Außentext enthält. In der* ***Überleitung*** *zu Teilaufgabe 2 bietet es sich an, die Thesen Rasches nochmals zusammenfassend auf den Punkt zu bringen. Damit schaffen Sie eine gute Basis für die anschließende* ***Auseinandersetzung****. Schließen Sie Ihren Aufsatz mit einem* ***Fazit*** *ab, das Ihre wesentlichen Ergebnisse knapp und pointiert zusammenfasst.*

Die Textnachweise zu Büchners „Woyzeck" im folgenden Lösungsvorschlag beziehen sich auf diese Ausgabe: Georg Büchner: Woyzeck. Stuttgart: Reclam 2021 (Reclam XL Text und Kontext).

Lösungsvorschlag

Teilaufgabe 1

Einleitung

Autor, Titel, Erscheinungsjahr, Thema

Wenn Regisseurinnen und Regisseure Stücke für das Theater inszenieren, tun sie dies auf der Grundlage einer eigenen Interpretation der jeweiligen Werke. Ein wesentliches Ziel sehen die Theatermacher*innen oft darin, **kanonische Texte auf ihre Bedeutung für die Gegenwart zu befragen**. Zugleich grenzen sie die eigene Sichtweise auf das Werk meist gegenüber älteren Deutungen ab. Von ähnlichen Überlegungen lässt sich der **Regisseur Ulrich Rasche** in seinen Interpretationsansätzen zu Georg Büchners unvollendetem Drama „Woyzeck" (1837) leiten. In einem Interview anlässlich seiner Inszenierung des Dramas am Münchner Residenztheater (in der Spielzeit 2019/20) plädiert er für eine – gegenüber traditionellen Deutungen – **neue Sicht auf die Figur Woyzeck** im Kontext der im Stück vorgeführten gesellschaftlichen Verhältnisse.

Textuntersuchung

Neudeutung Woyzecks und anderer Dramenfiguren

Im Mittelpunkt von Rasches Ausführungen steht eine **Neubewertung der Opferrolle Woyzecks**. Eine ausschließliche Wahrnehmung Woyzecks als Opfer bzw. als Figur, „die einseitig die Repressionen einer Gesellschaft erdulden muss" (Z. 4 f.), lehnt Rasche ab. Dieser aus seiner Sicht uninteressanten Sichtweise (vgl. Z. 6) stellt er eine **positive Deutung** des Protagonisten als „starke[r] und in sich ruhende[r] Charakter" (Z. 2) gegenüber. Durch diese Eigenschaften werde Woyzeck für andere attraktiv und zu einem „Objekt, dessen Nähe man sucht oder das man vielleicht sogar besitzen möchte" (Z. 3 f.). Zugleich rücken aus Rasches Sicht **andere Figuren** in den Fokus, die **ebenfalls als Opfer gesellschaftlicher Verhältnisse** gedeutet werden können. Der Regisseur formuliert in diesem Zusammenhang die These, dass alle Figuren im Stück unter den sozialen Zwängen und „an der Einrichtung der menschlichen Existenz schlechthin" litten (Z. 10 f.).

Um diese Position zu begründen, verfolgt der Regisseur **zwei Argumentationsstränge**, die sich auf zwei unterschiedliche Zeitebenen beziehen: einerseits auf die Gegenwart zum Zeitpunkt seiner eigenen Theaterinszenierung und andererseits auf die Entstehungszeit von Büchners Drama. Beide Ebenen möchte er in seiner Theaterarbeit aufeinander beziehen (vgl. Z. 11 f.). Die **Gegenwart** wird für Rasche insofern zum Bezugspunkt, als es ihm, ausgehend von Büchners Drama, auch um die **Untersuchung von aktuellen Machtverhältnissen** geht. Diese bestimmt er *ex negativo*, indem er die These aufstellt, dass das gegenwärtige Zusammenleben „nicht mehr in einer oppositionellen Struktur wie Herr und Knecht oder Arm und Reich abgebildet werden" könne (Z. 8 f.). Im Hinblick auf den **historischen Kontext** des Stücks erläutert er die Herabwürdigung des Militärs zu einem Mittel, mit dem nach 1815 – in der restaurativen Phase in Deutschland – freiheitliche Bestrebungen unterdrückt wurden. Indem er ausführt, dass Offiziere aufgrund des Verlusts ihrer angestammten Tätigkeiten zu einem eintönigen, inaktiven Leben (inklusive Triebverzicht) verurteilt waren, charakterisiert Rasche den **Hauptmann als Opfer der gesellschaftlichen Umstände**, das unter Depressionen leide.

Bezug auf historischen Hintergrund und aktuelle Gegenwart

Zudem erkennt er in dem **Verhältnis des Hauptmanns zu Woyzeck** „eine Beziehung zwischen **Bewunderung und Ablehnung**" (Z. 28) sowie ein Interesse des Hauptmanns an seinem Gegenüber, das auch auf Neid (vgl. Z. 29 f.) beruhe. An Woyzeck nehme der Hauptmann positiv konnotierte Aspekte wahr, wie dessen Liebe zu seinem unehelichen Kind und eine „Hingabe an seine Familie" (Z. 30), die sich über alle Konventionen hinwegsetze. Diese Beziehungen gäben Woyzeck Sicherheit und einen Lebenssinn.

Beziehung zwischen Hauptmann und Woyzeck

Aufgrund dieser Merkmale charakterisiert Rasche **Woyzeck** als einen – trotz der Verhältnisse, in denen er lebt und die ihm bewusst sind – **glücklichen und zufriedenen Menschen**. Er zeige sich „in seiner charakterlichen Größe und Liebesfähigkeit" (Z. 39), bis ihm die Grundlage seiner Existenz, Maries Liebe, zerbricht (vgl. Z. 36 f.). Laut Rasche beginnt die **negative Entwicklung** der Dramenhandlung **erst mit dieser Verlusterfahrung Woyzecks**.

Rasches Charakterisierung von Woyzeck

Der Regisseur weist die Reduzierung Woyzecks auf ein Opfer sozialer Verhältnisse also in zweifacher Hinsicht zurück. Erstens deutet er Woyzeck als einen über weite Strecken zufriedenen sowie seine Zufriedenheit wahrnehmenden Charakter. Zweitens relativiert er den Opferstatus Woyzecks insofern, als er postuliert, dass auch an-

Zusammenfassung von Rasches Position

dere Figuren als Opfer gesellschaftlicher Strukturen gelten können, was er an der Figur des Hauptmanns festmacht.

Wenn Rasche eine einseitige Betrachtung Woyzecks als Opfer gesellschaftlicher Verhältnisse ablehnt, dann erkennt er damit zugleich an, dass Woyzeck zumindest zu Teilen als ein solches betrachtet werden kann.

Teilaufgabe 2
Aufgabenbezogene Überleitung

Diese **Fremdbestimmung** lässt sich anhand der zahlreichen **Abhängigkeitsverhältnisse** festmachen, die im Drama dargestellt werden. So tritt Woyzeck aufgrund **materieller Not** in die Dienste des Hauptmanns und des Doktors, um den Lebensunterhalt für sich und seine kleine Familie zu sichern. Dabei wird er von den Vertretern gesellschaftlicher Institutionen – des Militärs und der Medizin – auf unterschiedliche Weise **unterdrückt** bzw. in seine untergeordnete Rolle verwiesen. Er ist den **Demütigungen des Hauptmanns** ausgesetzt, der ihn durch Fangfragen als „ganz abscheulich dumm" (S. 16) herabzuwürdigen versucht und sich angesichts von Woyzecks unehelichem Kind als moralisch überlegen darstellt (vgl. S. 16). Der Vertreter des Militärs nutzt also seine Stellung als Vorgesetzter, um Woyzeck dessen Abhängigkeit vorzuführen. Der **Doktor** wiederum bedient sich seiner überlegenen Position als medizinische Autorität sowie der Not Woyzecks, um diesen für **fragwürdige wissenschaftliche Experimente** zu missbrauchen (vgl. S. 19 f., 24 f.). In beiden Fällen wird Woyzeck für die Vertreter der gesellschaftlichen Ordnung zu einem **Objekt**, an dem sie ein je eigenes Interesse haben. In dem Ernährungsexperiment – Woyzeck darf nur noch Erbsen essen – begegnen sich medizinische und militärische Macht: Versuche an Soldaten mit einseitiger Ernährung dienten dazu, eine günstige und effiziente Versorgung des Militärs zu erproben.

Auseinandersetzung mit Rasches Position

Widerlegung: Woyzeck als Opfer von Hauptmann und Doktor

An diesem Punkt zeigt sich ein Bezug zu Rasches Beobachtung, dass Woyzeck für andere Figuren „zu einem Objekt [wird], dessen Nähe man sucht oder das man vielleicht sogar besitzen möchte" (Z. 3 f.). Sowohl der Doktor als auch der Hauptmann zeigen sich in physischer wie psychischer Hinsicht zudringlich und ergreifen Besitz von ihm, indem sie sich über seine Grenzen hinwegsetzen und seine Unversehrtheit bedrohen. Auf diese Weise wird **Woyzeck zum Objekt militärischer und medizinischer Machtausübung**.

Teilweise Zustimmung zu Rasches Aussage: Interesse anderer an Woyzeck

Anders als Rasche es nahelegt, dominieren hier jedoch Erkenntnis- und Machtinteressen und **weniger Bewunderung oder Neid**. Der Hauptmann mag Woyzeck möglicherweise um Dinge beneiden, die ihm selbst verwehrt bleiben – vor allem Familie und ein Ausleben

Relativierung: Unklarheit der Motive des Hauptmanns; Fokus auf Ausbeutung Woyzecks

der Sexualität. Aufgrund der fehlenden Innensicht – ein Charakteristikum der Gattung Drama – äußert sich dies jedoch allenfalls indirekt in den Aussagen des Hauptmanns. Wenn dieser die eigene Verführbarkeit durch sexuelle Reize erwähnt, seine Triebunterdrückung hervorhebt (vgl. S. 17) und zugleich Woyzecks Triebhaftigkeit anprangert (vgl. S. 16), dann mag man darin auf einer psychologischen Ebene **Projektionen des Hauptmanns** erkennen, mittels derer er eigene Wünsche externalisiert. Diese Deutung ist allerdings höchst **spekulativ** und nicht vom Text gedeckt. Zudem liegt im Drama eine starke **Fokussierung auf Woyzeck** vor, der im Mittelpunkt nahezu aller Szenen steht. Aufgrund dieser Konzentration auf die Titelfigur führt die Handlung viel stärker vor, wie sich die Verhaltensweisen des Hauptmanns auf Woyzeck auswirken. Die Beweggründe des Militärs geraten dagegen in den Hintergrund. Die **Beziehung Woyzeck – Hauptmann** zeichnet sich somit weniger durch (geheime) Nähe aus als durch ein **Ausnutzen der Machtposition** innerhalb der militärischen Hierarchie, auf deren unterster Stufe der Rekrut Woyzeck steht. In diesem Sinne ist auch ein Leiden an der „Existenz schlechthin" (Z. 10 f.) weniger Thema des Dramas als **konkrete soziale Abhängigkeits- und Machtstrukturen**. Büchner arbeitet hier auf der Basis zeitgenössischer Fakten und Quellen, die etwa in seiner politischen Schrift „Der Hessische Landbote" (1834 gemeinsam mit Friedrich Ludwig Weidig verfasst) erläutert werden.

Zustimmung: Belege für Charakterstärke Woyzecks

Dass Woyzeck ein gewisses Maß an **charakterlicher Stärke** aufweist, wie Rasche feststellt, lässt sich am Text durchaus belegen. So setzt er den Demütigungen des Hauptmanns eigenständige Gedanken entgegen, mit denen er sich gegenüber den tautologischen Aussagen seines Vorgesetzten (vgl. S. 16: „Moral das ist wenn man moralisch ist") sogar überlegen zeigt. Auch **durchschaut** Woyzeck die **Verbindung von Armut und Ausbeutung** und die Tugendhaftigkeit als ein Privileg der höheren gesellschaftlichen Schichten: „[A]ber wenn ich ein Herr wär und hätt ein Hut und eine Uhr und en Anglaise und könnt vornehm rede, ich wollt schon tugendhaft sein." (S. 17) Eine Stärke Woyzecks zeigt sich darüber hinaus auch im **Erdulden** der zahlreichen Formen der Unterdrückung, deren Folgen sich in **körperlichen und seelischen Degenerationserscheinungen** offenbaren.

Widerlegung: negative Auswirkungen auf Woyzecks Gesundheit

Diese Auswirkungen thematisiert Rasche nicht. Doch gerade sie sind es, die Woyzeck in viel stärkerem Maße zu einem **Opfer gesellschaftlicher Verhältnisse** machen, als es der Regisseur nahelegt. Zudem widerlegen sie die Aussage, Woyzeck leide „nicht wirklich" (Z. 32) an den Verhältnissen. Er hat mit Angstzuständen, Halluzinationen, Unruhe und erhöhtem Pulsschlag zu kämpfen.

Vor allem die körperlichen Beschwerden dürften eine Folge des Ernährungsexperiments sein. In diesem Zusammenhang kann auch nicht von Zufriedenheit und Glück gesprochen werden, allenfalls von einer **Anpassung an seine von Ausbeutung geprägte Lage**, die mit großem Leid verbunden ist.

Widerlegung: negative Auswirkungen auf Familie

Auch die **familiäre Situation** bleibt, anders als Rasche dies sieht, nicht unberührt von den sozialen Determinanten und ist deshalb keine „alle gesellschaftlichen Regeln ignorierende Bindung" (Z. 30 f.): Vielmehr ist sie aufgrund des fehlenden kirchlichen Segens gesellschaftlich **geächtet**, sie ist zudem geprägt von **Armut** sowie einem Mangel an Zeit, die zu einer zunehmenden Entfremdung der Partner führen. Zwar sind die Liebe Woyzecks zu seinem Sohn Christian (vgl. S. 15) und das Sorgen für seine Familie unter schwierigen Bedingungen ein Ausdruck von „**Größe und Liebesfähigkeit**" (Z. 39). Was Rasche dabei jedoch nicht berücksichtigt, ist, dass Woyzeck **kaum Zeit bleibt, sich seiner Familie zu widmen**. Aufgrund der zahlreichen Arbeiten (Militärdienst, Stöckeschneiden für den Hauptmann, Rasieren des Hauptmanns, Versuchsobjekt und Assistent des Doktors) ist er permanent beschäftigt und kann sich bei seinen kurzen Besuchen zu Hause seiner Familie nicht emotional zuwenden (vgl. Maries Aussage nach einem solchen Besuch: „Er [Woyzeck] hat sein Kind nicht angesehn", S. 11). Stattdessen liefert er rasch seinen Lohn bei Marie ab, um dann zu einer weiteren Tätigkeit zu hetzen (vgl. S. 15). Somit ist die Liebe zu Frau und Kind keinesfalls eine sorgenfreie.

Widerlegung von Rasches Woyzeck-Bild

Letztlich ist Rasches **Charakterisierung Woyzecks als „in sich ruhende[r] Charakter" (Z. 2) nicht zutreffend**. Tatsächlich steht diese im Widerspruch zu Woyzecks Rastlosigkeit, seiner Zerrissenheit zwischen der Versorgung der Familie und seinen Arbeiten sowie zu den Beschreibungen anderer (vgl. Hauptmann: „er sieht immer so verhetzt aus", S. 16). Es ist also fraglich, ob erst die Untreue Maries die Entwicklung zum Schlechten auslöst, wie Rasche mit seiner Anspielung auf das „Fundament seines Lebens", das Woyzeck entzogen werde, andeutet (vgl. Z. 36 f.). Denn nicht erst der Liebesverrat Maries (vgl. Z. 32 f.) löst das **Leiden** Woyzecks aus. Vielmehr ist dieses **von Beginn der Dramenhandlung an** vorhanden, als Folge seiner ausweglosen sozialen Situation (vgl. etwa die Eingangsszene, die die Angstvisionen und Halluzinationen Woyzecks zeigt, S. 9). Schließlich kulminieren in Woyzecks Eifersucht und der Ermordung Maries die gesamten Erfahrungen der Unterdrückung. Das „Fundament des Lebens" ist für Woyzeck von Anfang an aufgrund seiner sozialen Stellung und Armut brüchig; mit dem Verlust von Maries Liebe geht es dann vollends entzwei.

Gleichwohl ist **Rasche** zumindest **in Ansätzen zuzustimmen**, wenn er feststellt, dass nicht nur Woyzeck durch die sozialen Bedingungen negativ beeinflusst werde, sondern „[i]m Grunde […] **alle Figuren** in ‚Woyzeck' **unter den gesellschaftlichen Verhältnissen**" (Z. 9 f.) **litten**. Im Hinblick auf den **Hauptmann** kann Rasche dies, auch unter Rückgriff auf zeitgeschichtliche Kontexte, plausibel machen. In der Tat scheinen dessen Langeweile und Melancholie Folge seines ereignislosen Dienstes zu sein. Seine Disziplinierung von Woyzeck ließe sich dann – wenn auch, aufgrund der fehlenden Innensicht, wiederum in spekulativer Weise – als **Kompensation** lesen, die seine eigenen Verlust- und Verzichterfahrungen, allen voran seine Triebunterdrückung, ausgleichen soll. Auch ist der Hauptmann nicht nur aktiv an der Unterdrückung anderer beteiligt, sondern er wird **selbst Opfer von Machtausübung**. So spielt der Doktor mit der Angst des Hauptmanns vor dem körperlichen Verfall und einer tödlichen Krankheit und bringt diesen damit in seelische Nöte (vgl. S. 21). Wie Woyzeck wird er zum Objekt wissenschaftlichen Interesses. Zu ergänzen wäre, dass auch Woyzecks Geliebte **Marie als ein Opfer** der gesellschaftlichen Verhältnisse gesehen werden kann. Ihre soziale und wirtschaftliche Notlage sowie der ebenfalls sozial bedingte Verlust der Bindung an Woyzeck machen sie anfällig für die Verführungen des Tambourmajors, an die sie die Hoffnung auf einen sozialen und materiellen Aufstieg knüpft (vgl. S. 14 f.). Selbst das **Kind** ist stark von der prekären sozialen Lage geprägt, was Woyzeck hellsichtig bemerkt, als er Marie gegenüber sagt, dass sein Sohn „sogar Schweiß im Schlaf" (S. 15) habe.

Bedingte Zustimmung: auch andere Figuren als Opfer deutbar

Woyzeck allerdings als ein „Rad im Getriebe" (Z. 5) und ein Opfer unter anderen einzuordnen, **verfehlt** die im Drama deutlich werdende **Differenzierung**. Es ist zu bedenken, dass sich die gesellschaftlichen Rahmenbedingungen höchst unterschiedlich auf Woyzeck und die anderen Charaktere auswirken – **abhängig von ihrem sozialen Status:** Woyzeck als Vertreter der unterprivilegierten Schicht und die Repräsentanten des Bürgertums mit ihren Privilegien haben mit sehr unterschiedlichen Problemen zu kämpfen. Dies gilt vor allem im Hinblick auf die **Befriedigung materieller Grundbedürfnisse**. Während der Hauptmann unter Langeweile und Beschäftigungslosigkeit leidet, aber materiell abgesichert ist, muss Woyzeck fortwährend um die physischen Grundlagen seiner Existenz fürchten. Hier offenbart sich das Phänomen des Pauperismus, d. h. der Massenarmut, als eines der zentralen Probleme im 19. Jahrhundert.

Einwand: Leugnen sozialer Unterschiede durch Gleichsetzung von Woyzeck mit anderen Figuren

Als höchst **fragwürdig** ist **Rasches Ansatz** einzustufen, seine Deutung mit **heutigen gesellschaftlichen Verhältnissen** zu begründen. Zwar ist es ein nachvollziehbares Erkenntnisinteresse eines Theaterregisseurs, die Bedeutung eines Dramas aus einer früheren Epoche für die Gegenwart zu suchen. Dies ist insofern sinnvoll, als Theater, auch wenn es ältere Texte zur Aufführung bringt, immer im Hier und Jetzt stattfindet. Problematisch erscheint es jedoch, wenn Rasche zentrale Aspekte des Textes so umdeutet, dass sie zwar den Verhältnissen zum Zeitpunkt der Inszenierung entsprechen, nicht jedoch denjenigen, die im Text dargestellt werden. In der Gesellschaft der 1830er-Jahre gab es sehr wohl **klare Oppositionen und soziale Ungleichheiten** (arm vs. reich, privilegiert vs. nicht privilegiert, gebildet vs. ungebildet) und auch heute ist das im Übrigen noch der Fall in der deutschen Gesellschaft und, in z. T. noch gravierendem Ausmaß, weltweit. Die Argumentationslogik, aus einer Diagnose heutiger Verhältnisse die Charakterisierung einer Dramenfigur abzuleiten, die stark von den Bedingungen ihrer Entstehungszeit geprägt ist, ist als **anachronistisch** zu bewerten. Ein solches Vorgehen führt, wie gezeigt werden konnte, zu Deutungen, die am Text vorbeigehen.

Einwand: Hinterfragen der Methode, heutige Erfahrungen auf Dramenfiguren von 1837 zu projizieren

In der Gesamtbewertung erscheint **Rasches Position zwiespältig:** Seine historisch gut informierten Ausführungen zur Figur des Hauptmanns machen überzeugend deutlich, dass auch der Vertreter des Militärs unter gewissen gesellschaftlichen Bedingungen seiner Zeit zu leiden hat. Diesen Zustand jedoch mit demjenigen Woyzecks zu parallelisieren, erscheint höchst fragwürdig. Zu unterschiedlich sind die an die jeweilige soziale Schicht gebundenen Lebensverhältnisse und deren Folgen. Vollends an der im Text geschilderten Lebensrealität vorbei geht Rasches Bild von Woyzeck als einem glücklichen und zufriedenen, in sich ruhenden Menschen. Die damit verbundene **Relativierung seines Opferstatus** missachtet vor allem die sozioökonomischen Bedingtheiten und Machtverhältnisse, die in Büchners Drama deutlich werden. **Fragwürdig** ist auch Rasches **methodischer Zugang**, heutige soziale Verhältnisse zugrunde zu legen, um ein Bild des Protagonisten zu zeichnen. Maßstab einer Interpretation sollte zunächst der Text in seinem Entstehungszusammenhang sein. Die Frage nach Gemeinsamkeiten und Unterschieden zwischen Entstehungs- und Jetztzeit ist ein davon unabhängiger Schritt. Vermischt man beide Aspekte miteinander, wie Rasche das tut, wird man weder dem Text noch der eigenen Gegenwart gerecht.

Fazit

Differenziertes Abwägen zwischen zutreffenden und problematischen Aussagen Rasches

Abitur Deutsch (Schleswig-Holstein) – Übungsaufgabe 6: Erörterung auf der Grundlage eines Sachtextes

Thema:
Sprache, Medien, Lesen und Literatur

Arbeitsgrundlage:
Roman Herzog: *Brauchen wir einen neuen Kanon?*

Aufgabe:

1. Analysieren Sie, wie der damalige Bundespräsident Roman Herzog seine Position zur Notwendigkeit eines literarischen Kanons entwickelt. Berücksichtigen Sie dabei auch ausgewählte sprachliche Mittel. (40 %)
2. Erörtern Sie vor dem Hintergrund unserer heutigen Mediengesellschaft die von Roman Herzog 1997 erhobene Forderung nach einem literarischen Kanon. Beziehen Sie dabei Ihre eigenen Lese- und Medienerfahrungen ein. (60 %)

Erlaubte Hilfsmittel:
– ein Wörterbuch der deutschen Rechtschreibung

Hinweis: Diese Aufgabe beruht auf einer bayerischen Abituraufgabe aus dem Jahr 2017.

Roman Herzog
Brauchen wir einen neuen Kanon[1]? (1999)

[…] Es paßt nicht schlecht zum heutigen Tag, daß Goethe vor kurzem einmal wieder einen ersten Platz belegt hat. Vor einigen Wochen hat eine große deutsche Wochenzeitung[2] – es ist die, die sich im Zug oder Flugzeug so schlecht aufklappen läßt – eine Debatte darüber eröffnet, ob wir einen neuen literarischen Kanon brauchen. „Was sollen Schüler lesen?" lautet die Frage.[3] Mit großem Abstand gewann Goethe diese Umfrage, an der zu viele belesene Leute beteiligt waren, als daß man vermuten müßte, sie hätten Goethe – und vor allem „Faust I" – nur genannt, weil er jedem einfallen würde, der vor diese Frage gestellt wird.

Ich selbst habe vor einiger Zeit, und zwar vor dem Internationalen Germanisten-Tag drüben in der Paulskirche, dieselbe Frage aufgeworfen. Ich habe das sehr vorsichtig getan, da manche allein beim Wort Kanon sofort zusammenschrecken. Sie sehen dann sofort das Gespenst einer autoritären Wertsetzung, die von oben herab festlegen will, was schlechtere oder bessere Literatur ist. Es geht mir aber nicht um den Dünkel der Exklusivität. Jeder Mensch hat das Recht zu lesen, was er will, und er hat auch das Recht darauf, daß ihn andere mit ihren künstlerischen Meinungen nicht bevormunden.

Die Phase der Infragestellung des Kanons, oder des Begriffs der Klassizität, die wir hinter uns haben, war gewiß notwendig, um die Dinge neu in den Blick zu nehmen.

Inzwischen hat sich aber wohl herausgestellt, daß Literatur nicht nur eine „Textsorte" unter anderen ist und daß es nicht ganz egal ist, ob man das menschliche Schicksal mit Hedwig Courths-Mahler[4] oder mit Büchners „Woyzeck" zu verstehen versucht. Und wenn auch das Kursbuch der Deutschen Bahn[5] sicher mehr Informationen enthält als ein Gedicht von Brecht oder Rilke, lohnt sich das Auswendiglernen wohl eher bei den letztgenannten.

Dennoch geht es mir bei der Diskussion um einen Kanon nicht um einen „ewigen Vorrat deutscher Poesie"[6], der unumstößlich feststehen würde. Ich möchte vielmehr auch heute, wie ich es in der Paulskirche getan habe, ein ganz pragmatisches Argument einbringen, das mit unserer demokratischen Gesprächskultur zu tun hat. Wir brauchen alle – und zwar gerade in einer immer pluralistischer werdenden Gesellschaft – eine gemeinsame Kenntnis von bestimmten menschlichen Erfahrungen, Wünschen, Ängsten oder Träumen. In der Literatur sind solche Erfahrungen Form geworden. Ein Kanon ist für mich deswegen die Basis, auf der man miteinander streiten, auf jeden Fall aber ins Gespräch kommen kann.

Wir erleben ja täglich, wie sehr sich die verschiedenen gesellschaftlichen Szenen immer weiter ausdifferenzieren, ja voneinander entfernen. Noch vor wenigen Jahren konnte man sich mit ungefähr fünfzigprozentiger Wahrscheinlichkeit wenigstens noch über das Fernsehprogramm des letzten Abends unterhalten. Bei der Vielzahl der Kanäle ist das heute kaum mehr möglich. Umso wichtiger wird es für den gesellschaftlichen Zusammenhalt, wenn es einige formulierte Erfahrungen gibt, die die Gesellschaft miteinander teilt. Nicht als alltägliches Gesprächsthema – das wäre eine unsinnige Erwartung. Aber als fundierte Kenntnis über Figuren, Konstellationen und Erfahrungen, die die Kultur und auch die Mentalität unserer Erfahrungsgemeinschaft zum Ausdruck bringen und geprägt haben. Insofern halte ich – ohne die Diskussion jetzt inhaltlich prägen zu wollen – die Figuren und Geschichten von Dr. Faust und Effi Briest, von Josef K. und Mutter Courage, von Oskar Matzerath und den Buddenbrooks[7] für unverzichtbar. Ich will aber gleich hinzufügen, daß auch die Gestalten von Max und Moritz, von Winnetou und Old Shatterhand, von Lukas dem Lokomotivführer oder Momo[8] sicher dazugehören. Gerade eine plurale Gesellschaft braucht Bezugsgeschichten und Bezugsfiguren. Ich habe hier nicht von Identifikationsfiguren gesprochen. Ich meine lediglich die Notwendigkeit gemeinsamer Bezüge, von denen man sich ja auch, wenn man will, absetzen kann.

Nun kommt aber eine Frage hinzu: Was soll inmitten der medialen Revolution noch die Diskussion um einen literarischen Kanon? Ist mit Kino, Fernsehen und Internet die klassische Literatur nicht längst gestorben? Ist die Kanon-Diskussion nicht im Grunde eine Gespenster-Debatte? Ich erlaube mir, auf einen kleinen, aber entscheidenden Unterschied zwischen einer Fernsehproduktion und einem Roman aufmerksam zu machen. In einem Roman wird man immer, wie differenziert auch die Figuren dargestellt werden, mit einem schreibenden Individuum konfrontiert, einem Autor. Insofern muß man sich auch mit seiner individuellen Sicht auf die Welt auseinandersetzen. Die individuelle Schöpfung, die erkennbare Handschrift des einzelnen Ich ist vielleicht unser wichtigster Beitrag zur Weltkultur. Genau diese Autorschaft hat aber unter den zeitgenössischen Produktionsbedingungen der modernen Medien kaum noch eine Chance. Jeder weiß, daß ein Film ein kompliziertes Teamwork voraussetzt und daß eine Soap-Opera im Fernsehen von einem Autorenteam geschrieben wird, in dem sich eine individuelle Handschrift gar nicht mehr zeigen darf. Die Individualität eines Menschen aber, erst recht eines jungen Menschen, wird am besten herausgefordert durch ein individuelles Werk. Hauptsächlich ein solches Werk fördert einen Zuspruch oder einen Widerspruch, an dem Individualität und Persönlichkeit reifen können.

Eine Kultur, die die Literatur aufgäbe, die die Lektüre nicht mehr förderte, nicht mehr darüber diskutierte, welche literarischen Werke man kennen sollte, hätte ein Menschenbild, in dem Individualität nur noch am Rande vorkommt.

Lesen muß man lernen. Natürlich kann man jedem Schüler den Spaß vertreiben, indem man Literatur als Objekt der jeweils neuesten germanistischen Methode mißbraucht. Mit pädagogischen „Kanonen" kann man, wenn der Kalauer gestattet ist, jeden Kanon sturmreif schießen. Ziel der Beschäftigung mit Literatur sollte es jedoch sein, genau und mit persönlicher Bereicherung lesen zu lernen.

Je anspruchsvoller die Literatur ist, umso fähiger macht sie zur Kritik. Wer die großen Erzählungen kennt, fällt nicht mehr auf jedes schlicht gestrickte Zeug herein. Ein literarischer Kanon hätte also auch eine aufklärerische Funktion. Er würde – unter anderem – die Augen öffnen für das oft erbärmlich schlechte Erzählen gerade in manchen neuen Medien.

Das sind für mich die beiden Hauptargumente für die Debatte um einen Kanon: gemeinsame Kenntnisse der Grunderzählungen unserer Kultur und die an Qualität geschulte Kritikfähigkeit.

Wir sind hier versammelt im Namen Goethes, und ich habe mir erlaubt, vom Anlaß des heutigen Tages etwas abzuschweifen. Ich bin mir aber sicher, daß das in seinem Sinne gewesen wäre.

Quelle: Roman Herzog, Brauchen wir einen neuen Kanon?, in: ders., Freiheit des Geistes. Reden zur Kultur, hrsg. von Manfred Bissinger, Hamburg: Hoffmann und Campe 1999, S. 85–89.
(Orthografie entsprechend dem Abdruck der Rede aus dem Jahr 1999)

Anmerkung:

1 *Kanon:* Zusammenstellung derjenigen Werke, denen in der Literatur ein herausgehobener Wert bzw. eine wesentliche, normsetzende und zeitüberdauernde Stellung zugeschrieben wird
2 *Wochenzeitung:* Gemeint ist DIE ZEIT.
3 Die Frage nach einem Kanon stellt sich auch im schulischen Kontext, z. B. im Zusammenhang mit verbindlichen Lektüren im Lehrplan.
4 *Hedwig Courths-Mahler (1867–1950):* ehemals sehr bekannte deutsche Schriftstellerin, die mit ihren zahlreichen Trivialromanen große Erfolge erzielte
5 *Kursbuch der Deutschen Bahn:* Anspielung auf Hans Magnus Enzensbergers (*1929) Gedicht „ins lesebuch für die oberstufe" (1957), das mit der provokanten Aufforderung beginnt: „lies keine oden, mein sohn, lies die fahrpläne: sie sind genauer"
6 Unter dem Titel „Ewiger Vorrat deutscher Poesie" gab 1926 der deutsche Dichter Rudolf Borchardt (1877–1945) eine Sammlung von Gedichten heraus, die aus seiner Sicht überzeitliche Gültigkeit beanspruchen können.
7 *Dr. Faust [...] Buddenbrooks:* bedeutende und berühmte Figuren von als klassisch angesehenen Dichtungen der deutschsprachigen Literatur
8 *Max und Moritz [...] Momo:* bekannte literarische Figuren, v. a. aus dem Bereich der Kinder- und Jugendliteratur

Roman Herzog (1934–2017), Bundespräsident von 1994 bis 1999, hielt am 20. Juni 1997 diese Rede anlässlich der Wiedereröffnung des Frankfurter Goethe-Museums in Goethes Geburtshaus.

Hinweise und Tipps

*Diese Übungsaufgabe stützt sich auf zwei Kompetenzbereiche. Zum einen muss der vorliegende Redetext des ehemaligen Bundespräsidenten analysiert werden (**Textanalyse**), zum anderen geht es um die Fähigkeit, überzeugend zu **argumentieren**. Bei der Planung und der Ausarbeitung ist dann darauf zu achten, dass der Schwerpunkt der Gesamtaufgabe auf der eigenen Stellungnahme zum Thema liegt, nicht auf der Analyse des Textes von Herzog.*

***Teilaufgabe 1:** Zunächst muss die **Argumentation der Rede herausgearbeitet** werden. Roman Herzog vertritt eine klare Position zum Thema „Brauchen wir einen Kanon?". Die Forderung, dass eine Gesellschaft gemeinsame Werte benötigt, die in der Literatur zu finden sind, wird im Text argumentativ entwickelt und sprachlich unterstützt. Diese beiden Aspekte des Textes müssen laut Aufgabenstellung analysiert werden, wobei die **Argumentation** vollständig, die **sprachlichen Mittel** nur in Auswahl herausgearbeitet werden müssen. Entscheidend ist, dass man ausgehend von Herzogs These anschließend eine **eigene Position** entwickeln kann.*

***Teilaufgabe 2:** Um eine **eigene Position** zu entwickeln, sollten Sie die Hinweise, die sich aus Herzogs Rede ergeben, ergänzen. Dazu finden Sie in der Aufgabenstellung wertvolle Anregungen: Zum einen muss berücksichtigt werden, dass die Rede **1997**, also vor mehr als zwanzig Jahren, gehalten wurde. Die Mediengesellschaft hat sich seitdem sicher verändert. Daraus können sich erste Anhaltspunkte ergeben. Zum anderen wird verlangt, die **eigenen Erfahrungen** einzubeziehen. Mit der Auswahl und der Besprechung klassischer Lektüre hat man als Schüler ja reichlich zu tun – auch hieraus ergeben sich Aspekte für die Argumentation.*

*Die **Einleitung** Ihres Aufsatzes muss das Thema „Kanon" einführen. Verschiedene Möglichkeiten sind denkbar, z. B. eine Definition des Wortes (mithilfe eines Wörterbuchs): Die Ausrichtung an einer „Richtschnur" (so eine mögliche Übersetzung des griech. Wortes „Kanon") ist in jeder Epoche diskutiert worden. Anschließend fassen Sie die **Argumentation des Redners** prägnant zusammen. Empfehlenswert ist es, die **sprachliche Analyse** in einem eigenen Punkt abzuhandeln, wobei darauf zu achten ist, dass sprachliche Phänomene immer bezogen auf die damit transportierten Aussagen funktional beschrieben werden. Der nächste Teil Ihrer Ausführungen ist die eigene Argumentation, die zwar Aspekte des Ausgangstextes aufgreifen wird, aber v. a. auch neue Argumente anführt. Ein abschließendes **Fazit** kann das Thema erneut in den Blick nehmen und den Einleitungsgedanken einbeziehen.*

Lösungsvorschlag

Teilaufgabe 1:
Einleitung
Lesen und die Frage nach der „Richtschnur“

Auch wenn das Buch als Kulturgut schon oft totgesagt wurde, muss man mit Blick auf die Verkaufszahlen festhalten, dass selbst im Zeitalter von Facebook und WhatsApp weiterhin viel gelesen wird. In allen Zeitungen und Zeitschriften gehören Besprechungen von Neuerscheinungen zum selbstverständlichen Service des Feuilletons. Und die Frankfurter Buchmesse meldet Jahr für Jahr beeindruckende Besucherzahlen. Schließlich hält auch die Schule als Institution unbeirrt an Klassenlektüren fest. Gerade das letztgenannte Beispiel macht aber deutlich, dass weniger die Frage nach dem Ob, sondern viel eher die Frage nach dem Was gestellt werden muss. Während nämlich in den Schulen bestimmte „Klassiker“ seit Jahrzehnten zum festen Bestandteil des Deutschunterrichts gehören, ist die Bandbreite der privaten Lektüre doch deutlich größer. Ob es aber einen Kanon – also eine Zusammenstellung derjenigen Werke, denen ein herausgehobener Wert zugesprochen wird und die man gelesen haben sollte – braucht, ist eine **Streitfrage**, die immer wieder aufgeworfen wird.

Einführung des Textes

Unter die Kanonverteidiger reihte sich 1997 auch der damalige Bundespräsident **Roman Herzog** ein, als er anlässlich der Wiedereröffnung des Frankfurter Goethe-Museums in seiner Festrede eben diese Frage aufgriff: „**Brauchen wir einen neuen Kanon?**“ Seine Position ist dabei recht eindeutig, er bejaht die Frage uneingeschränkt. Wie er in seinem **Plädoyer** argumentiert, soll im Folgenden auf inhaltlicher und auf sprachlicher Ebene untersucht werden.

Textanalyse
Inhaltliche Argumentation
– Einstieg (Umfrage)

Roman Herzog beginnt seine Rede mit dem Hinweis auf die zur damaligen Zeit aktuelle Erhebung der Wochenzeitschrift DIE ZEIT zur Frage, welche literarischen Werke Schüler unbedingt kennen sollten. Goethes „Faust“ wurde dabei an erster Stelle genannt (vgl. Z. 1–8). Der Redner greift im nächsten Abschnitt diese Überlegungen auf und verweist darauf, dass er selber schon einmal ein Plädoyer für einen literarischen Kanon gehalten habe. Dabei macht er deutlich, dass es ihm nicht darum gehe, das Lesen bestimmter literarischer Werke zu verordnen und Qualitätsdefinitionen aufzustellen. Seiner Meinung nach darf das **Lesen** gerade **nicht reglementiert** werden (vgl. Z. 9–15). Herzog gibt so zu verstehen, dass er die Kritik an einem strengen literarischen Kanon durchaus nachvollziehen könne, dass man aber inzwischen doch Funktion und **Leistung anspruchsvoller Literatur** erkennen müsse (vgl. Z. 16–23).

– These 1: Kanon als Basis gemeinsamer Erfahrungen

In seinem ersten Argument stellt der Bundespräsident die These auf, dass literarische Texte die **kommunikative Basis jeder Gesellschaft** sind, denn in diesen wird das **menschliche Erleben**

umfassend präsentiert. Der Austausch über die Geschichten, die jeder kennt, ist für Herzog die Grundlage für den Zusammenhalt. Gerade in einer Gesellschaft, die immer vielfältiger werde, brauche es **gemeinsame Bezugspunkte**, wie sie die Literatur nach seiner Meinung zu bieten hat. In dem Zusammenhang weist der Redner darauf hin, dass TV-Sendungen diese Funktion im Zeitalter der Programmüberflutung nicht mehr übernehmen können (vgl. Z. 24–42). Zur Konkretisierung seiner These von der gemeinsamen Kommunikationsgrundlage zählt Herzog eine Reihe von Werken auf, die alle Bereiche der Literatur umfassen – vom Klassiker „Faust" bis zu Beispielen der Kinder- und Jugendliteratur und sogar der Trivialliteratur, die mit Karl Mays „Winnetou" vertreten ist (vgl. Z. 42–50). Diese Werke, so kann man erschließen, könnten nach Meinung des Bundespräsidenten einen Kanon bilden.

Das zweite Argument bezieht sich auf die **Urheberschaft:** Im Unterschied zur Filmproduktion, die als umfassende Arbeit einer großen Gruppe charakterisiert wird, sieht Herzog im literarischen Text ausschließlich die **persönliche Leistung eines Autors**. Damit werde eine individuelle Weltsicht angeboten, an der sich der Rezipient auch abarbeiten könne. Die Frage, ob im Medienzeitalter Literatur überhaupt noch eine zentrale Rolle spiele, ist für den damaligen Bundespräsidenten somit geklärt, denn der **subjektive Zugang zur Welt**, der für ihn zentral ist, könne nur über ein individuelles Werk eröffnet werden. Aus diesen Überlegungen heraus ergibt sich eine zentrale Folgerung: Die Lektüre gerade hoher Literatur trage zur **Entwicklung der eigenen Persönlichkeit** bei. Denn in der Auseinandersetzung mit der von einem Autor entworfenen fiktionalen Welt könne sich der Leser seine eigene Meinung bilden und dabei auch die Reflexion über die Welt erlernen (vgl. Z. 51–70). An dieser Stelle wirft Herzog noch einen kritischen Blick auf den **Deutschunterricht**, der seiner Meinung nach zu sehr auf wissenschaftlich-analytische Beschäftigung mit Literatur setze und dabei die Freude am Lesen einschränke (vgl. Z. 71–75). Nach diesem knappen Exkurs führt er seine Gedanken weiter und lässt sie in der expliziten Formulierung seines zweiten Arguments münden: dass gerade die Beschäftigung mit anspruchsvollen literarischen Werken die **Kritikfähigkeit jedes Einzelnen** schulen könne (vgl. Z. 76–80).

– These 2: Literatur als Ausdruck individueller Erfahrungen und als Grundlage für persönliche Entwicklung und Kritikfähigkeit

Abschließend fasst Roman Herzog seine Überlegungen zu einem knappen **Fazit** zusammen, indem er seine zwei Hauptargumente stichpunktartig wiederholt: Es geht ihm darum, mit dem Kanon für die Gesellschaft eine gemeinsame Grundlage zu schaffen und gleichzeitig die Fähigkeit zur Kritik zu schärfen (vgl. Z. 81–83). Am Ende bezeichnet er seine Gedanken und Ausführungen als Abschweifungen im Sinne Goethes (vgl. Z. 84–86).

– Fazit und Rückbezug zum Einstieg

Roman Herzog ist der Festredner bei der Wiedereröffnung des Frankfurter Goethehauses. Man kann also davon ausgehen, dass seine Zuhörer zur Bildungselite zumindest der Stadt Frankfurt gehören. Auffällig ist gerade deshalb, dass der Bundespräsident den **Kontakt zu den Zuhörern** nicht nur sucht, sondern dass er das – wenig präsidial – mit **humorvollen Bemerkungen** tut. Schon am Anfang der Rede macht er sich ein wenig lustig über DIE ZEIT, wenn er sie als eine Zeitung charakterisiert, „die sich im Zug oder Flugzeug so schlecht aufklappen läßt […]“ (Z. 3). Mit diesem augenzwinkernden Hinweis macht er von Anfang an deutlich, dass es ihm nicht um eine strenge Diskussion über ein elitäres Thema geht, sondern eher um ein **gemeinsames Nachdenken auf der Grundlage aktueller Einschätzungen**. Die Neigung zu humorigen Einschüben wird dann erneut am Ende der Rede sichtbar, als der Bundespräsident tatsächlich einen Kalauer (wie er selbst sagt) erfindet: „Mit pädagogischen ‚Kanonen‘ kann man […] jeden Kanon sturmreif schießen“ (Z. 73 f.).

Sprachliche Mittel

Den Kontakt zu seinen Zuhörern sucht der Redner oft, indem er das **Personalpronomen „wir“** benutzt (vgl. Z. 4, 16, 27, 33, 84). Mit dieser **Ansprache** unterstreicht er auch seine zentrale These von der gemeinschaftsstiftenden Kraft der Literatur. Andererseits wird sprachlich deutlich gemacht, dass Herzog eine persönliche, **subjektive Sicht** der Dinge vorträgt, denn noch häufiger verwendet er das **Pronomen „ich“** (z. B. Z. 9 f., 25 f., 42, 45, 48 f. etc.) bzw. die abgeleiteten Formen „mir“ und „mich“ (z. B. Z. 13, 24, 31 etc.). Dem Redner scheint es also sehr wichtig zu sein, seine Ausführungen als eigene Meinung zu markieren, denn damit kann er seine These untermauern, dass es ihm nicht um eine normative Vorgabe gehe, sondern darum, ein subjektives, „pragmatisches Argument“ (Z. 26) in die Diskussion einzuwerfen.

Herzogs Rede ist allerdings nicht durchgehend subjektiv angelegt und auf die Unterhaltung der Zuhörer ausgelegt. Der Redner verwendet wiederkehrende **Schlüsselbegriffe**, die den Kern seiner Argumentation deutlich machen. Im Zentrum stehen dabei die „demokratische[…] Gesprächskultur“ (Z. 27) und die „gemeinsame Kenntnis von bestimmten menschlichen Erfahrungen, Wünschen, Ängsten oder Träumen“ (Z. 29 f.). Diese **Akkumulation**, die sich auf die Inhalte von Romanen und Dramen bezieht, belegt die Tiefe der Literatur, die dem Leser so ganz allgemein das „menschliche Schicksal“ (Z. 19) nahebringen kann. Der Schlüsselbegriff des zweiten Argumentationsblocks ist „Individualität“. Dessen vielfache Verwendung (vgl. Z. 57, 58, 59, 64, 66, 67, 70) unterstreicht, dass für Herzog hier der „wichtigste[…] Beitrag zur Weltkultur“ (Z. 60) zu sehen ist. Diese individuelle Sicht auf die Welt sei Voraussetzung für „Kritik“ bzw. „Kritikfähigkeit“ (Z. 76 und Z. 83) und Aufklärung (vgl. Z. 78), die für Herzog das Ergebnis der Lektüre sein sollen.

Die Rede ist eine Auseinandersetzung mit dem Thema „Kanon“ auf **sprachlich hohem Niveau**. Roman Herzog gibt immer wieder **konkrete Beispiele**, die sein Verständnis von guter Literatur zeigen. Prägnante Formulierungen wie „Lesen muß man lernen“ (Z. 71) wechseln mit ausgedehnten Hypotaxen ab. Die **genaue Argumentation** ist dem Redner ein Anliegen. Sein Plädoyer für den literarischen Kanon wird auf der sprachlichen Ebene also vielfältig unterstützt. Ob ihm dieses gelingt, soll im Folgenden aus heutiger Sicht kritisch untersucht werden.

Überleitung

Teilaufgabe 2

Erörterung

Forderung nach Kanon vor dem Hintergrund der heutigen Mediengesellschaft

Roman Herzogs Argumentation und Intention

Als **Roman Herzog 1997** seine **Rede** hielt, wurde die Frage nach einem verbindlichen Kanon – nicht nur auf Literatur bezogen – gerade wieder intensiver diskutiert. Der prominente Literaturkritiker Marcel Reich-Ranicki veröffentlichte einen Kanon, in Zeitungen und Zeitschriften schloss sich eine umfängliche Debatte an. Aber auch mit Büchern wie „Bildung. Alles was man wissen muss“ von Dietrich Schwanitz wurde das Bemühen greifbar, zu definieren, was eigentlich zur europäischen Kultur dazugehört und deshalb unbedingt wahrgenommen und gewusst werden sollte. Im Reigen der Diskutierenden nimmt Roman Herzog eine besondere Rolle ein, denn als Nichtfachmann kann er ganz auf seinen **subjektiven Standpunkt** setzen, und der ist – wie oben gezeigt – klar erkennbar. Er möchte die Zuhörerschaft davon überzeugen, dass man zwar keine strenge (Literatur-)Auswahl treffen müsse, die Gesellschaft insgesamt aber **Bezugsgeschichten** brauche, die das Gespräch über Erfahrungen und Einstellungen ermöglichen. Das ist für ihn offensichtlich der **Kitt einer Gemeinschaft**, der Staat und Gesellschaft zusammenhält. Damit hat er zweifelsohne recht. Bevor auf diesen Argumentationsstrang noch genauer eingegangen wird, soll noch ein Hinweis auf kanonisierte Literatur allgemein erfolgen.

These 1: der heimliche Kanon

Es gibt nämlich, unabhängig von jeder Debatte, immer schon eine Verständigung darüber, was gelesen werden muss. Dabei handelt es sich um den sogenannten heimlichen Kanon. So stehen in der Schule bestimmte Werke wie Goethes „Faust“ oder Büchners „Woyzeck“ mit größerer Wahrscheinlichkeit auf den Stundenplänen im Fach Deutsch als viele andere Werke. Und jeder, der schon einmal nach Lektürehilfen in der Buchhandlung oder im Internet gesucht hat, weil er zum Beispiel ein Referat über ein wichtiges – kanonisiertes – Werk der Literaturgeschichte halten musste, ist vermutlich über ein großes Angebot der immer gleichen, bekannten Werke gestolpert. Ein deutlicher Hinweis darauf, dass offenbar ein anhaltend großer Bedarf an diesen besteht und an allen deutschen Schulen ähnliche Werke gelesen werden.

These 2: die Notwendigkeit eines Kanons

Auf die Schule will sich Herzog aber nicht unbedingt beziehen, sondern auf die **gesellschaftlichen Anforderungen** allgemein. So spricht er von den Voraussetzungen für eine „demokratische[...] Gesprächskultur“ (Z. 27), nämlich davon, dass „gerade in einer immer pluralistischer werdenden Gesellschaft [...] eine gemeinsame Kenntnis von bestimmten menschlichen Erfahrungen, Wünschen, Ängsten oder Träumen“ (Z. 28 ff.) gebraucht werde. Mit seiner These hat er sicher einen wichtigen Aspekt betont: Eine Gesellschaft braucht eine **Wertebasis**, und diese kann unter anderem in und **mit literarischen Werken tradiert** werden. Werte, die, und so ist Herzog wohl zu verstehen, auf Erfahrungen und Einstellungen zur Welt beruhen, müssen von Generation zu Generation weitergegeben werden. Literatur spielt dabei insofern eine Rolle, als in den Geschichten, die erzählt werden, genau diese **Werte spielerisch vermittelt** werden können. Das beginnt im Vorschulalter, wo Eltern (und Großeltern) Märchen vorlesen und Kinder darüber nachdenken, was gerecht und was ungerecht ist. Weitergeführt wird diese Art der Wertevermittlung in der Schulzeit, wenn die oben genannten Geschichten Thema sind. Die Frage zum Beispiel, wie sich Männer zu Frauen, wie sich Regierungsvertreter gegenüber Untertanen, schließlich, wie sich Wissenschaftler zu ihren Forschungsergebnissen verhalten sollen – das und noch viel mehr wird in der Literatur gezeigt und in **literarischen Gesprächen** diskutiert. Sprechen kann man jedoch nur dann darüber, wenn man die gleichen Werke gelesen hat.

In diesen Zusammenhang gehört auch noch die Tatsache, dass jede Gesellschaft eine konkrete **Vorstellung von Allgemeinbildung** hat. Ein Gymnasiast etwa, der sich bei einem Arbeitgeber egal welcher Branche vorstellt oder bei einem Einstellungstest seine Allgemeinbildung unter Beweis stellen muss – und nicht weiß, dass „Maria Stuart“ ein Drama von Schiller und dass „Deutschland. Ein Wintermärchen“ ein Versepos von Heinrich Heine ist, der sammelt eher Negativpunkte.

These 3: die Unmöglichkeit eines Kanons

Der Bundespräsident hat in seiner Rede an mehreren Stellen allerdings auch eine **Schwachstelle des Konstrukts „Kanon“** angedeutet: Natürlich, so Herzog, gehe es ihm nicht darum, konkrete Werke vorzuschreiben. „Jeder Mensch hat das Recht zu lesen, was er will“ (Z. 14), so sein Credo. Im logischen Schluss ergibt sich dann aber daraus, dass man einen Kanon zwar aufstellen, aber **niemals einfordern** kann, was wiederum gleichzeitig der Idee eines Kanons widerspricht. Wenn man diese Überlegungen noch etwas weiterführt, kommt man zudem an den Punkt, der die **Zusammenstellung des Kanons** selbst betrifft. Wer darf und kann festlegen, was als Norm im Bereich der Literatur gesetzt wird? Folgt man dabei den Fachleuten, wird wohl eine andere Liste zustande kommen, als wenn man den Lesern oder gar Verlagen und damit ökonomischen Interessen Gehör schenkt. Überspitzt könnte man formulieren, dass es letztlich so viele kanonische Werke wie Leserinnen und Leser gibt. Dabei würde man Herzogs These gar nicht entwerten, denn die „menschlichen Erfahrungen" (Z. 29), um die es ihm geht, sind natürlich in vielen Büchern der Weltliteratur aufgezeichnet. Kritikfähigkeit und Urteilskraft können hier auch ganz individuell ausgebildet werden, der von Herzog geforderte Austausch muss dabei nicht unbedingt erfolgen.

These 4: Kanonfrage muss der Mediengesellschaft angepasst werden

Wie gesagt, diesen Punkt sieht wohl der damalige Präsident auch so. Problematischer wird es, wenn man sich Herzogs Argumentation bezogen auf die **Medien** anschaut. Mehr oder weniger deutlich wird, dass er dem Film als Wertevermittler und Gesprächsgegenstand wenig zutraut. Dieser stellt nicht nur das Gegenteil von Individualität dar, er ist dazu auch ein Beispiel für „erbärmlich schlechte[s] Erzählen gerade in manchen neuen Medien" (Z. 79 f.). Mit neuen Medien ist im Jahr 1997 übrigens noch nicht das Internet gemeint, sondern **Film und Fernsehen**. Dieser recht abschätzigen Meinung muss in mehrfacher Hinsicht widersprochen werden. Zum einen gab und gibt es seit Erfindung des Kinos Filme, die eine anerkannt **hohe Qualität** haben, sodass die Frage nach einem **Filmkanon** nicht nur gestellt werden kann, sondern bereits beantwortet ist. Klassiker von „Metropolis" bis „Matrix" haben den Weg in die Schule und sogar in universitäre Seminare längst gefunden. Zum anderen – und das ist wesentlich wichtiger – sind gute Kino- und Fernsehfilme ein Muster dafür, wie gesellschaftliche **Erfahrungen künstlerisch festgehalten** werden und eben auch als **Basis für Gespräche** dienen können. Beispiele dafür gibt es sicher viele, eines unter hunderten ist „Schindlers Liste" von Steven Spielberg, der die (wahre) Geschichte des Fabrikanten Oskar Schindler erzählt, welcher über 1 000 Juden vor dem sicheren Tod in den Vernichtungslagern rettete. Schon bei den ersten Aufführungen des Films wurde über die Geschichte intensiv diskutiert, über die Frage, ob mit mutigen Entscheidungen nicht doch der Nationalsozialismus hätte verhindert werden können. Bis zum heutigen Tag gehört dieser Film zur Agenda des Unterrichts in allen Schularten. Er erfüllt damit die Anforderungen an die Funktion der Literatur vermutlich besser, als dies manche Lektüre tut.

Das Beispiel zeigt, dass Herzogs Kanonfrage unter Umständen nur unvollständig beantwortet ist. Die **Geschichten**, die eine Gemeinschaft gleichsam um ein virtuelles Lagerfeuer sitzend sich gegenseitig erzählt, finden sich in der **Literatur** und sie finden sich in den **Neuen Medien**. Die Frage, ob man sich dabei auf einige wenige Werke einigen muss, oder ob es genügt, eine bestimmte Anzahl im Auge zu behalten, ist damit zwar nicht beantwortet, aber nicht nur die eigene Erfahrung zeigt, dass es letztlich doch immer wieder auf bestimmte Bücher und Filme hinausläuft, über die man gemeinsam streiten kann. Und wenn sich darunter individuelle Favoriten einschleichen, die fast niemand kennt, dann ist das sicher zu verkraften.

Fazit
Erweiterung des Kanons sinnvoll

Abitur Deutsch (Schleswig-Holstein) – Übungsaufgabe 7: Materialgestütztes Verfassen eines argumentierenden Textes

Thema:
Sprache, Medien, Lesen und Literatur

Aufgabe:
Stellen Sie sich vor, dass Sie Vertreterin bzw. Vertreter im Jugendparlament Ihrer Kommune sind. Da auf der Website der Kommune immer wieder auch Hasskommentare gepostet werden, veranstaltet das Jugendparlament eine öffentliche Debatte, in der es um die Probleme der Hate Speech im Netz gehen soll. Im Vorfeld der Diskussion verfassen Sie einen auf der Website zu veröffentlichenden argumentativen Beitrag, der sich mit der Frage auseinandersetzt, ob es sich bei Hate Speech um ein Problem des Internets handelt.
Verfassen Sie diesen argumentierenden Text. Nutzen Sie dazu die folgenden Materialien (1–8) und Ihre Kenntnisse aus dem Unterricht.
Verweise auf die Materialien erfolgen dem Stil eines Internetbeitrags entsprechend ohne Zeilenangabe nur unter Nennung des Autors/der Autorin und ggf. des Titels.

Ihr Text sollte ca. 1200 Wörter umfassen und mit einer passenden Überschrift versehen sein.

Erlaubte Hilfsmittel:
– ein Wörterbuch der deutschen Rechtschreibung

Material 1: Broschüre der Arbeitsgemeinschaft Kinder- und Jugendschutz und der Landesanstalt für Medien NRW

Hate Speech – Hass im Netz
Ein respektvolles Miteinander ist auch im Internet unverzichtbar. Zu beobachten ist aber gegenwärtig, dass dort Hetze, Hass und Diskriminierung immer mehr Verbreitung finden – besonders in Sozialen Netzwerken, Foren und Kommentarspalten. [...] Für das Phänomen der Verbreitung von Hassbotschaften im Internet hat sich auch im deutschen Sprachgebrauch der Begriff Hate Speech (englisch für „Hassrede") durchgesetzt. Er beschreibt abwertende, menschenverachtende und volksverhetzende Sprache und Inhalte, durch die die Grenzen der Meinungsfreiheit überschritten werden. Denn, so Artikel 1 des Grundgesetzes, „die Würde des Menschen ist unantastbar". Das gilt auch im Internet. [...]

Hate Speech ist kein reines Netzphänomen
Hass im Netz existiert nicht losgelöst vom analogen Leben, sondern greift reale Macht- und Diskriminierungsstrukturen auf, aus denen er sich speist. Zusätzlich lässt sich im Internet eine Art Enthemmungseffekt beobachten. Meinungen, die im realen Leben oft nur von einer Minderheit offen vertreten werden, sind mit wenigen Klicks

veröffentlicht und finden im Internet eine große Bühne. Dahinter stehen nicht selten rechtsextreme Gruppen und Personen, die die Möglichkeiten des Internets für ihre Propaganda nutzen. Das fehlende direkte Gegenüber, die Möglichkeit, anonym zu bleiben, und das Wissen, kaum zur Rechenschaft gezogen zu werden, tragen weiter zur Enthemmung bei. Dabei wird nicht nur anonym gehetzt, sondern häufig auch ganz offen mit Klarnamen.

Quelle: Hate Speech – Hass im Netz. Informationen für Lehrkräfte und Eltern. Hrsg. v. d. Arbeitsgemeinschaft Kinder- und Jugendschutz und von der Landesanstalt für Medien NRW, 5. Aufl., 2019 (https://ajs.nrw/wp-content/uploads/2019/10/Hate_Speech_AJS_LFM_2018.pdf).

Material 2: Strafrechtliche Konsequenzen von Hate Speech

„Merkel[1] muss öffentlich gesteinigt werden."

Konsequenz: 2 000 Euro Strafe

Quelle: Beispiele für strafbare Hasskommentare im Netz (© Stiftung Warentest), https://www.bpb.de/252408/strategien-gegen-hate-speech

Anmerkung:
1 *Angela Merkel:* deutsche Bundeskanzlerin von 2005 bis 2021

Material 3: Gesetzestexte des Grundgesetzes und des Strafgesetzbuches

Grundgesetz für die Bundesrepublik Deutschland Art. 5

(1) Jeder hat das Recht, seine Meinung in Wort, Schrift und Bild frei zu äußern und zu verbreiten und sich aus allgemein zugänglichen Quellen ungehindert zu unterrichten. Die Pressefreiheit und die Freiheit der Berichterstattung durch Rundfunk und Film werden gewährleistet. Eine Zensur findet nicht statt.

(2) Diese Rechte finden ihre Schranken in den Vorschriften der allgemeinen Gesetze, den gesetzlichen Bestimmungen zum Schutze der Jugend und in dem Recht der persönlichen Ehre.

StGB

Strafgesetzbuch

§ 185 Beleidigung

Die Beleidigung wird mit Freiheitsstrafe bis zu einem Jahr oder mit Geldstrafe und, wenn die Beleidigung mittels einer Tätlichkeit begangen wird, mit Freiheitsstrafe bis zu zwei Jahren oder mit Geldstrafe bestraft.

§186 Üble Nachrede

Wer in Beziehung auf einen anderen eine Tatsache behauptet oder verbreitet, welche denselben verächtlich zu machen oder in der öffentlichen Meinung herabzuwürdigen geeignet ist, wird, wenn nicht diese Tatsache erweislich wahr ist, mit Freiheitsstrafe bis zu einem Jahr oder mit Geldstrafe und, wenn die Tat öffentlich oder durch Verbreiten von Schriften (§11 Abs. 3) begangen ist, mit Freiheitsstrafe bis zu zwei Jahren oder mit Geldstrafe bestraft.

§187 Verleumdung

Wer wider besseres Wissen in Beziehung auf einen anderen eine unwahre Tatsache behauptet oder verbreitet, welche denselben verächtlich zu machen oder in der öffentlichen Meinung herabzuwürdigen oder dessen Kredit zu gefährden geeignet ist, wird mit Freiheitsstrafe bis zu zwei Jahren oder mit Geldstrafe und, wenn die Tat öffentlich, in einer Versammlung oder durch Verbreiten von Schriften (§11 Abs. 3) begangen ist, mit Freiheitsstrafe bis zu fünf Jahren oder mit Geldstrafe bestraft.

Quelle: https://www.gesetze-im-internet.de/gg/ BJNR000010949.html#BJNR000010949BJNG000100314

Material 4:
Anatol Stefanowitsch[1]: Was ist überhaupt Hate Speech?

Hassrede (Hate Speech) ist kein sprachwissenschaftlicher, sondern ein politischer Begriff mit mehr oder weniger starken Bezügen zu juristischen Tatbeständen. […] Die im europäischen Zusammenhang relevante politische Definition […] fasst unter diesem Begriff „alle Ausdrucksformen, die Rassismus, Fremdenfeindlichkeit, Antisemitismus oder andere Formen [von] auf Intoleranz beruhendem Hass verbreiten, dazu anstiften, sie fördern oder rechtfertigen; einschließlich von Intoleranz, die sich in aggressivem Nationalismus und Ethnozentrismus[2], der Diskriminierung und Feindseligkeit gegenüber Minderheiten, Migranten/Migrantinnen und Menschen mit Migrationshintergrund äußert“ (Ministerkomitee des Europarats, Empfehlung R (97) 20, 30. 10. 1997, meine Übersetzung).

Sprachwissenschaftliche Definitionen orientieren sich allgemein an dieser politischen Definition. […] Aus sprachwissenschaftlicher Perspektive stellen sich zwei Fragen: erstens, was es bedeutet, sprachlich „Hass auszudrücken“, und zweitens, welche sprachlichen Ausdrucksmittel zu diesem Zweck zum Einsatz kommen. Bezüglich der ersten Frage gehen einige Autoren/Autorinnen davon aus, dass Hassrede dann vorliegt, wenn der/die Sprechende Hass empfindet und/oder erreichen will, dass Dritte Hass empfinden […]. In der öffentlichen Diskussion wird der intentionalen[3] Definition häufig eine Definition aus Betroffenenperspektive entgegengesetzt: Hassrede liegt dann vor, wenn es Menschen gibt, die sich durch diese Rede herabgesetzt oder verunglimpft fühlen. Als Grundlage einer Definition ist die Betroffenenperspektive sicher besser geeignet als die Intention des Sprechenden. Sie darf allerdings nicht individualisiert verstanden werden […]. Um aus sprachwissenschaftlicher Sicht als Hassrede zu gelten, muss eine sprachliche Äußerung […] von einem wahrnehmbaren Teil der Sprachgemeinschaft als herabwürdigend und/oder verunglimpfend gegenüber einer Bevölkerungsgruppe verstanden werden […].

Das ist vor allem dort der Fall, wo die Herabwürdigung und/oder Verunglimpfung von einem wahrnehmbaren Teil der Sprachgemeinschaft als Teil der konventionellen[4] Bedeutung eines sprachlichen Ausdrucks betrachtet werden. Solche Ausdrücke finden sich am sichtbarsten in jenem Bereich des Wortschatzes, in dem die deutsche Sprache uns eine Vielzahl von Ausdrücken liefert, die entweder über die Zuschreibung von bzw. Einschränkung auf bestimmte stereotype[5] Eigenschaften (Schlitzauge, Fotze, Arschficker, Mongo) oder direkt über das Wissen um ihre Verwendungszusammenhänge (Kanake, Tussi, Schwuchtel, Spast) eine pejorative, also abwertende Wirkung entfalten. […]

Während Ausdrücke mit einer klar pejorativen Bedeutung die deutlichste Erscheinungsform von Hassrede sind, kann eine Äußerung eine Bevölkerungsgruppe auch herabwürdigen und/oder verunglimpfen, ohne solche Ausdrücke zu enthalten. Auch dann fällt sie unter die Definition von Hassrede. Im einfachsten Fall ist die Herabwürdigung/Verunglimpfung ein expliziter[6] Teil der Aussage, z. B. in „(Alle) Griechen sind faul". Sprachwissenschaftlich interessanter und im Alltag schwerer zu erkennen sind aber Fälle, in denen die Aussage selbst zunächst harmlos oder sogar positiv wirkt, und die Hassrede Teil einer zum Verständnis der Äußerung notwendigen stillschweigenden Grundannahme ist. Ein Satz wie „Er ist Grieche, aber total fleißig" scheint ja einem speziellen Griechen eine positive Eigenschaft zuzuschreiben. Durch die Verbindung der beiden Satzteile mit dem Wort „aber" wird jedoch kommuniziert, dass der Fleiß der betroffenen Person unerwartet ist; das kann sie aber nur vor dem Hintergrund der Annahme sein, dass Griechen/Griechinnen normalerweise faul seien. Politische Gruppen verwenden diese Strategie der impliziten[7] Hassrede häufig: Wenn eine Partei etwa ständig betont, dass Migranten/Migrantinnen willkommen seien, „solange sie sich an unsere Gesetze halten", ist dies ja zunächst eine fast schon trivial[8] harmlose Aussage, denn selbstverständlich sollen sich alle Menschen an Gesetze halten. Die Aussage wird aber dadurch zu einer Verunglimpfung von Migranten/Migrantinnen, weil sie nur dann einen Sinn ergibt, wenn wir annehmen, dass Migranten/Migrantinnen sich normalerweise nicht an Gesetze halten.

[…] Zum Schluss sei noch angemerkt, dass Hassrede auch aus sprachwissenschaftlicher Perspektive kein vorrangig sprachliches, sondern ein gesellschaftliches Problem darstellt. Sprachliche Ausdrücke beschreiben und bewerten nicht (bzw. nicht nur). Sie erzeugen vielmehr ein Verständnis der (vorsprachlichen) physikalischen Realität[9] und gesellschaftliche Realität(en), die als allgemeingültig verstanden werden und deshalb nicht ohne Weiteres hinterfragt werden können. Hassrede ist also nicht (nur) ein Problem des kommunikativen Umgangs oder der „Verbreitung, Anstiftung, Förderung oder Rechtfertigung" von Hass, sie ist zentral an der Erzeugung des Hasses und der für den Hass notwendigen Denkmodelle beteiligt – einem Hass, der […] historisch immer wieder die Grundlagen für die Zerstörung der betreffenden Gruppen gelegt hat.

Quelle: Anatol Stefanowitsch: Was ist überhaupt Hate Speech?, Amadeu Antonio Stiftung, S. 11 f., https://www.amadeu-antonio-stiftung.de/w/files/pdfs/hatespeech.pdf

Anmerkungen:

1 *Anatol Stefanowitsch:* Professor für Sprachwissenschaft an der Freien Universität Berlin, der den auszugsweise abgedruckten Artikel bei der Amadeu Antonio Stiftung veröffentlicht hat, die im Jahr 1998 gegründet wurde und sich dafür einsetzt, die Zivilgesellschaft in Deutschland gegen Rechtsextremismus, Rassismus und Antisemitismus zu stärken

2 *Ethnozentrismus:* Ansicht, wonach das eigene Volk anderen Völkern überlegen ist

3 *intentional:* absichtsvoll, gezielt

4 *konventionell: eigentlich* gewöhnlich; *im linguistischen Sprachgebrauch* von den Sprechern unausgesprochen vereinbart

5 *stereotyp:* verallgemeinernd, klischeehaft

6 *explizit:* ausdrücklich

7 *implizit:* einbegriffen, nicht ausdrücklich

8 *trivial:* nichtssagend, banal

9 *physikalische Realität:* im Sinne von erfahrbarer, noch nicht gedeuteter Wirklichkeit

Material 5: Ausgewählte Ergebnisse einer Forsa-Studie im Auftrag der „Landesanstalt für Medien NRW“ (2022)

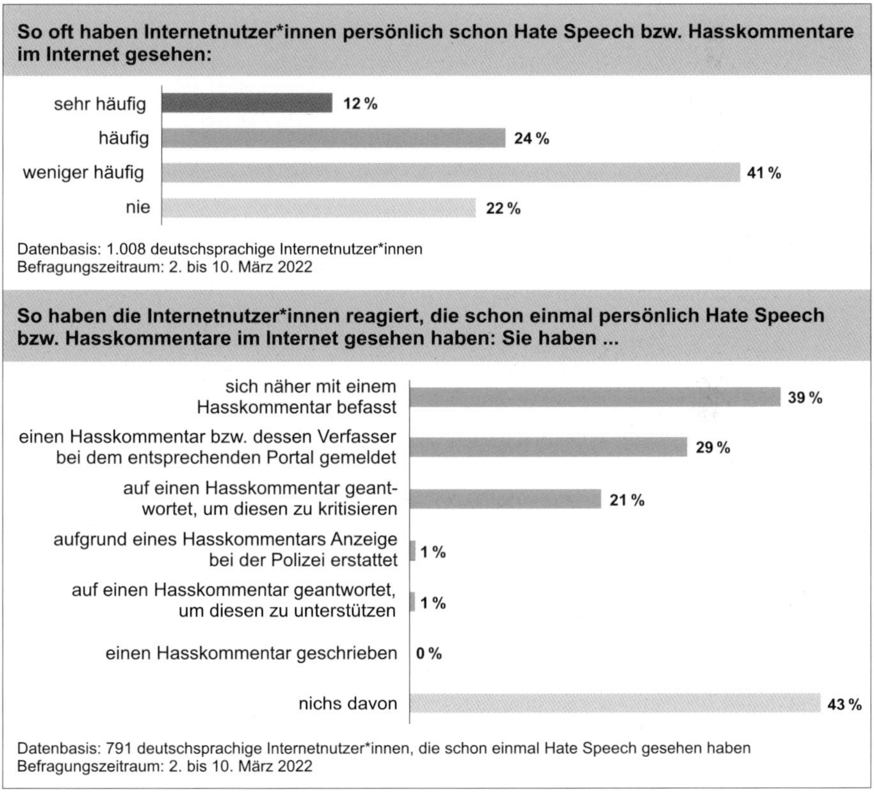

Quelle der Daten: https://www.medienanstalt-nrw.de/fileadmin/user_upload/NeueWebsite_0120/Themen/Hass/LFM_Hatespeech_forsa_2022.pdf

Material 6: Broschüre der Arbeitsgemeinschaft Kinder- und Jugendschutz und der Landesanstalt für Medien NRW

MAKE LOVE NOT HATE SPEECH

TIPPS FÜR JUGENDLICHE

Hate Speech (englisch für „Hassrede“) ist digitale Gewalt, die über Sprache, Worte und Bilder verbreitet wird. Hate Speech zielt mit Hass auf ganze Gruppen, die auch außerhalb des Internets ausgegrenzt und angefeindet werden. Hate Speech beleidigt, bedroht und verachtet Menschen aufgrund ihrer Herkunft, ihres Glaubens, ihres Geschlechts oder ihrer sexuellen Orientierung. Hate Speech sorgt in Sozialen Netzwerken für ein feindliches Klima, das auch Gewalttaten im realen Leben auslösen kann. Aber jeder Mensch kann dazu beitragen, dass Hass im Netz sich nicht weiter verbreitet. Auch du!

AKTIV WERDEN!

Das Internet ist dein Lebensraum. Übernimm Verantwortung und sorge dafür, dass Rassismus, Sexismus und Hetze im Netz keinen Platz finden. Hater und Dauer-Störer (sogenannte Trolle) dürfen in Sozialen Medien nicht dafür sorgen, dass sich Mädchen oder Jungen aus Angst vor Gewalt zurückziehen. Zeige Zivilcourage – online und offline.

EINMISCHEN ERLAUBT!

Beziehe Position für ein weltoffenes und respektvolles Miteinander. Weise andere darauf hin, wenn du das, was sie posten, für rassistisch hältst. Informiere dich, argumentiere gegen Hetze im Netz, betreibe Widerstand mit Worten. So haben Rassisten und Menschenfeinde nicht das Gefühl, im Sinne einer schweigenden Mehrheit zu handeln.

RESPEKT IM NETZ!

Achte auf Netiquette und einen fairen Umgangston – auch Worte können andere verletzen. Vermeide aggressiv klingende Pseudonyme. Schaue auch bei vermeintlich lustigen Seiten darauf, ob die Späße nicht auf Kosten anderer gemacht werden. Diskriminierung ist nicht lustig! Pass auf, dass du nicht selbst Sprachmuster benutzt, in denen Vorurteile stecken (z. B. „Das Boot ist voll.“).

Quelle: Hate Speech – Hass im Netz. Informationen für Lehrkräfte und Eltern. Hrsg. v. d. Arbeitsgemeinschaft Kinder- und Jugendschutz und v. d. Landesanstalt für Medien NRW, 5. Aufl., 2019 (https://ajs.nrw/wp-content/uploads/2019/10/Hate_Speech_AJS_LFM_2018.pdf).

Material 7: Cartoon Hate Speech

Hate Speech in Schule und Internet – Zusammenhang zwischen Hassreden und Gewalt: Beleidigungen, Drohungen und tätliche Angriffe nehmen zu, beklagen Lehrer und Schüler.

Quelle: Schwarwel: Die Alternative zu Fakten – Karikaturen & Cartoons 2016/2017, Verlag Glücklicher Montag AGM Leipzig GmbH, Seite 32

Material 8: Auszug aus dem „Netzwerkdurchsetzungsgesetz" (seit 2017 in Kraft)

§ 3 Umgang mit Beschwerden über rechtswidrige Inhalte

(1) Der Anbieter eines sozialen Netzwerks muss ein wirksames und transparentes Verfahren nach Absatz 2 und 3 für den Umgang mit Beschwerden über rechtswidrige Inhalte vorhalten. Der Anbieter muss Nutzern ein bei der Wahrnehmung des Inhalts leicht erkennbares, unmittelbar erreichbares, leicht bedienbares und ständig verfügbares Verfahren zur Übermittlung von Beschwerden über rechtswidrige Inhalte zur Verfügung stellen.

(2) Das Verfahren muss gewährleisten, dass der Anbieter des sozialen Netzwerks

1. unverzüglich von der Beschwerde Kenntnis nimmt und prüft, ob der in der Beschwerde gemeldete Inhalt rechtswidrig und zu entfernen oder der Zugang zu ihm zu sperren ist,

2. einen offensichtlich rechtswidrigen Inhalt innerhalb von 24 Stunden nach Eingang der Beschwerde entfernt oder den Zugang zu ihm sperrt; dies gilt nicht, wenn das soziale Netzwerk mit der zuständigen Strafverfolgungsbehörde einen längeren Zeitraum für die Löschung oder Sperrung des offensichtlich rechtswidrigen Inhalts vereinbart hat […].

Quelle: https://www.gesetze-im-internet.de/netzdg/BJNR335210017.html

Anmerkung:
Das Netzwerkdurchsetzungsgesetz war eine gesetzgeberische Reaktion auf die Zunahme von Hasskriminalität und anderen strafbaren Inhalten im Internet.

Hinweise und Tipps

*Die Aufgabenart des **materialgestützten Schreibens** ist von einer sehr **umfangreichen Aufgabenstellung** geprägt. Diese besteht aus der Kommunikationssituation, innerhalb derer der zu verfassende Text zu verorten ist, und dem eigentlichen Aufgabenapparat. Lesen Sie die gesamte Aufgabenstellung sorgfältig durch: Sie gibt Ihnen nicht nur Hinweise auf den Inhalt Ihres Aufsatzes, sondern auch auf dessen Gestaltung.*
*Der **situative Kontext** schreibt Ihnen vor, dass Sie in die Rolle eines Vertreters oder einer Vertreterin des Jugendparlaments Ihrer Heimatstadt schlüpfen sollen. Sie nehmen also eine **offizielle öffentliche Perspektive** ein und keine private. Sie schreiben für junge Menschen, die die Website Ihrer Stadt besuchen. Damit ist ein **Adressatenkreis** definiert, an dem Sie Ihre sprachliche Gestaltung ausrichten müssen. Aus der Kombination von Sender (offizieller Vertreter/offizielle Vertreterin) auf der einen Seite sowie Empfänger (junge Leute) und Publikationsort (Website Ihrer Stadt) auf der anderen Seite ergibt sich die stilistische Ebene Ihres Schreibens. Sie bedienen sich also einer **normgerechten Sprache**, dürfen aber zugleich einen etwas lässigeren Ton anschlagen, z. B. in der Anrede die Du- oder Ihr-Form verwenden. Da das zu verfassende Schreiben **mit Argumenten überzeugen** soll, steuern Sie eine überwiegend sachliche Ausdrucksweise an. Den **fiktiven Anlass** für Ihren Beitrag bildet die Veröffentlichung von Hasskommentaren auf der Website Ihrer Heimatstadt. Dieses gesellschaftlich relevante Problem können Sie in Ihrer Einleitung aufgreifen.*
*Nachdem Sie sich mit dem situativen Kontext vertraut gemacht haben, richten Sie Ihren Blick auf den konkreten Arbeitsauftrag. Dieser verlangt von Ihnen, einen **argumentierenden Text** zu der Fragestellung zu verfassen, ob es sich bei **Hate Speech** um ein **Problem des Internets** handelt.*
*Dazu müssen Sie die beigefügten Materialien unter Zuhilfenahme der Worterläuterungen sehr sorgfältig lesen. Markieren Sie dabei Textpassagen, die Sie später verwenden wollen. Zur effektiven **Nutzung der Materialien** können Sie sich auch notieren, welches Material Sie wie in Ihren Aufsatz einflechten wollen (z. B. Material 2 für die Einleitung usw.).*
*Nachdem Sie die Materialien durchgearbeitet haben, müssen Sie für sich entscheiden, wie Sie die **Ausgangsfrage** „Ist Hate Speech ein Problem des Internets – ja oder*

*nein?" **beantworten** wollen. Wie Sie den Aufsatz aufbauen, kann davon abhängen, welche Position Sie einnehmen. Wenn Sie beispielsweise eine blockbildende Struktur wählen, sollten Sie zuerst **Argumente für die Seite** ausführen, **der Sie** selbst **nicht zustimmen**, um anschließend die Aspekte darzulegen, die Ihre **eigene Meinung stützen**.*

*Beginnen Sie die Niederschrift Ihres Beitrags zunächst mit einer **Einleitung**. In dieser können Sie den oben bereits erwähnten Anlass aufgreifen und die Problemfrage zum Thema „Hate Speech" darstellen. Sie können auch ein **Beispiel als Aufhänger** benutzen, um dadurch das Interesse Ihrer Leserschaft zu wecken.*

*Im **Hauptteil** entfalten Sie Ihre **Argumentation** mithilfe der Materialien sowie mit Ihrem eigenen **Welt- und Unterrichtswissen**. Achten Sie darauf, die Leserschaft nicht nur über das Thema „Hate Speech" zu informieren, sondern sie mit logisch aufgebauten Argumenten zu überzeugen. Berücksichtigen Sie außerdem, dass Sie nicht in der sonst üblichen Form zitieren, sondern nur unter Nennung des Autors/der Autorin und ggf. des Titels auf ein Material hinweisen sollen.*

*Zum **Schluss** ziehen Sie eine **resümierende Bilanz** hinsichtlich der Ausgangsfrage. Dabei können Sie sich nochmals an die intendierten Adressatinnen und Adressaten wenden und Ihre Ideen mit einem (positiven) **Appell** verbinden.*

*Vergessen Sie außerdem nicht, Ihren Beitrag mit einer Interesse weckenden **Überschrift** zu versehen.*

*Nehmen Sie sich nach der Abfassung Ihres Aufsatzes noch Zeit, Ihren Text **Korrektur zu lesen**. Prüfen Sie dabei sowohl die **sprachliche Ebene** (Rechtschreibung, Grammatik, Zeichensetzung und Stil) als auch den **Inhalt** (sinnvolle Einbindung der Materialien, nachvollziehbare Strukturierung, Logik der Argumentation). So stellen Sie sicher, einen formal und inhaltlich ansprechenden Text abzugeben.*

Lösungsvorschlag

„Make Love not Hate Speech" oder die Frage, ob uns das Internet sprachlich verrohen lässt

Überschrift
(Bezug zu M 6)

Einleitung
(Bezug zu M 2 und M 6)

Bedeutsamkeit des Themas

Anlass des Beitrags

Die humorvoll gemeinte Aufforderung „Make Love not Hate Speech" ist nicht nur sprachlich, sondern auch inhaltlich gar nicht so weit entfernt vom Ursprungszitat der Hippies „Make love, not war". Schließlich ist **Hate Speech** eine neue Form von verbaler (digitaler) Gewalt, wie zum Beispiel der gegen die ehemalige Bundeskanzlerin gerichtete Internetkommentar „Merkel muss öffentlich gesteinigt werden" zeigt. Leider sind auch in den Kommentarspalten der Website unserer Stadt immer wieder Hasskommentare zu finden. Dies bewegt uns als eure Vertreterinnen und Vertreter des kommunalen Jugendparlaments dazu, einmal genauer auf das Phänomen der **Hate Speech** einzugehen und zu klären, ob es sich dabei vor allem um ein **Problem des Internets** handelt.

Der Begriff „Hate Speech“ stammt aus dem Englischen, bedeutet übersetzt „Hassrede“ und hat sich auch im deutschen Sprachraum als feste Wendung etabliert. Er ist zunächst ein **politischer Begriff**, wie der Linguistik-Professor Stefanowitsch in einem Beitrag für die Amadeu Antonio Stiftung bemerkt – politisch deshalb, weil er **Äußerungen** bezeichnet, **die rassistisch**, **fremdenfeindlich**, **antisemitisch** oder in anderer Weise **intolerant sind** und Hass verbreiten, zu Gewalt aufrufen oder Hass und Gewalt legitimieren. Die Sprachwissenschaft bezieht sich auf das politische Verständnis von Hate Speech und unterscheidet zwischen **zwei möglichen Definitionen:** Nach der ersten, **intentionalen Definition** liegt Hate Speech vor, wenn **der Sprecher oder Verfasser selbst Hass empfindet** und mit seiner Äußerung erreichen möchte, dass der Hass verstanden und ebenfalls vom Hörer oder Leser nachempfunden wird. Die **zweite sprachwissenschaftliche Definition** erfolgt aus der Sicht der Betroffenen. Demnach liegt dann Hate Speech vor, **wenn** sich Menschen von einer Äußerung **beleidigt oder verletzt fühlen**. Allerdings dürfen sie dies nicht allein so empfinden, sondern ein größerer Teil der Gesellschaft muss eine bestimmte Aussage oder Bezeichnung als herabwürdigend verstehen. Egal welche der beiden Definitionen man zugrunde legt – sie sind unabhängig von der Frage, ob es sich um Online- oder um Offline-Äußerungen handelt. Der **Weg**, auf dem die Hassbekundungen verbreitet werden, ist daher zunächst einmal **unerheblich**, weshalb es zu kurz greifen würde, Hate Speech als ein reines Internetproblem anzusehen.

Hauptteil
Kontra-Argumente: Ausprägungen von Hate Speech in der analogen Welt
(Bezug zu M 4)

Auch die **offizielle Gesetzeslage** macht deutlich, dass Hate Speech nicht nur im Internet vorkommt und dort unterbunden werden muss. Denn egal, ob jemand im Netz oder im „echten Leben“ **Hasskommentare** von sich gibt, eventuell macht er oder sie sich damit **strafbar:** Zwar gewährt das Grundgesetz die **Meinungsfreiheit**, diese wird aber eingeschränkt, wenn es zum Beispiel um den **Schutz der Jugend** oder die **persönliche Ehre** geht. Dann greifen die **§§185–187** des Strafgesetzbuches (StGB), die Beleidigungen, üble Nachrede und Verleumdung je nach Tatbestand mit Geldstrafen oder sogar Freiheitsstrafen bis zu fünf Jahren ahnden. Der Gesetzgeber hat zunächst einmal angenommen, dass diese Vergehen im analogen Raum passieren. Es wäre also eine **unzulässige Vereinfachung**, **Hate Speech nur im Internet zu verorten**.

strafrechtliche Verfolgung im nicht-digitalen Raum

(Bezug zu M 3)

Neben den möglichen juristischen Folgen von Hate Speech sind die **Auswirkungen auf das Zusammenleben in der Gesellschaft** noch viel folgenschwerer. Selbst wenn Hate Speech also im Internet ihren Anfang nimmt, hat sie einen direkten **Einfluss auf die nicht-digitale Welt**. **Sprachliche Äußerungen** beschreiben und

Auswirkungen von Hate Speech auf das Zusammenleben
(Bezug zu M 1)

bewerten die gesellschaftliche Realität und **erzeugen** ein **Bild der Wirklichkeit**. Hate Speech ist also nicht nur Ausdruck von Hass, Verachtung und Diskriminierung, sondern sie trägt zur **Erschaffung und Etablierung bestimmter Denkweisen** bei. Wenn jemand beispielsweise fortgesetzt in seinem Freundes- oder Familienkreis hört, dass „die Migranten" schuld an erhöhter Gewalt seien oder den Sozialstaat ausnutzen würden, dann glaubt er/sie dies irgendwann und hinterfragt es nicht mehr. Dabei spielt es keine Rolle, ob diese Ansichten ursprünglich im Netz oder am Stammtisch verbreitet wurden – die Folgen sind die gleichen. Dass so etwas die Gesellschaft vergiften kann, wissen wir bei Weitem nicht erst, seit es das Internet gibt. Ein **Blick in die Geschichte** genügt, um uns daran zu erinnern, welch **fatale Auswirkungen** Hassreden gegen einzelne Gruppen haben können – und das **ganz ohne Computer und Smartphones**.

Überleitung zu Pro-Argumenten
(Bezug zu M 7)

Hassrede stellt also schon seit langer Zeit ein Problem im menschlichen Zusammenleben dar. Die Etablierung des **Anglizismus „Hate Speech"** im Deutschen könnte allerdings ein Zeichen dafür sein, dass Hate Speech **heutzutage vornehmlich ein Problem des Internets** ist. So entfaltet auch ein Cartoon von Schwarwel seine Wirkung daraus, dass der Begriff „Hate Speech" bei einer (analogen) Unterhaltung beim Essen verwendet wird: Der Sohn sagt, er hasse Spinat, worauf seine Mutter ihn rügt, bei Tisch keine Hate Speech zu verwenden. Das erscheint unpassend, da **Hate Speech eher für Äußerungen der Online-Kommunikation** benutzt wird. Außerdem richtet sie sich normalerweise gegen Personen oder Personengruppen und drückt nicht wie im Cartoon einfach eine bestimmte Vorliebe oder Abneigung aus.

begünstigende Faktoren der Verbreitung von Hate Speech im Internet: Einfachheit
(Bezug zu M 1)

Klar ist auf jeden Fall, dass das **Internet** eine **verstärkende Rolle** bei der Verbreitung von Hate Speech hat. Der Weg ist denkbar **einfach** und **bequem** – ein Klick reicht und der Post ist veröffentlicht. In Sozialen Netzwerken kann man alles Mögliche und Unmögliche veröffentlichen – bis ein verletzender Post gelöscht wird, muss schon viel passieren. Gerade den Menschen, die mit ihren Ansichten eine Minderheit darstellen, bietet das Internet eine große Bühne. Die **Reichweite**, die Posts entwickeln können, kann man im „real life" nur mit erheblichem zeitlichen oder finanziellen Aufwand erzielen.

Anonymität, Schwierigkeit strafrechtlicher Verfolgung
(Bezug zu M 1)

Ein weiterer nicht zu unterschätzender Aspekt ist die **Anonymität**, die das Internet bietet. Als User kann ich alle möglichen Profile anlegen, ohne meinen Klarnamen zu nennen. Den **vermeintlichen Schutz dieses Unsichtbarseins und -bleibens** nutzen viele Hater, um ihre ätzenden Kommentare zu verbreiten. Sie gehen davon aus, dass die Anonymität ihnen den Schutz gibt, nicht strafrechtlich für ihr Vergehen belangt zu werden.

Fehlen des Gegenübers

Eine wichtige Rolle spielt außerdem, dass es im Internet **kein direktes Gegenüber** gibt, dem man bei Äußerungen des Hasses in die Augen sehen muss. Es macht einen **enormen Unterschied, ob** eine **Online-Unterhaltung oder** eine **Face-to-Face-Kommunikation vorliegt**. Bei Letzterer merkt man direkt, ob man jemanden verletzt oder beleidigt. Das erhöht zumindest bei den meisten Menschen die **Hemmschwelle** und **verhindert vorschnelle Hassbekundungen**. Im Internet dagegen sieht das vollkommen anders aus. Bezieht man gängige **Kommunikationsmodelle** auf die Verständigung in Sozialen Netzwerken, erkennt man schnell die ganz andere Kommunikationssituation. So ist bei der Unterhaltung im Internet gemäß dem „**Vier-Ohren-Modell**" von Schulz von Thun die **Beziehungsebene gestört**. In einer herkömmlichen analogen Gesprächssituation lässt sich für den Gesprächspartner oft aus **nonverbalen Signalen** wie der Körpersprache oder dem Tonfall ableiten, wie sein Gegenüber zu ihm steht. Bei der Internetkommunikation ist der Beziehungshinweis meist unklar, was zur Störung der Kommunikation führen kann.

Gesetz gegen Hate Speech im Netz

(Bezug zu M 5 und M 8)

All diese Punkte zeigen, dass das Internet einen **Enthemmungseffekt** in Bezug auf Hasskommunikation hat. Wie präsent diese im Netz ist, zeigt eine Statistik der Landesanstalt für Medien NRW vom März 2022: Danach haben 77 Prozent der Onliner bereits Hasskommentare gelesen. Unter anderem aufgrund der **starken Verbreitung von Hate Speech im Netz** hat der Bundestag schon 2017 ein Gesetz verabschiedet, das solche Kommentare eindämmen soll. Seitdem müssen Soziale Netzwerke rechtswidrige Inhalte innerhalb von 24 Stunden nach Erhalt eines entsprechenden Hinweises löschen. Dass dieses Gesetz notwendig wurde, zeigt eines deutlich: **Hate Speech** ist ein **Netzphänomen**, das sich von analogen Hassbekundungen abhebt. Und die **Konsequenzen** von Hasskommentaren im Netz sind beträchtlich. Ihr habt sicherlich auch schon einmal von Personen aus dem öffentlichen Leben gehört, die ihre Accounts in den Sozialen Netzwerken zumindest vorübergehend stillgelegt haben, weil sie die Hasskommentare nicht mehr ertragen konnten, wie zum Beispiel Ed Sheeran oder Justin Bieber. Außerdem kann sich die **Verrohung der Sitten** im Internet auch auf die nicht-digitale Welt auswirken. Wo das hinführen kann, zeigen zum Beispiel **gewaltsame Übergriffe gegen gesellschaftliche Minderheiten** wie beim Anschlag auf eine Synagoge in Halle im Oktober 2019.

Unsere **Kommunikation** hat sich aufgrund der digitalen Möglichkeiten **massiv verändert**. Mühsam erworbene (und nicht immer erfolgreiche) **Strategien für** eine **respektvolle Kommunikation** müssen in die Online-Welt übertragen werden. Bisher überwiegt der Eindruck, dass sich vor allen Dingen Hate Speech im Netz ausbreitet. Die typischen Eigenschaften des Internets wie Schnelligkeit, Einfachheit und fehlende unmittelbare Anwesenheit begünstigen diese Entwicklung.

Schluss
veränderte Kommunikation durch Digitalisierung

Trotzdem ist das Internet nicht per se schlecht, es gehört zu unserem Leben einfach dazu. Die Frage ist, wie wir es gestalten. **Werdet deshalb aktiv**, wenn ihr Hate Speech begegnet, ob im Internet oder im persönlichen Umfeld, mischt euch ein und **zeigt Respekt** füreinander – auch im sprachlichen Umgang!

Appell
(Bezug zu M 6)

Das **Internet ist zu kostbar, um es den Hatern zu überlassen**. Nutzen wir es für etwas Gutes!

Abitur Deutsch (Schleswig-Holstein) – Übungsaufgabe 8: Interpretation eines literarischen Textes

Thema:
Kurzprosa unter Einbezug parabolischer Texte

Arbeitsgrundlage:
Günter Kunert: *Der rote Streifen*

Aufgabe:
1. Interpretieren Sie den Prosatext *Der rote Streifen* von Günter Kunert. (70 %)
2. Überprüfen Sie, ausgehend von Ihren Ergebnissen, inwiefern die allgemeinen Aussagen des Literaturwissenschaftlers Peter Bekes zu Kunerts Parabeln (Material 2) auch für den vorliegenden Text *Der rote Streifen* Gültigkeit haben. (30 %)

Erlaubte Hilfsmittel:
– Ein Wörterbuch der deutschen Rechtschreibung

Material 1
Günter Kunert[1] (1929 – 2019): Der rote Streifen

Als ich in jenes bekannte Land kam, wußte ich wenig Genaues über den Kopfwechsel. In den Zeitungen meiner Heimat hatte ich darüber gelesen, der Eindruck von etwas Grausigem war daraus entstanden, doch nun, da ich mich im Land des Kopfwechsels befand, war ich enttäuscht. Heulen und Zähneklappern hatte ich erwartet, die Schreie der zur Köpfung Geführten, den jammervollen Anblick derer, denen man einen neuen Kopf angeflickt hatte – nichts dergleichen begegnete mir.

Ein Land, so schien es, wie alle anderen. Nur daß ein großer Teil der Einwohner, offensichtlich die Mehrheit, einen feinen roten Streifen um den Hals trug, als sei er mit einem Farbstift gezogen worden. In einem Lokal der Hauptstadt, wo ich mich, weil auf Durchreise, nur einen Tag aufhalten durfte, konnte ich in aller Ruhe und aus nächster Nähe die rotberingten Hälse mustern. Der rote Streifen erwies sich als schmale Narbe, als unauffälliges Zeichen des gelungenen Heilungsprozesses. Zum ersten Male, und das verursachte ein eigentümliches Gefühl, erblickte ich Menschen, denen man den alten Kopf abgeschnitten und einen neuen aufgepfropft hatte: bewundernswerte Leistung einer Chirurgie, von der alle anderen Nationen nur lernen könnten.

Ohne weiteres gelang es mir, mit einem dieser Menschen, da er an meinem Tisch Platz nahm, ins Gespräch zu kommen. Radebrechend[2] und gestikulierend machte er mir klar, wie man ihn von seinem alten unzufriedenen angstvollen und häufig von unsinnigen Träumen erfüllten Kopf befreit habe. Als ich mich nach dem *Warum* dieser Maßnahme erkundigte, meinte er bloß, sein Buchstabe sei eben an der Reihe gewesen. Auf diesen Umstand nicht näher eingehend, begann er sogleich seinen neuen

Kopf zu loben, mit dem er sich jetzt vierundzwanzig Stunden täglich wohl fühle. Er sei äußerst zufrieden, ja, glücklich, wolle er sogar meinen, und wünsche sich kein anderes Leben und vor allen Dingen: nie wieder einen anderen Kopf. Bereitwillig erzählte er, daß sein neuer Kopf, wie alle neuen Köpfe überhaupt, keineswegs auf mörderische Art besorgt würden (Gerüchte über Kopfjägerei wären böswillige Verleumdungen), sondern einfach Zuchtexemplare seien, die in großen bio-chemischen Plantagen auf speziellen Nährböden wüchsen und dort auf humanitäre Weise geerntet würden. Nicht etwa mit einer Sense, beileibe nicht!: er lachte laut auf bei dem Gedanken: Und der Kopfwechsel geschähe sogar kostenlos – so großzügig sei man hierzulande!

Nach einem ganz ausgezeichneten Essen trank ich an der Bar des Restaurants noch einen Kognak, doch bevor ich fortgehen konnte, hielt mich ein leicht angetrunkener Mann am Ärmel fest: in meiner Muttersprache lud er mich so herzlich und zugleich so dringlich zu einem gemeinsamen Trunk ein, daß ich die Einladung nicht ablehnen mochte. Auch seinen Hals zierte der Streifen, und als er meinen Blick bemerkte, kicherte er und verbeugte sich schwankend: Er sei Hauptchirurg – in des Wortes wahrster Bedeutung. Und ob ich vielleicht einen anderen Kopf haben wolle, er hätte ein paar ausgesuchte Exemplare auf Lager! Auch er lachte lärmend, als er mein Entsetzen bemerkte, und schlug mir kräftig auf die Schulter. Ziemlich hastig leerte ich mein Glas. Er, der Chirurg, fröhlich und höflich, wollte mich, den Ausländer, zum Wagen begleiten, doch zu diesem Zwecke mußte ich erst ihm vom Hocker helfen. Er stützte sich schwer auf mich, rutschte halb an mir ab und hing an meinem Arm. Dabei mußte ich unwillkürlich mit dem Ärmel über seinen Hals hinweggestreift sein, denn ich erkannte verblüfft, daß der rote Streifen teilweise fehlte: er war tatsächlich abgewischt. Bei ihm war die kreisrunde Narbe nur aufgeschminkt. Der Chirurg hatte seinen alten Kopf auf.

Trotz seiner Trunkenheit spürte er mein Staunen, machte sich los und versuchte in den Spiegel hinter der Bar zu schauen. Dann wandte er sich erneut zu mir, wobei er nüchterner geworden schien. Er schlug sofort den Kragen seiner Jacke hoch und legte einen zerknüllten Geldschein auf die Bar, ehe er zur Tür ging. Dort zögerte er einen Moment und zuckte die Achseln, als wäre es ihm eigentlich gleichgültig, daß er mir verraten hatte, was nicht allein ihm anvertraut war: Daß man, um andern neue Köpfe zu verpassen, den eigenen fest auf den Schultern behalten muß. Gleich darauf war er verschwunden, während ich später die ganze Fahrt hindurch überlegte, ob ich nun wirklich mit meinem Ärmel über seinen Hals gewischt hatte oder vielleicht er mit seinem Hals über meinen Ärmel.

Aus: Günter Kunert: Camera obscura. München / Wien: Carl Hanser 1978, S. 53–55.

Anmerkungen:

1 Günter Kunert wurde 1929 in Berlin geboren. Weil seine Mutter Jüdin war, hatte er unter der Diskriminierung der Nationalsozialisten zu leiden. Nach dem Krieg lebte er als Berufsschriftsteller in Ostberlin (DDR). In den 1970er-Jahren übte Kunert zunehmend Kritik am realen Sozialismus der DDR, unterzeichnete 1976 – wie viele andere Schriftsteller – die Petition gegen die Ausbürgerung des Liedermachers Wolf Biermann und siedelte 1977 in die Bundesrepublik über. Schon in den frühen 1970er-Jahren unternahm Biermann Reisen u. a. in die USA und nach England.

2 radebrechen: in einer fremden Sprache fehlerhaft und mühsam sprechen

Material 2
Peter Bekes: [Über Gunter Kunerts Prosaerzählungen]

Genese[1] und Wirkung des literarischen Werks von Kunert sind vor dem Hintergrund der gesellschaftspolitischen Bedingungen der Entwicklung einer sozialistischen Gesellschaftsordnung in der DDR zu sehen. […] Sein Motiv zu schreiben ist persönlich-biographisch bedingt, aber dennoch nicht als bloß privates zu sehen. Er begreift sich und sein Werk als gesellschaftliche Paradigmen. […] [Bei] den kurzen Prosaformen […] finden sich [seit Mitte der 1960er-Jahre] häufiger Texte […], deren Wort- und Bildwelt eine größere Eigendynamik entwickeln, ohne dabei den Bezug zur Realität und zur Gegenwart völlig aufzugeben. In diesen [G]eschichten dominieren groteske[2] und surreale[3] Stilzüge, Paradoxien[4] und kühne Metaphern: Die Wirklichkeit wird traumhaft und traumatisch erfahren, verrätselt sich, wird zur Groteske, zum Geheimnis […].

Aus: Peter Bekes: Verfremdungen. Parabeln von Bertolt Brecht, Franz Kafka, Günter Kunert. Stuttgart: Klett 1988, S. 38

Anmerkungen:
1 Genese: Entstehung
2 grotesk: Komisches und Grausiges sind eng verbunden.
3 surreal: traumhaft, unwirklich
4 Paradoxie: Widersinnigkeit, Widersprüchlichkeit

Hinweise und Tipps

Die Aufgabe ist zweigeteilt: In der ersten Teilaufgabe soll der vorliegende Text von Günter Kunert ***interpretiert*** *werden, die zweite Teilaufgabe fordert die* ***Überprüfung*** *der Aussagen eines sekundärliterarischen Textes, der sich auf Günter Kunert bezieht. Der Schwerpunkt der Aufgabenstellung liegt dabei auf der ersten Teilaufgabe, die mit 70 % gewichtet wird, während der Vergleich mit 30 % in die Benotung eingeht.*

Teilaufgabe 1: *Die erste Teilaufgabe erfordert es, dass Sie über Inhalt und Aufbau des Textes informieren, sinnvolle Erschließungskategorien an den Text anlegen und diesen interpretieren.*
Bevor Sie mit den Arbeiten für Ihren eigenen Aufsatz beginnen, setzen Sie sich gründlich mit den zur Verfügung gestellten ***Informationen*** *und Materialien auseinander. Hier können die Informationen zum Autor und die Thesen des Literaturwissenschaftlers Bekes bereits nützliche Fingerzeige und Anregungen für Ihre Interpretation geben. So erhalten Sie beispielsweise den entscheidenden Hinweis, dass es sich beim vorliegenden Text um eine* ***Parabel*** *handelt.*
Sie haben verschiedene Möglichkeiten, mit einer ***Einleitung*** *zum Text hinzuführen. Der folgende Lösungsvorschlag greift die Darstellungsform des Reiseberichts auf, die der Text variiert. Alternativ könnte man schon an dieser Stelle einzelne Elemente aus den biografischen Anmerkungen zu Kunert nutzen. Zwingend notwendig ist es dann, die wichtigsten Rahmeninformationen zum Text (Autor, Titel, Erscheinungsjahr) anzuführen. Zudem sollten Sie den Inhalt knapp in einer Art* ***Basissatz*** *zusammenfassen.*
Im ***Hauptteil*** *sollten Sie zu Beginn den Aufbau des Textes skizzieren, indem Sie den*

Inhalt der von Ihnen ermittelten ***Sinnabschnitte*** *kurz wiedergeben. Um unnötige Wiederholungen zu vermeiden, ist es ratsam, sich in diesem Teil des Aufsatzes kurz zu halten. Bei der eigentlichen Interpretation empfiehlt es sich, der Textchronologie zu folgen und Besonderheiten der* ***sprachlich-stilistischen sowie der erzählerischen Gestaltung*** *zu beleuchten. Besonders relevant und bedeutungstragend sind die Darbietungsformen des Textes (die Äußerungen der Bürger des fremden Landes sind allesamt in indirekter Rede wiedergegeben) und bestimmte sprachliche Mittel, die den Wahrheitsgehalt der Aussagen immer wieder infrage stellen.*
Bei Ihrer Untersuchung müssen Sie unbedingt der ***Parabelstruktur*** *des Textes Rechnung tragen, seinen Gleichnischarakter herausarbeiten und Vorschläge für die Deutung machen, also Bezüge zur realen Welt herstellen.*
Um Ihren Aufsatz zu ***strukturieren****, können Sie die Interpretation gewissermaßen in zwei Stufen aufbauen. In einem ersten Schritt deuten Sie die Erzählung auf der Ebene der Realität des Textes, bleiben also noch auf der Bildebene (linker Parabelast). Beim zweiten Schritt wechseln Sie auf die übergeordnete Ebene der Abstraktion, die Gedankenebene (rechter Parabelast).*

Teilaufgabe 2: *Auch in der zweiten Teilaufgabe müssen Sie strukturiert vorgehen. Der Operator „überprüfen“ besagt, dass Sie die vom Literaturwissenschaftler* ***Peter Bekes*** *allgemein zur Kurzprosa von Günter Kunert aufgestellten* ***Thesen kritisch hinterfragen****, auf ihre Gültigkeit für den vorliegenden Text hin einschätzen und diese Einschätzung, ausgehend von Ihren Ergebnissen, begründen sollen. Dabei ist ein genaues Verständnis der* ***Aussagen von Peter Bekes*** *wichtig. Sammeln Sie daher auf einem Konzeptblatt alle zentralen Thesen des Wissenschaftlers zu Kunerts Prosa und formulieren Sie diese in eigenen Worten. Im Anschluss können Sie dann, im Rückgriff auf Ihre Interpretation, klären, ob und inwieweit die Thesen auch auf „Der rote Streifen“ zutreffen. Sprechen Sie es an, wenn Sie Widersprüche entdecken.*
Ein guter Aufsatz wird durch einen ***Schlussgedanken*** *abgerundet, der auch rhetorisch das Ende Ihres Textes markiert.*

Lösungsvorschlag

Teilaufgabe 1
Einleitung
Reiseberichte – zwischen Realität und Fiktion

Reisen bildet und erweitert den Horizont! Das wissen wir heute, und das wissen die Menschen schon lange, nicht zuletzt deshalb, weil Reisende – Marco Polo etwa oder Alexander von Humboldt – immer wieder Bericht erstattet haben von ihren Eindrücken und Erlebnissen, von exotischen Landschaften, von fremden Sitten und Gebräuchen. Auf ähnliche Weise faszinieren literarisch-fiktive Schilderungen, beispielsweise diejenigen des schon Kindern bekannten Gulliver, der auf seinen Reisen in fantastische Länder seltsamen Einwohnern mit befremdlichen Gepflogenheiten begegnet. Wie ein Reisebericht wirkt zunächst auch die im Jahre 1978 erschienene Erzählung Günter Kunerts mit dem Titel *Der rote Streifen*.

In diesem kurzen Prosatext schildert ein Ich-Erzähler in **drei klar gegliederten Abschnitten** seine Eindrücke und Begegnungen während eines Auslandsaufenthaltes: Zunächst stellt er allgemeine Überlegungen zu Land und Leuten an (Z. 1–15), dann gibt er zwei Gespräche wieder, die er in einem Lokal der Hauptstadt geführt hat, zuerst mit einem einfachen Bewohner des Landes (Z. 16–31), dann mit einer höhergestellten Person, einem Chirurgen (Z. 32–57). An der Erzählsituation ist so weit nichts ungewöhnlich, in unaufgeregtem, fast lapidarem Plauderton bringt die Ich-Figur ihre Geschichte vor – umso irritierender wirkt dadurch der **Inhalt** dieser Geschichte.

Interpretation
Erzählsituation und dreigliedriger Aufbau

Der Erzähler bereist ein Land, dessen Name nicht genannt wird, das aber als „Land des Kopfwechsels" (Z. 3) bekannt ist. Mit dieser Praxis des **Kopfwechsels** verbindet er, vermittelt durch die Berichterstattung in seiner Heimat, bestimmte Vorstellungen und Erwartungen von Grausigem, die sich durch seine Beobachtungen vor Ort jedoch nicht bestätigen. Vielmehr bietet sich ihm ein **harmloses, friedliches Bild**. Während eines Restaurantbesuchs hat er Gelegenheit, die Menschen aus nächster Nähe zu betrachten, und kann als einziges Anzeichen des Kopfwechsels nur eine dezente Narbe an ihren Hälsen feststellen. Hier im Lokal kommt der Reisende nun mit einem **Einheimischen** ins Gespräch, der nachgerade enthusiastisch von seinem Leben mit einem neuen Kopf schwärmt und bereitwillig Auskunft gibt über die Herkunft der Köpfe, die in biochemischen Plantagen gezüchtet würden. Nach dem Essen wird der Ich-Erzähler an der Bar des Restaurants von einem angetrunkenen Mann in etwas aufdringlicher Weise zu einem Getränk eingeladen. Dieser stellt sich als „Hauptchirurg" vor, bietet dem Reisenden an, auch dessen Kopf auszuwechseln, und amüsiert sich über dessen entsetzte Reaktion. Als sie gemeinsam das Lokal verlassen wollen, muss der Ich-Erzähler den Betrunkenen beim Aufstehen stützen. Dabei wischt er versehentlich mit dem Ärmel über den Hals des Arztes und stellt fest, dass der rote Streifen der **Narbe** bei ihm nur **aufgemalt** ist, dass er folglich noch seinen ursprünglichen Kopf trägt. Der Chirurg bemerkt die Irritation des Ich-Erzählers und verlässt nach einem Moment des Zögerns das Lokal. Der Reisende bleibt nachdenklich zurück.

Inhaltszusammenfassung

Nicht nur von diesem Ende her wirft die Geschichte viele **Fragen** auf, zu denen eine **nähere Betrachtung des Textes** Aufschluss geben kann. Zunächst zur **Person des Ich-Erzählers:** Über den Grund seiner Reise lassen sich nur Vermutungen anstellen. Ist er als Tourist oder geschäftlich unterwegs, womöglich als eine Art Berichterstatter? Jedenfalls treibt ihn eine gewisse Neugier und Sensationslust in dieses Land, der erhoffte Nervenkitzel bleibt aber zunächst aus. In seiner offenen und zugewandten Art ist der Reisende ohne

Textimmanente Interpretation nach Leitaspekten

Charakterisierung des Ich-Erzählers

Weiteres bereit, sich seine Voreingenommenheit einzugestehen und sein vorgefasstes Bild des Landes zu revidieren. So lobt er das „ganz ausgezeichnete[] Essen“ (Z. 32) und findet Gefallen daran, mit Einheimischen ins Gespräch zu kommen.

Das „Land des Kopfwechsels“ – besondere Merkmale

Im „**Land des Kopfwechsels**“ herrschen offensichtlich Reisebeschränkungen, da sich der Erzähler „nur einen Tag [in der Hauptstadt] aufhalten“ (Z. 10) darf. Darüber hinaus zeichnet sich im Hintergrund die straffe und **bürokratische Organisation** einer Staatsmacht ab, die es vermag, einen existenziellen Eingriff wie den „Kopfwechsel“ in alphabetischer Reihenfolge bei (fast) allen Einwohnern durchzuführen (vgl. Z. 20 f.), ohne nach deren Willen oder Einverständnis fragen zu müssen. Die Episode um den Chirurgen macht schließlich deutlich, dass es in diesem Staat einiges gibt, was möglichst gar nicht an die Öffentlichkeit dringen sollte (vgl. Z. 52 f.). Von Anfang an **klaffen**, was das Land und vor allem den „Kopfwechsel“ betrifft, die **Erwartungen** des Erzählers **und** die **Realität**, die er wahrnimmt, **auseinander**. Seine bisherigen, sich auf die Lektüre der „Zeitungen [s]einer Heimat“ (Z. 2) stützenden Vorstellungen von mittelalterlicher Grausamkeit und rohen Sitten stehen im krassen Gegensatz zu dem Bild ruhiger (vgl. Z. 10), moderner Fortschrittlichkeit, das sich ihm bietet: Seiner Erwartung von jämmerlichen „Schreie[n]“, von „Heulen und Zähneklappern“ (Z. 4) laufen die Begeisterung und der Optimismus seines Gesprächspartners im Lokal zuwider. Anstatt blutig Geköpfter (vgl. Z. 5), denen stümperhaft-grobschlächtig ein „neue[r] Kopf angeflickt“ (Z. 5 f.) wurde, erblickt er Menschen, bei denen die Kopf-OP dank der Leistungsfähigkeit modernster Chirurgie nur noch an einem fast schon elegant wirkenden „feinen roten Streifen um den Hals“ (Z. 8) erkennbar ist, ein „unauffälliges Zeichen des gelungenen Heilungsprozesses“ (Z. 12).

Erwartungen, Wahrnehmungen und die Frage nach der Wahrheit:

Sprachliche Signale des Textes

Doch hat der beobachtende Erzähler dieses Zeichen richtig gedeutet? Tatsächlich stellt der Text durch bestimmte sprachliche Wendungen und Strategien den **Wahrheitsgehalt** dieser schönen heilen Welt infrage. So erweckt das Land nur den Anschein von Normalität, es „schien […] wie alle anderen“ (Z. 7), der Reisende sieht zunächst nur das „[O]ffensichtlich[e]“ (Z. 8). Betrachtet man gezielt die Verben und Prädikate, die Wissen, Wahrnehmung und den **Weg der Erkenntnis** zum Ausdruck bringen, so durchläuft der Ich-Erzähler geradezu einen Parcours, bei dem die Gewissheit immer wieder ins Wanken gerät: Zwar ist das Land „bekannt[]“, doch weiß er „wenig Genaues“ (Z. 1) darüber, seine ursprünglich gehegten Erwartungen werden „enttäuscht“ (Z. 4), er „erblickt[]“ (Z. 13) Menschen mit neuem Kopf, bei denen sich der Streifen um ihren Hals als Narbe „erweist“ (vgl. Z. 11) und der so aussieht, „als sei er mit einem Farbstift gezogen worden“ (Z. 8 f.). Sogar dieser Vergleich wird ins Gegenteil gewendet, „erkennt“ (vgl. Z. 45) der Erzähler doch am Ende „verblüfft, daß der rote Streifen [am Hals des Chirurgen] […] tatsächlich abgewischt“ und „die kreisrunde Narbe nur aufgeschminkt“ war (Z. 45 f.).

Die Glaubwürdigkeit des Einheimischen mit dem neuen Kopf

Dementsprechend gibt der Reisende auch das **Gespräch**, das er im Lokal **mit dem Einheimischen** führt, ausnahmslos in der indirekten Rede wieder. Durch diese sprachliche Form der Darbietung geht er deutlich auf **Distanz zu den Aussagen**, für deren Richtigkeit er nicht geradestehen kann oder möchte. In einem Redeschwall, der kaum Möglichkeit für Zwischenfragen lässt und der in seiner **Phrasenhaftigkeit** an Produktwerbung erinnert, lobt der Bürger überschwänglich „seinen neuen Kopf […], mit dem er sich jetzt vierundzwanzig Stunden täglich wohl fühle“ (Z. 21 f.); er sei „zufrieden, ja glücklich […] und wünsche sich kein anderes Leben und vor allen Dingen: nie wieder einen anderen Kopf“ (Z. 23 f.). Ebenso begeistert äußert er sich über den Staat – „so großzügig sei man hierzulande!“ (Z. 30 f.) –, weil der Kopfwechsel sogar kostenlos sei. Während alldem wirkt der Bewohner seltsam überdreht und unnatürlich: „Radebrechend und gestikulierend“ (Z. 17), unpassend laut lachend (vgl. Z. 29) und auf den einzigen kritischen Einwand des Reisenden „nicht näher eingehend“ (Z. 21) spult er sein Programm ab. Ist das also die Wirkung des neuen Kopfes?

Der Kopfwechsel: Herkunft der Köpfe – die Frage nach dem Warum

Zudem ist es dem Bewohner ein großes Anliegen, den Reisenden über die einwandfreie **Herkunft der Köpfe** aufzuklären: Er berichtet, dass alle neuen Köpfe „Zuchtexemplare seien, die in großen bio-chemischen Plantagen auf speziellen Nährböden wüchsen und dort auf humanitäre Weise geerntet würden“ (Z. 27 ff.). Grotesk wirkt hier der Transfer des menschlichen Kopfes in das Wortfeld und den **Vorstellungsbereich von Pflanzenzucht, Anbau und Ernte**, weil er unweigerlich Assoziationen mit Kohlköpfen oder ähnlichem Gemüse hervorruft. In diesem Zusammenhang echauffiert sich der Einwohner über „Gerüchte“ (Z. 26), die behaupten, die neuen Köpfe seien „auf mörderische Art“ (Z. 25 f.) beschafft und „mit einer Sense“ (Z. 29) abgeschnitten worden. Damit zielt er implizit auf die Berichterstattung im Ausland, die zuvor auch die Erwartungen seines Gesprächspartners geprägt hatte. Woher die Köpfe nun tatsächlich kommen, bleibt ungewiss.

Was lässt sich schließlich der Lobeshymne des Bürgers über die **Absichten** entnehmen, die **hinter** dieser staatlichen Maßnahme des **Kopfwechsels** stecken? Er schwärmt davon, dass „man ihn von seinem alten unzufriedenen angstvollen und häufig von unsinnigen Träumen erfüllten Kopf befreit habe“ (Z. 18 f.). Gründeten diese

Ängste und Unzufriedenheit etwa in den herrschenden politischen und sozialen Verhältnissen? Richteten sich Ideen und Hoffnungen auf eine Veränderung jener Verhältnisse, auf eine bessere Zukunft?

Die Begegnung mit dem „Haupt-Chirurgen“

Die **Begegnung mit dem „Hauptchirurgen“** schließlich bringt eine erneute Wendung. Auch in diesem Abschnitt bleibt vieles vage und ungewiss. Bemerkenswerterweise jedoch läuft der Text hier gleichsam auf seinen erzählerischen Höhepunkt zu, eine im Indikativ formulierte **Sentenz**, deren Wahrheitsgehalt unstrittig feststeht, die Erkenntnis nämlich, „[d]aß man, um andern neue Köpfe zu verpassen, den eigenen fest auf den Schultern behalten muß“ (Z. 53 f.). Ähnlich wie der einfache Einwohner wirkt auch der Chirurg zunächst übertrieben gut gelaunt, „verbeugt[] sich schwankend“ (Z. 37), „lacht[] lärmend“ (Z. 39) und schlägt seinem Gegenüber „kräftig auf die Schulter“ (Z. 40). Jedoch unterscheidet er sich von jenem Mitbürger nicht nur durch seinen Grad an Bildung, darin nämlich, dass er die Muttersprache des Reisenden beherrscht (vgl. Z. 34), sondern auch dadurch, dass er wach und aufmerksam den „Blick [seines Gegenübers] bemerkt[]“ (Z. 36) und dessen Regungen „spürt[]“ (Z. 48). Schon diese **geistige Präsenz** könnte ein Indiz dafür sein, dass der Chirurg durchaus noch im Besitz seines eigenen Kopfes ist. Die entscheidende Frage jedoch, die sich der Ich-Erzähler abschließend stellt, ist die, ob der Arzt das **Verwischen des Streifens womöglich absichtlich** herbeigeführt hat. Wenngleich der Text keine direkte Antwort gibt, so legen doch einige Hinweise diesen Verdacht nahe. Auffällig ist zunächst die Dringlichkeit, mit der der Chirurg den Fremden zum „gemeinsamen Trunk“ (Z. 35) einlädt. Nach dem Vorfall verschwindet der Arzt gleichgültig, ohne jeglichen Versuch einer Erklärung, einer Ausrede oder einer Rechtfertigung. Welche Gründe aber hätte er dafür, dem Reisenden das Geheimnis aufzudecken, diesem zu „verraten [...], was nicht allein ihm anvertraut war“ (Z. 53)? Auch hier lassen sich nur Vermutungen anstellen: Hinter der fröhlichen Fassade sind **Verbitterung** und Verzweiflung spürbar – letztlich kein Wunder, hat er doch nach wie vor seinen „alten unzufriedenen angstvollen“ (Z. 18) Kopf! Womöglich versucht er, jenes Empfinden mit Alkohol zu betäuben. Mit schneidender **Ironie** stellt er sich selbst infrage, als „Hauptchirurg – in des Wortes wahrster Bedeutung“ (Z. 37 f.) –, der immer „ein paar ausgesuchte Exemplare [an Köpfen] auf Lager“ (Z. 39) hat. Hadert er mit sich, mit seinem Tun, mit seiner Rolle in diesem System? Oder möchte er den Reisenden dazu bewegen, Bericht zu erstatten über die wahren Verhältnisse im Land des Kopfwechsels? Sollte dies das Anliegen des Chirurgen gewesen sein, so ist es ihm gelungen, was der nun vorliegende Text belegt, der damit gleichsam auf sich selbst verweist.

Deutung der Parabel

Übertragung von der Bildebene auf die Bedeutungsebene

Aber handelt es sich dabei wirklich um einen auf Tatsachen beruhenden Reisebericht? Wohl kaum. Von Anfang an deutet das unmögliche Phänomen des Kopfwechsels auf den **parabolischen Charakter** der Geschichte hin und macht klar, dass das Erzählte auf die Ebene der **eigentlichen Bedeutung** zu übertragen ist.

Das totalitäre Staatssystem

Was also ist gemeint mit dem „Land des Kopfwechsels"? Es steht für ein **totalitäres System**, in dem der Staat radikal in das Leben der Menschen eingreift und ihre Persönlichkeitsrechte verletzt mit dem Ziel, pluralistische und kritische Sichtweisen zu beseitigen und damit eine ideologische Gleichschaltung zu erreichen. Der erste Gesprächspartner des Reisenden, der Einheimische mit dem neuen Kopf, repräsentiert einen willigen Mitläufer, ja glühenden Anhänger dieses Systems, der unreflektiert und im genauen Wortlaut das wiederholt, was die Staatspropaganda vorgegeben hat. Der Chirurg wiederum befindet sich in der zweifelhaften, prekären Position eines Mitglieds der Intelligenzschicht, das in ausführender Funktion benötigt wird und damit in hohem Maße mitverantwortlich ist für das, was dieser Staat seinen Bewohnern antut. Dabei gelingt es jenem Funktionsträger nicht, die eigene Rolle als Handlanger und Vollstrecker eines menschenverachtenden Systems gänzlich zu akzeptieren. Doch auch zu offenem Aufbegehren findet er nicht den Mut.

Unethischer Umgang mit Errungenschaften der Wissenschaft

Was diesen Staat weiterhin ausmacht, sind seine besonderen **Leistungen auf dem Feld der Bio-Technologie**. Ethisch völlig skrupellos wendet er seine Methoden und Verfahren, die der Text als inhuman entlarvt, am Menschen an und missbraucht wissenschaftliche Erkenntnisse und Technologien für politische Zwecke. Bei alledem ist jenes System stets auf seine Außenwirkung bedacht, sieht sich im Konkurrenzkampf mit den anderen Ländern und rühmt sich selbst der Überlegenheit und Fortschrittlichkeit seiner wissenschaftlichen Errungenschaften.

Glaubwürdigkeit von Berichterstattung: Medien und Propaganda

Dieser Aspekt führt schließlich zu einem weiteren Phänomen, das die Parabel auf raffinierte Weise vorführt: Es geht um den Wahrheitsgehalt und die **Glaubwürdigkeit von Berichterstattung** und **Medien**, von staatlicher **Propaganda** und Selbstaussagen, die immer mehr in Zweifel gezogen werden. Der Text entspinnt ein Geflecht von Wahrheit und Lüge, von Annahme und Irrtum, von Behauptung und Andeutung, in das sich der Ich-Erzähler – und mit ihm der Leser – immer mehr verstrickt, ohne am Ende der Geschichte daraus befreit zu werden.

Teilaufgabe 2

Überprüfung der Thesen von Peter Bekes

„Die Wirklichkeit wird […] zum **Geheimnis**." (M 2, Z. 9 f.) Dieses Merkmal, das der Literaturwissenschaftler **Peter Bekes** in seiner **Untersuchung** als charakteristisch für die **Parabeln** Günter

Kunerts benennt, trifft für den Prosatext *Der rote Streifen* zu: Die wahren Verhältnisse im Land des Kopfwechsels bleiben hinter einem Netz aus Vermutungen verschleiert.

Verrätselung und Geheimnis

Dabei deutet diese Aura von Geheimhaltung und versteckter Unterdrückung auch auf ein weiteres Merkmal hin, das Bekes hervorhebt. Trotz aller „groteske[n] und surreale[n] Stilzüge" nämlich ist der „**Bezug zur Realität und zur Gegenwart**" (M 2, Z. 7 ff.) ganz klar zu erkennen – vor allem, wenn man **Kunerts persönlich-biografischen Hintergrund** berücksichtigt. Das in der Parabel gezeichnete totalitäre System mit seinen Mechanismen von Propaganda, gewaltsam erzwungener ideologischer Gleichschaltung und staatlicher Überwachung erinnert zum einen an das Schreckensregime der **Nationalsozialisten**, unter dem auch Kunert als 1929 geborener Sohn einer jüdischen Mutter während seiner Kindheit zu leiden hatte.

Bezüge zu den historischen und biografischen Hintergründen

Zum anderen spiegeln sich die politisch-gesellschaftlichen Zustände der **DDR** wider, in der freie Meinungsäußerungen nicht möglich und sämtliche Lebensbereiche vom staatlich verordneten sozialistischen Einheitsdenken durchdrungen waren – Zustände, die Günter Kunert als Bürger der DDR selbst erfahren hat. Das Beispiel des Chirurgen führt vor Augen, wie heikel, ja gefährlich es war, sich in diesem Staat, in dem die Stasi kritische Äußerungen überwachte und ahndete, klar und offen zu positionieren. Der staatlich verordnete Kopfwechsel lässt sich durchaus als Metapher für die Umerziehung der Bevölkerung deuten, also als eine Art **Gehirnwäsche** im Dienste der herrschenden Ideologie. Wer friedlich und unbehelligt in dem Land leben möchte, passt am besten seine Denkweise an die offiziellen Maßgaben an. Auch in der DDR sorgte die staatstragende Partei dafür, dass die Bürgerinnen und Bürger im Sinne des Sozialismus **indoktriniert** wurden. Notgedrungen arrangierten sich viele mit den Zwängen der Diktatur. Dem Phänomen des **Reisens** kommt vor dem zeitgeschichtlichen Hintergrund der DDR, die dieses Recht stark einschränkte, ebenso eine besondere Bedeutung zu. Dabei steht dem totalitären Staat (der DDR) ein freiheitliches westliches Land (die Bundesrepublik?) gegenüber, von dem aus das Reisen ohne Weiteres möglich ist. Interessanterweise hegt der Text aber auch ein gewisses Misstrauen gegenüber der Berichterstattung dieses freiheitlichen Landes, der westlichen Presse. Unbestreitbar also ist die Erzählung „Der rote Streifen" vor dem historisch-politischen Horizont der DDR und damit dem biografischen Hintergrund Kunerts zu lesen, wie Peter Bekes 1988 feststellt – zu einer Zeit, als es die DDR noch gab.

Darüber hinaus jedoch öffnet der Text auch dem heutigen Leser den Blick für Strukturen und Mechanismen von gegenwärtig existierenden Diktaturen und hat somit nichts an Aktualität eingebüßt. Dasselbe gilt für einen weiteren Aspekt, der in der Geschichte zum Tragen kommt: Die Darstellung des so unmenschlichen wie unethischen Handelns auf dem Gebiet von Medizin und Wissenschaft bringt die grundsätzliche **Skepsis gegenüber blindem Fortschrittsglauben** zum Ausdruck, lässt aber auch – bleibt man in der historischen Perspektive – an die grausamen medizinischen Experimente und abstrusen nationalsozialistischen Vorstellungen von Züchtung im Dienste der sogenannten Rassenhygiene denken. Aus unserer heutigen Perspektive kommen Assoziationen mit den umstrittenen Möglichkeiten moderner Gentechnik hinzu.

Kühne Metaphern und Bildwelten

Noch ein letzter Punkt sei aus den Erklärungen zu Kunerts Schreibweise herausgegriffen, der sich mit der poetologisch-sprachlichen Ebene des Textes befasst: So betont Peter Bekes, dass „**kühne Metaphern**" (M 2, Z. 9) die Geschichten dominieren, deren „**Bildwelt** eine größere Eigendynamik entwickeln" (M 2, Z. 7). Tatsächlich wird in der Parabel vom roten Streifen die Körpermetapher des „Kopfwechsels" in einer Konsequenz und Radikalität, die an Kafka erinnert, zur Geschichte auserzählt. Der ganze Text basiert letztlich auf der literarischen Strategie, ein **Sprachbild ins Wörtliche zu transponieren**. Er erzeugt so seine groteske, surreale Wirkung, stellt aber gerade damit auf verstörende Weise die Grausamkeit des Kopfabschneidens und -aufpfropfens, des gewaltsam erzwungenen Gesinnungswechsels heraus.

Schlussgedanke

Die Lehre der Parabel

Dieses erzählerisch-rhetorische Verfahren entfaltet seine Wirkung auch im Blick auf die **Lehre**, die als wichtiger Bestandteil zu jeder guten Parabel gehört. Es bestärkt den Leser in seinem Vorsatz, diese Lehre zu beherzigen, und alles, wirklich alles daran zu setzen, den eigenen Kopf auf den Schultern zu behalten.

Abitur Deutsch (Schleswig-Holstein) – Übungsaufgabe 9: Interpretation eines literarischen Textes

Thema:
Kurzprosa unter Einbezug parabolischer Texte

Arbeitsgrundlage:
Sibylle Berg: *Und in Arizona geht die Sonne auf*

Aufgabe:
Interpretieren Sie die Kurzgeschichte *Und in Arizona geht die Sonne auf* von Sibylle Berg. Gehen Sie dabei auch auf typische Merkmale von Kurzgeschichten ein.

Erlaubte Hilfsmittel:
– Ein Wörterbuch der deutschen Rechtschreibung

Sibylle Berg (* 1962)
Und in Arizona geht die Sonne auf (2000)

Der Asphaltcowboy mit Sporen an den Stiefeln: Nur im Auto ist der Mann noch ein Mann. Es ist zu früh zu hell, das Hemd scheuert an seinem Hals, die Krawatte würgt ihn. Er möchte sich kratzen, kratzen, kratzen, bis der Abend kommt. Der ist noch weit und er sitzt am Tisch. Er schubbert ein wenig sein Bein am Stuhl. Dass es nicht auffallen möge, sie ihn wieder ansehen, mit diesem Blick, der sagt: Was macht der Hund bei Tisch?

Seine Tochter redet über Kleider, seine Frau redet über Kleider, er kennt diese Personen nicht. Sie sehen ihn nicht. Er versteht nichts von wichtigen Dingen. Von Musik, Büchern, Blumen und von Kleidern, gar nichts. Sie geben ihm das Gefühl, etwas Störendes zu sein, zu laut, zu derb, nicht schön.

Er stört. Überall. Wenn er auf dem Sofa lümmelt und Bier trinken möchte, Sport schauen, stundenlang, ist er im Weg. Seine Bierflasche hinterlässt Ringe auf den Kunstbüchern, die auf dem Beistelltisch liegen. Seine Füße verschieben den Teppich, seine Chips krümeln, sein Atem macht schlechten Dunst. Scheißleben! Geduldet nimmt er sein Frühstück ein, es mag nicht recht rutschen in der trockenen Kehle. Was fühlst du, was denkst du, warum bist du so grob, warum fühlst du nichts, denkst du nichts? Nie genügt er. Nie mag seine Frau ihm glauben, dass er gar nichts denkt, nichts fühlt. Dass er glücklich ist, Sport zu schauen, zur Decke zu starren, in einer Kneipe zu hocken und mit anderen Männern zu schweigen. Endlich ist das Frühstück zu Ende, ein flüchtiger Kuss, Vater geht in die Welt, vielleicht kommt er nie zurück.

Er geht zu seinem Auto. Er steigt ein, nimmt Platz, das Auto begrüßt ihn: Hey, umziehen! Und endlich trägt er auch außen die Kleidung, die er innerlich immer anhat: speckige Jeans, Stiefel, Lederweste, Cowboyhut.

Die Sporen an den Stiefeln scheppern, er tritt das Gaspedal. Die Maschine arbeitet, sie gehorcht ihm. Sie bettelt um Beherrschung, will sich unterwerfen. Er steuert, er lenkt. Die starke Maschine, so viele Pferde, sie tragen ihn über die Prärie, den Ozean, ist doch egal. Endlich ist er wer. Ein einsamer Mann, der mit muskulösen Armen die Zügel hält. Seine Pferde reiten, schneller, besser als alle anderen. Keine greinenden Weiber, er und die Maschine, und in Arizona geht die Sonne auf. Freiheit, die ich meine, summt er und raucht in Gedanken eine fette Zigarre. Hier ist seine wahre Heimat. Vergessen mit jedem Kilometer die Weiber, die Kunstbücher, die Ringe vom Bierglas, das ist sein Wagen und wenn er da Bier reinstellt, ist es seine Sache. Da hat ihm keiner dreinzureden.

Yeah, sagt er leise, schießt den Gang rein, das Auto stöhnt dankbar. Die anderen Männer auf den schwächeren Pferden – abgehängt. Der letzte Kampf, den einer noch schlagen darf in einer Welt voller Schwuchteln und Frauen, die zetern und greinen: den Wagen mit ruhiger Hand zu Höchstleistungen treiben, vorantreiben, alle abhängen, besiegen, zeigen, wo der Hammer hängt. Unter seiner Hand wird das Auto ein Boot, ein Panzer, ein Formel-1-Geschoss – egal was, Hauptsache, Metall, Holz, Kolben, die Öl fressen und arbeiten wie ein Glied, wie ein Mann, verdammt, es ist so wenig, was er braucht. Den Hut, das Pferd und seine Ruhe. Warum gibt es das nur hier? Weil die Welt falsch geworden ist, weil keiner Respekt hat vor der Arbeit eines Mannes, weil sie ihn auslachen zu Hause, wenn er sich mit Kunstbüchern nicht auskennt.

Und er rast über die Stadtautobahn. Vor ihm die Sioux, hinter ihm Apachen. Ein größeres Auto wäre toll. Größeres Auto, größere Freiheit, größere Geschwindigkeit und Macht und weit weg damit und nie zurück. Nie zurück zu einer Familie, die ihn nicht versteht, zu Dingen, die ihn nichts angehen. Manchmal, wenn er sich selbst nicht sieht, möchte er weinen, so kotzt es ihn an, das Leben, das ihm einer heimlich in die Tasche gesteckt hat und das er verdammt nicht will. Er kennt den Typ nicht, der im Anzug mit seiner Frau ins Theater geht. Seiner Frau, die mal so blond war, ihn bewundert hat. Lacht ihn aus inzwischen. War auch gar nicht blond. Gefärbt, betrogen, ausgelacht. Verdammt will er sein, ein anderes Leben haben, eines, das er sich als Junge immer vorgestellt hat. Er war ein Held gewesen in seinen Träumen. Und ist nun einer, der gelbe Haut hat und gelbe Finger vom Rauchen, vom Traurigsein. Das Auto umschließt ihn, ist ein Himmel für ihn allein, gibt ihm Halt in einer gottverdammten Welt, die aus den Fugen geraten ist. Rasen und kuppeln, das Chrom, das Leder, und dann beginnt er zu fliegen. Über die Straße, die anderen Wagen klein, die Straßen, die Luft unter dem Auspuff, fliegen, eine Runde drehen, da ist sein Haus, winzig klein, darin zwei Frauen, die er nicht versteht, in einem Leben, das er nicht verdient, in einer Welt, die nicht mehr gemacht ist für einen wie ihn. Er dreht ab, schräg über den Berg über die Prärie, da steht die Sonne und er lächelt. Zum ersten Mal an diesem Morgen.

Quelle: Sibylle Berg: Und in Arizona geht die Sonne auf,
Theo Sommer, Haug von Kuenheim (Hrsg.): ZEIT Punkte 3/2000. Bewegte Welt, Hamburg 2000, S. 35

Hinweise und Tipps

Die vorliegende Aufgabe verlangt von Ihnen, dass Sie die Ihnen wahrscheinlich unbekannte Kurzgeschichte „Und in Arizona geht die Sonne auf“ von Sibylle Berg strukturiert und differenziert interpretieren. Unter der ***Interpretation einer Kurzgeschichte*** *versteht man deren schlüssige* ***Gesamtdeutung****. Um zu dieser zu gelangen, müssen Sie systematisch den* ***Inhalt****, den* ***Aufbau****, die* ***Erzähltechnik*** *und die* ***sprachlich-stilistische Gestaltung*** *des Textes analysieren und die genannten Elemente im Hinblick auf ihre Funktion und Wirkung für die Gesamtaussage des Textes überprüfen.*

An den Beginn Ihrer schriftlichen Ausarbeitung sollten Sie eine ***Einleitung*** *stellen, in der Sie die wichtigsten Informationen zur vorliegenden Kurzgeschichte nennen (Textsorte, Titel, Erscheinungsjahr, Autorin), ihren Inhalt in einem Satz kurz zusammenfassen und eine Deutungsthese präsentieren, deren Tragfähigkeit Sie im Hauptteil Ihres Aufsatzes beweisen müssen.*

Der ***Hauptteil*** *beginnt mit einem* ***kurzen inhaltlichen Überblick*** *und einer knappen Darstellung, in welche* ***Sinnabschnitte*** *die vorliegende Kurzgeschichte gegliedert werden kann. In diesen Teil Ihrer Arbeit sollten Sie eher noch keine Zitate integrieren. Erst im Anschluss an diese mehr informierenden Ausführungen folgt die eigentliche* ***Interpretation*** *und damit die Beweisführung, dass Ihre Deutungsthese stimmt. Dafür müssen Sie die die Erzähltechnik und die sprachlich-stilistische Gestaltung des Kurzprosatextes aufeinander bezogen darstellen, mit dem Inhalt der Kurzgeschichte verknüpfen und im Hinblick auf ihre Funktion und Wirkung für die Gesamtaussage des Textes untersuchen. Dabei ist es erforderlich, Ihr Textverständnis stets mithilfe von* ***Zitaten*** *an der Kurzgeschichte zu belegen. Thematisieren Sie ruhig auch Deutungsalternativen und weisen Sie Mehrdeutigkeit oder Deutungsoffenheit als ein Element des vorliegenden Textes nach. Vergessen Sie außerdem nicht, im Hauptteil typische* ***Textsortenmerkmale*** *an Sibylle Bergs Kurzgeschichte zu zeigen.*

Fassen Sie dann im ***Schlussteil*** *Ihre wichtigsten Ergebnisse in einem Fazit zusammen und modifizieren Sie gegebenenfalls Ihre Deutungsthese.*

Lösungsvorschlag

Einleitung
allgemeine Einführung in die Thematik der Kurzgeschichte

„Typisch Mann“ – „typisch Frau“! Veraltete Rollenbilder und hartnäckige **Geschlechtsstereotype** sollten in modernen Gesellschaften mittlerweile als überwunden gelten, prägen aber – wie soziologische Studien belegen – bewusst oder unbewusst trotzdem noch heute den privaten Alltag und die Berufswahl junger Menschen.

Autorin, Titel, Textsorte, Erscheinungsjahr, Thema und Deutungsthese

Die im Jahr 2000 erschienene **Kurzgeschichte** „Und in Arizona geht die Sonne auf“ von Sibylle Berg kokettiert mit diesen Geschlechterklischees und zeichnet ein Bild **anachronistischer Männlichkeitsvorstellungen**. Der namenlose männliche Protagonist ist zutiefst unzufrieden mit seinem Leben in einer **bürgerlich-emanzipierten Gesellschaft**, definiert Männlichkeit über die Beherrschung eines leistungsstarken Autos und flüchtet sich in eine im Wilden Westen spielende Gegenwelt. Die Kurzgeschichte erzeugt durch die rhetorisch ausgefeilte hyperbolische Darstellung der Männersehnsüchte und die auch sprachlich verdeutlichte Herabsetzung von Frauen eine **kritische Distanz zu** den anachronistischen Macht-, Freiheits- und **Männlichkeitsfantasien** der Hauptfigur.

Interpretation
Inhalt der Kurzgeschichte

Inhaltlich geht es in der Kurzgeschichte um einen anonym bleibenden **Ehemann und Familienvater**, der sich in Gesellschaft seiner Frau und seiner Tochter beim Frühstück **unwohl fühlt**. Erst nach der flüchtigen Verabschiedung von seiner Familie und dem Verlassen des Hauses wird der Mann **in seinem eigenen Auto** von einem **Gefühl der Macht und des Glücks** durchströmt. Er stilisiert seine Autofahrt zum Ritt eines Cowboys durch die Prärie, erträumt sich Freiheit und **flüchtet** am Ende vollkommen **aus der Realität**.

Gliederung der Kurzgeschichte in Sinnabschnitte

Die Kurzgeschichte lässt sich in **drei Abschnitte** gliedern: Im ersten Abschnitt (Z. 1–20) wird die **Situation beim Frühstück** dargestellt. Den zweiten Abschnitt (Z. 21–44) dominieren die **Machtfantasien** des Protagonisten, wobei sich Männlichkeit und maskuline Autorität für ihn vor allem in der Beherrschung des Wagens zeigen. Im dritten Abschnitt (Z. 45–63) überwiegen sein **Selbstmitleid**, sein Wunsch nach Freiheit und die **Flucht in eine Traumwelt**.

Figurenkonstellation

In der Kurzgeschichte spielen **drei Figuren** eine unterschiedlich große Rolle. Der Fokus liegt auf dem **Mann**, aus dessen Sicht erzählt wird. Seine **Ehefrau** und seine **Tochter** fungieren nur als Negativfolie zu seinen Sehnsüchten und Vorlieben. Das **Verhältnis** zwischen ihm und seiner Familie ist zutiefst **gestört**. Der **Protagonist** findet keinen Zugang zu Frau und Tochter und **fühlt sich** ihnen **fremd** („er kennt diese Personen nicht“, Z. 7 f.). Diese wiederum scheinen eine harmonische Einheit zu bilden, was der Parallelismus „Seine Tochter redet über Kleider, seine Frau redet über Kleider“ (Z. 7) untermauert. Der Mann hat das Gefühl, von seiner Familie ausgeschlossen und missachtet zu werden, was mit einer asyndetisch gereihten Klimax unterstrichen wird: „Sie geben ihm das Gefühl, etwas Störendes zu sein, zu laut, zu derb, nicht schön.“ (Z. 9 f.)

Assoziationen zum ersten Satz

Bereits im ungewöhnlichen **ersten Satz** der Kurzgeschichte verdichtet sich die hyperbolische **Hauptaussage der männlichen Hauptfigur:** „Der Asphaltcowboy mit Sporen an den Stiefeln: Nur im Auto ist der Mann noch ein Mann“ (Z. 1 f.). Der metaphorische Neologismus „Asphaltcowboy“ weckt Assoziationen an die beiden Bildbereiche **Auto** und **Pferd**, die den gesamten Mittelteil der Kurzgeschichte dominieren und mit denen Vorstellungen von **Schnelligkeit**, **Kraft und Freiheit** einhergehen. Bevor diese jedoch weiter ausgeführt werden, versetzt Sibylle Berg ihren Protagonisten (und damit auch den Leser) erst einmal in eine gänzlich andere Situation, deren **Enge und Bürgerlichkeit** durch die zuvor geweckten Assoziationen noch stärker betont werden.

Das im ersten Sinnabschnitt beschriebene Frühstück offenbart bereits die **Distanz**, die **zwischen dem Mann und seiner Familie** herrscht: Lediglich „[g]eduldet nimmt er sein Frühstück ein" (Z. 14 f.). Wie **unwohl** sich der Protagonist in seiner Haut fühlt, zeigt eine asyndetisch gereihte Klimax: „Es ist zu früh zu hell, das Hemd scheuert an seinem Hals, die Krawatte würgt ihn." (Z. 2 f.) Der Mann möchte mit wenig anständigen Bewegungen wie Kratzen und Schubbern auf die Situation reagieren, dabei aber möglichst keine Missbilligung erregen (vgl. Z. 3–6). Dadurch wirkt er wie ein **Gefangener in seinem eigenen Haus** sowie in seiner eigenen Haut.

Erster Sinnabschnitt:
- Beziehungskälte beim Frühstück

Die **Fremdheit zwischen den Eheleuten** scheint aus der Sicht des Mannes vor allem auf **unterschiedliche Interessen und Wertvorstellungen** zurückzuführen zu sein: Während seine Frau und die gemeinsame Tochter Kultur in Form von Musik, Literatur, Kunst und Theater sowie Gespräche wertschätzen (vgl. Z. 7, 9, 13, 31, 51), bevorzugt der Mann Sportsendungen, Autos, Bier, Kneipenbesuche und Schweigen (vgl. Z. 11 f., 18 f., 46). Sein Wunsch nach Ruhe und Bequemlichkeit stößt allerdings auf die **gegenteiligen Erwartungen** seiner Frau. Dass diese den Protagonisten überfordern, zeigt die Aneinanderreihung der Fragen, mit denen die Frau ihren Mann nach dessen Empfinden traktiert: „Was fühlst du, was denkst du, warum bist du so grob, warum fühlst du nichts, denkst du nichts?" (Z. 16 f.) Der Wechsel des Fragepronomens von Was zu Warum verdeutlicht, dass der Mann sich von seiner Frau in seinem Verhalten bewertet fühlt. Dass er sich geradezu in sein von ihm selbst als „Scheißleben!" (Z. 14) tituliertes Schicksal hineinsteigert, zeigt der anaphorische Gebrauch des Wörtchens „nie": „Nie genügt er. Nie mag seine Frau ihm glauben" (Z. 17). Er klingt hier wie ein jammerndes Kind, das sich **unverstanden** und **von der Welt schlecht behandelt** fühlt, ohne in der Lage zu sein, die Perspektive seiner Mitmenschen einzunehmen und so vielleicht eine Verbesserung der Situation für alle Beteiligten herbeizuführen. Dadurch bleibt ihm letztlich nur noch die **Flucht** aus diesem Moment.

- gegensätzliche Interessen und Erwartungen der Eheleute

Gleich zu Beginn des zweiten Sinnabschnitts spürt man als Leser die **Erleichterung des Mannes**, der häuslichen Enge beim Frühstück entkommen zu sein. Dies liegt zum einen an der **Personifikation des Autos**, das seinen Besitzer in dessen Gedanken mit einem gut gelaunten „Hey" (Z. 21) begrüßt und damit zum ersten Mal eine **gelungene Interaktion des Protagonisten** zeigt. Zum anderen wird seine Kleidung (vgl. Z. 2), die metaphorisch für das beengte,

Zweiter Sinnabschnitt:
- Kleidung als Metaphern für Enge und Freiheit

alltägliche und ungeliebte Leben in der bürgerlich-emanzipierten Familienwelt steht, nun mit ganz anderer **Kleidung** kontrastiert. In dieser fühlt sich der Mann wohl, da sie aus seiner Sicht der **Inbegriff von Männlichkeit** ist: „speckige Jeans, Stiefel, Lederweste, Cowboyhut“ (Z. 23). Nur **fern von seiner Familie**, in seinem Auto kann sich der Mann **verwirklichen** und muss nicht mehr den Schein des biederen Familienvaters wahren: „Und endlich trägt er auch außen die Kleidung, die er innerlich immer anhat“ (Z. 22 f.). Diese Selbstverwirklichung verbindet sich bei ihm mit dem Gefühl einer **Selbstwertsteigerung:** „Endlich ist er wer.“ (Z. 27)

– Flucht in Männlichkeitsfantasien

Der zweite Erzählabschnitt ist insofern mit dem ersten eng verzahnt, als die beiden mit dem **metaphorischen Neologismus „Asphaltcowboy“** aufgerufenen Bildbereiche weiter ausgeführt werden. Das **Auto** wird in der Fantasie zu zahlreichen **Pferden** – eine Assoziation, mit der auch auf die Leistungsstärke seines Wagens angespielt wird. Die männliche Hauptfigur genießt den **Ausbruch aus der häuslichen Enge** und imaginiert sich die Umgebung hyperbolisch als „Prärie“ (Z. 26) oder als „Ozean“ (Z. 27). Beide Begriffe stehen dabei für **Weite** und **Freiheit**. Dabei wird seine Fahrt geschlechtsstereotyp zu einem **Wettkampf** stilisiert: „Seine Pferde reiten, schneller, besser als alle anderen.“ (Z. 28; vgl. auch Z. 34 f.) Dem Mann geht es hier also nicht nur um Freiheit, sondern auch um **Macht**. Diese ist auch **gegen seine Familie gerichtet**, wenn es heißt: „Keine greinenden Weiber, er und die Maschine“ (Z. 28 f.).

– Machtfantasien des Mannes

Der Protagonist wirkt dementsprechend äußerst **dominant und machohaft:** „Die Maschine arbeitet, sie gehorcht ihm. Sie bettelt um Beherrschung, will sich unterwerfen.“ (Z. 24 f.) Die Beziehung des Mannes zu seinem Gefährt wird dabei auch **erotisch konnotiert:** Er „schießt den Gang rein, das Auto stöhnt dankbar“ (Z. 34). Hier liegt die Vermutung nahe, dass der Mann gerne die gleiche **Macht**, die er über sein Auto hat, auch **über Frauen** hätte. Die romantisierenden und positiv besetzten **Cowboy- und Wild-West-Assoziationen**, die sich immer wieder mit der Lust an seinem leistungsstarken Wagen mischen, sollen hier die **anachronistischen Männlichkeitsfantasien** des Protagonisten **rechtfertigen**. Er sieht sich als genügsamen Menschen, der nichts weiter verlange als „[d]en Hut, das Pferd und seine Ruhe“ (Z. 41), obwohl er nur wenige Sätze später diese Selbstdarstellung unterläuft, wenn er den Wunsch äußert: „Ein größeres Auto wäre toll.“ (Z. 45 f.) Auch im vorigen Absatz wird an mehreren Stellen klar, dass seine Fantasien durchaus **beleidigende Züge** tragen. Davon zeugen seine Rede von „einer Welt voller Schwuchteln und Frauen, die zetern und greinen“ (Z. 35), die Verwendung von Pejorativa („Weiber“, vgl. Z. 29, 31) und die drastische Zuspitzung weiblich konnotierter Verhaltensklischees.

Diese Denkweise **provoziert Protest** und erzeugt eine kritische **Distanz zum Protagonisten**. Die Fantasien des Mannes offenbaren eine **große Diskrepanz zur Realität** seines Familienlebens, in der er sich ohnmächtig und nicht respektiert fühlt (vgl. Z. 41 ff.).

Das hier zum Ausdruck kommende **Selbstmitleid** des Mannes setzt sich im dritten und letzten Sinnabschnitt fort und erfährt noch eine **Steigerung**, wenn es heißt: „Manchmal, wenn er sich selbst nicht sieht, möchte er weinen, so kotzt es ihn an, das Leben, das ihm einer heimlich in die Tasche gesteckt hat und das er verdammt nicht will" (Z. 48 ff.). Er fühlt sich **machtlos** und **vom Leben betrogen**. Zunächst gibt er die Schuld daran einem nicht näher benannten, unbekannten Dritten („das ihm einer heimlich in die Tasche gesteckt hat", Z. 49 f.). Doch wenig später richtet sich seine **Wut** wieder **gegen seine Frau**, „die mal so blond war, ihn bewundert hat" (Z. 51 f.). Diese wird auf ihr Äußeres sowie auf ihre Ausrichtung auf den Mann reduziert und des Betrugs beschuldigt, weil ihre Haare gefärbt waren und sie sich von ihrem Gatten emanzipiert hat (vgl. Z. 52 f.). Hier wird deutlich, wie **gering** das **Selbstwertgefühl** des Protagonisten ausgeprägt ist, weshalb dieser sich in **Klischees vom starken Mann** flüchten muss. Seine **Unreife** zeigt sich daran, dass seine Wunschvorstellungen als Erwachsener sich nicht von den „Träumen" der Kindheit unterscheiden, in denen er „ein Held" (Z. 54) gewesen ist. Diese Gedanken lassen vermuten, dass der Mann als Junge Westernfilme und Cowboygeschichten rezipiert hat, die entsprechende **antiquierte Rollenklischees und Geschlechtsstereotype** transportieren und Männer zu dominanten und den Frauen übergeordneten Helden stilisieren. Den Fantasien aus der Kindheit wird die **harte Realität** antithetisch gegenübergestellt: „Und ist nun einer, der gelbe Haut hat und gelbe Finger vom Rauchen, vom Traurigsein." (Z. 54 f.) Insofern kann Sibylle Bergs Kurzgeschichte auch als **Kritik am unreflektierten Umgang mit Geschlechtsstereotypen** verstanden werden, die sowohl das Leben von Männern als auch das von Frauen auf ein gewisses Verhaltensrepertoire reduzieren und ihre Entfaltungsmöglichkeiten einschränken.

Dritter Sinnabschnitt:
- Selbstmitleid des Mannes

Gegen Ende der Kurzgeschichte stellt sich der Protagonist vor, mit seinem Wagen abzuheben, über die ihm bekannte Welt zu fliegen und schließlich der Sonne entgegenzustreben, was ein Lächeln auslöst (vgl. Z. 58 ff.). Diese Fantasie zeugt davon, dass er **aus der häuslichen Enge** seines Familienlebens **fliehen** will – zumal zuvor an mehreren Stellen schon angedeutet wird, dass der Protagonist nicht zu seiner Familie zurückkehren möchte (vgl. Z. 20, 47 f.). Die Morgensonne erscheint als ein Bild für einen **Neuanfang**, so wie jeder neue Tag mit dem Sonnenaufgang beginnt. Der **Titel** der Kurzgeschichte „Und in Arizona geht die Sonne auf" (siehe auch

- mehrdeutiges und offenes Ende der Kurzgeschichte

Z. 29) verweist insofern von Anfang an auf das wie auch immer geartete **Neue**, den Protagonisten aber auf jeden Fall Beseelende. Allerdings bleibt offen, ob es bei der **Fluchtfantasie** bleibt oder ob der Mann **tatsächlich** sein Leben hinter sich lassen wird: Ist sein Eintauchen in die Traumwelt und der vorgestellte Flug weg vom Zuhause und Richtung Sonne schon an sich so beglückend, dass er „[z]um ersten Mal an diesem Morgen" (Z. 62 f.) lächelt? Oder hat er sich möglicherweise durch die ihn beseelenden Macht- und Freiheitsfantasien entschlossen, sich von seiner **Familie zu trennen** und sein **biederes Leben hinter sich zu lassen**? Oder ist gar die Gleichsetzung des Autos mit einem „Himmel" (Z. 56) wörtlich zu nehmen und das Ende deutet darauf hin, dass das Rasen über die Stadtautobahn eine **bewusste Fahrt in den Tod** ist, also im **Suizid** endet, der mit einem Lächeln begrüßt wird? Diese Fragen bleiben unbeantwortet.

Personales Erzählverhalten

Das gesamte Geschehen wird von einem **personalen Er-Erzähler** komplett aus der **Perspektive des Mannes**, vorwiegend aus der Innensicht dargeboten. Über die Gefühle und Gedanken der weiblichen Familienmitglieder erfahren die Lesenden nichts. Es bleibt somit unklar, ob die Frau und die Tochter den Mann tatsächlich genau so sehen und behandeln, wie dieser es subjektiv wahrnimmt. Das gewählte personale Erzählverhalten und die erlebte Rede als Darbietungsform (vgl. z. B. Z. 26 ff.) führen dazu, dass die Lesenden die Macht-, Freiheits- und Männlichkeitsimaginationen des Protagonisten direkt miterleben. Die **Erzähltechnik akzentuiert** – zusammen mit der sehr aufwendigen sprachlichen Gestaltung des Kurzprosatextes – die **Emotionen des Mannes**. Dies führt dazu, dass man sich als Leser stellenweise dabei ertappt, die **Sichtweise des Mannes** zu übernehmen und ihn zu bemitleiden. Erst wenn man sich in eine **kritische Distanz zum Protagonisten** begibt, erkennt man seinen übertriebenen Jammerton und entlarvt seine **von Selbstmitleid geprägte Weltsicht**. Auf diese Weise gelingt es Sibylle Berg, gleichzeitig das machohafte Festhalten des Protagonisten an **längst überholten Vorstellungen von Männlichkeit** wie auch die einander teilweise widersprechenden **gesellschaftlichen Erwartungen an einen „echten Mann"** zu kritisieren. Die charakterliche Grundanlage des Protagonisten lässt dabei eher vermuten, dass der am Ende des Textes aufscheinende Neuanfang reine Fantasie bleiben wird.

Nachweis von Kurzgeschichtenmerkmalen:

Der Kurzprosatext „Und in Arizona geht die Sonne auf" weist fast alle **Merkmale einer klassischen Kurzgeschichte** auf:

– geringer Umfang und unvermittelter Beginn

Er ist mit nur 63 Zeilen **kurz gehalten** und **beginnt** zudem **unvermittelt** ohne Einleitung oder Hinführung: Der Leser wird sofort mit dem Nebeneinander von Realität und Sehnsucht einer nicht näher vorgestellten männlichen Figur konfrontiert (vgl. Z. 1 ff.). Diese Figur steht – das zeigt schon ihre Anonymität – als **Typ** sowohl für **Männer in der Midlife-Crisis** als auch für Männer, die überholten machohaften Vorstellungen von Männlichkeit anhängen.

Die Geschichte verfügt über einen **klaren**, **linearen Handlungsverlauf** und spielt nur im Haus der Familie sowie auf der Straße **ohne weitere Nebenhandlungen**. Im Wesentlichen geht es um die Gedanken- und **Gefühlswelt des Mannes**. Was die weiblichen Familienmitglieder erleben, fühlen und denken, nachdem der Vater das Haus verlassen hat, erfährt man nicht. Zudem wird nur ein **kleiner Ausschnitt** aus dem Leben des Mannes beschrieben, in diesem Fall handelt es sich um einen Zeitraum von wenigen Stunden vom Aufstehen bis zu seinem Lächeln beim Autofahren.

– linearer Handlungsverlauf

– kleiner Lebensausschnitt

Als einen **Wendepunkt** kann man das Einsteigen ins Auto verstehen, weil sich damit das Erleben des Protagonisten fundamental verändert. Falls man die Flugfantasie am Ende des Textes als Bruch mit seinem bisherigen Leben deutet, dann läge auch darin ein Wendepunkt. Die Kurzgeschichte **endet** insofern **offen**, als der Lesende nicht erfährt, ob der Mann tatsächlich nicht zu seiner Familie zurückkehrt. Fraglich bleibt deshalb auch, ob es sich bei dem Erzählten um eine besondere Situation und damit um eine einmalige Entscheidung handelt oder ob sich diese Flucht täglich wiederholt.

– Wendepunkt und offenes Ende

Die Handlung von Kurzgeschichten ist üblicherweise der **Alltagswelt** entnommen. Dieses Merkmal gilt für den Kurzprosatext „Und in Arizona geht die Sonne auf" insofern, als die **Zerrüttung einer Familie** und die Reaktion eines Familienmitglieds darauf dargestellt wird. Weniger alltäglich sind dabei aber die behandelten Macht-, Freiheits- und Männlichkeitsfantasien.

– Beschäftigung mit Alltagsproblemen

Das einzige Gattungskriterium, von dem Sibylle Berg abweicht, ist die **sprachliche Gestaltung** ihres Textes. Die Sprache ist **nicht**, wie bei dieser Textsorte üblich, an die **Alltagssprache** angelehnt. Vielmehr ist Bergs Text sprachlich äußerst **kunstvoll komponiert**. Zahlreiche rhetorische Figuren wie Asyndeta, Klimaxe, Ellipsen und Metaphern sowie umgangssprachliche Abwertungen und Vulgarismen transportieren die Emotionen des Protagonisten.

– Abweichung von typischen Merkmalen durch sprachliche Gestaltung

Schluss

Mit ihrer Kurzgeschichte „Und in Arizona geht die Sonne auf" greift Sibylle Berg ganz bewusst **Geschlechtsstereotype** auf und gibt den Mann mit seinen **Vorstellungen von Männlichkeit**, **maskuliner Macht**, **Stärke und Freiheit** in einer mittlerweile emanzipierten Welt der **Lächerlichkeit** preis.

Kernfach Deutsch (Schleswig-Holstein) – Abiturprüfung 2018
Aufgabe 4: Materialgestütztes Verfassen eines argumentierenden Textes

Thema:
Sprache, Medien, Lesen und Literatur

Aufgabe:
Eine überregionale Tageszeitung berichtet über eine Initiative, die fordert, künftig in jeder Form der Kommunikation (einschließlich in Behörden und Schulen) ausschließlich das „Du“ zu verwenden. Nach skandinavischem Vorbild soll das Anredepronomen „Sie“ grundsätzlich aus der deutschen Sprache verbannt werden. Daraufhin entwickelt sich eine kontroverse Debatte in dieser Zeitung.

Verfassen Sie einen Kommentar als Beitrag zur Debatte über diese Initiative. Nutzen Sie dazu die folgenden Materialien (1–7) und beziehen Sie eigene Erfahrungen und im Unterricht erworbenes Wissen ein.

Wählen Sie eine geeignete Überschrift.

Zitate aus den Materialien werden dem Stil eines Kommentars entsprechend ohne Zeilenangabe nur unter Nennung von Autor/Autorin und ggf. Titel angeführt.

Ihr Kommentar sollte etwa 800–1 000 Wörter umfassen.

Erlaubtes Hilfsmittel:
– Rechtschreibwörterbuch

Material 1

Deutsch-Schwedische Handelskammer: Warum duzt man sich in Schweden? (2013)

[…] Die Galionsfigur dieser sogenannten Du-Reform wurde Bror Rexed[1], der damalige Direktor der Gesundheits- und Sozialbehörde. „Kalla mig Bror!“ („Ihr dürft mich Bror nennen!“), verkündete er nach seinem Amtsantritt und richtete sich damit nicht nur an die Mitarbeiter, sondern auch Klienten der Behörde. Sowohl im persönlichen Kontakt als auch in offiziellen Schreiben wurde seitdem jeder Schwede, der mit der Gesundheitsbehörde zu tun hatte, mit Du und mit dem Vornamen angesprochen. In Deutschland wäre es vermutlich heute noch undenkbar, in einem offiziellen Behördenbrief geduzt zu werden. Doch in Schweden, so sagt Eva Olovsson vom Språkrådet[2], war Rexeds Initiative gar nicht so revolutionär: „In Schweden waren Formalitäten und Hierarchien nie so wichtig wie zum Beispiel in Deutschland. Für das einfache Volk war das Du schon lange gebräuchlich.“

Auch für den Sprachwissenschaftler Lars Melin[3] war Rexeds Entscheidung nur ein nächster logischer Schritt: „Rexed hat damit offene Türen eingerannt. Durch die Urbanisierung zerbröckelten Hierarchien und es wurden mehr Orte geschaffen, an denen Unbekannte aufeinandertrafen und miteinander kommunizierten. In solchen Situationen etablierte sich dann das Du als neutrale Ansprache.“ […] Eine Ausnahme gibt es dennoch: Für Mitglieder der Königsfamilie gilt nach wie vor die Ansprache mit vollem Titel. Wer also die Königin trifft, sollte nicht „Silvia“ sagen und auch nicht „Frau Bernadotte“. Man fragt stattdessen höflich: „Wie geht es der Königin?“ *(214 Wörter)*

Aus: Deutsch-Schwedische Handelskammer: Warum duzt man sich in Schweden? http://www.handelskammer.se/de/nyheter/warum-duzt-man-sich-schweden, 12. 11. 2013

Anmerkung:
1 *Bror Rexed* wurde 1967 Direktor der nationalen Gesundheits- und Sozialbehörde in Schweden.
2 *Språkrådet:* Rat für Schwedische Sprache
3 *Lars Melin* ist Dozent an der Universität Stockholm.

Material 2

Holger Fuß: Tyrannei der Nähe. Gib mir mein Sie zurück (2014)

Ein Kollege hatte mich unlängst zu einem Geburtstagsbarbecue am Elbufer mitgenommen. Ich war weder eingeladen noch kannte ich jemanden. Der Gastgeber wurde 49, wendete in sommerlichen Dreiviertelhosen und Sandalen die Steaks auf dem Rost und begrüßte mich leutselig mit: „Ich bin der Bernd!“ Ich entbot meine Geburtstagswünsche und antwortete: „Ich bin der Herr Fuß!“ Die Vorteile waren dreierlei. Erstens hatte die ansonsten dahinplätschernde Gesellschaft ihren Running Gag. Zweitens konnte sich die Gästeschar meinen Namen nachdrücklicher einprägen. Drittens erfuhr ich umgekehrt lauter Vornamen, an denen ich das Hamburger Sie ausprobieren konnte: „Silke, darf ich Ihnen noch Wein nachschenken?“

Eine Art Volksbelustigung durch paradoxe Intervention. […]

Weitaus fahrlässiger mutet es an, wie sich im öffentlichen Raum eine Duz-Hegemonie ausbreitet. Bei den gut 6 000 Reklamekontakten, die ein Institut pro Tag und Kopf ermittelt hat, werden wir immer öfter in der zweiten Person Singular angesprochen. Ein Smartphone behauptet: „In dir steckt mehr, als du denkst." Eine Bausparkasse tönt: „Du kaufst den Luxus, dich über alles aufzuregen – nur nicht über steigende Energiepreise."

Ein schwedisches Möbelhaus mahnt: „Wann hast du eigentlich das letzte Mal deine Matratze ausgewechselt?" Als Besucher einer deutschen Filiale des Unternehmens hören wir aber schon mal eine Lautsprecherdurchsage: „Gesucht wird der Halter des Fahrzeugs mit dem Kennzeichen XY. Bitte melden Sie sich umgehend an der Information!" Damit die Älteren beim flüchtigen Hinhören nicht denken, es würde nach einem Kind gesucht, wird sicherheitshalber gesiezt. [...] Tatsächlich steckt hinter der vermeintlichen Lockerheit ein verächtlicher Brutalismus. Wir schauen auf andere Menschen herab wie auf uns selbst. Das Gespür für menschliche Größe ist uns abhandengekommen. Deshalb gehen wir achtlos miteinander um, halten uns für affektgesteuerte Gestalten, die mutlos auf Verbraucherrechte pochen. Deshalb entfährt uns das Du.

Eine Rekultivierung des Sie wäre ein aufschlussreiches kollektives Exerzitium. Wir kämen raus aus der unechten Nähe und würden einen wohltuenden Abstand schaffen, einen Spielraum für unsere Wahrnehmung, um das Andersartige beim Mitmenschen zu entdecken. Es könnte ein Trainingslager sein, um zu lernen, von Sterblichen wieder grandios zu denken und Respekt zu empfinden. Ich kenne Menschen, die das tun. Es sind Menschen, die gerne siezen. *(351 Wörter)*

Aus: Holger Fuß: Tyrannei der Nähe. Gib mir mein Sie zurück, https://www.cicero.de/kultur/tyrannei-der-naehe-gib-mir-mein-sie-zurueck/58479, 09. 12. 2014

Anmerkung:
Holger Fuß, Jahrgang 1964, ist Journalist und lebt in Hamburg.

Material 3

Stefanie Kara und Claudia Wüstenhagen: Die Macht der Worte (2012)

[...] Die einen [Sprachforscher] sind überzeugt, dass unsere Sprache unser Denken bestimmt – und dass Menschen deshalb sogar in unterschiedlichen Sprachen unterschiedlich denken. Die anderen dagegen glauben, dass das Denken von der Sprache weitgehend unabhängig ist – und dass allen Menschen ohnehin dieselben Grundregeln der Sprache angeboren sind. Die Diskussion ist weit über die Grenzen der Linguistik hinaus von Bedeutung. Denn sie rührt an grundlegende Fragen nach dem Wesen des Menschen und seiner Wahrnehmung. Mittlerweile suchen auch Psychologen und Hirnforscher nach Antworten. Sie finden immer mehr Hinweise darauf, dass Worte unser Denken und Handeln prägen, und dass wir uns tatsächlich schon mit unserer Muttersprache bestimmte Denkmuster aneignen, die unser Leben auf überraschende Weise beeinflussen. Es gibt die offensichtliche Wirkung der Worte: Wer einen Roman aufschlägt, eine Liebeserklärung bekommt oder in einen heftigen Streit gerät, der spürt, wie Sprache berührt. Worte können trösten oder tief verletzen, manche hängen einem tage- oder gar jahrelang nach. Auch unsere eigenen Worte wirken auf uns. Wenn wir etwa ein Tabuwort aussprechen, kann das bei uns selbst körperlich messbare Stresssymptome hervorrufen. […] *(197 Wörter)*

Aus: Stefanie Kara / Claudia Wüstenhagen: Die Macht der Worte, https://www.zeit.de/zeit-wissen/2012/06/Sprache-Worte-Wahrnehmung, 09. 10. 2012, editiert 21. 02. 2017

Anmerkung:
Stefanie Kara ist freie Wissenschaftsjournalistin, Claudia Wüstenhagen arbeitet als Redakteurin beim Magazin ZEIT Wissen.

Material 4

Werner Besch: Duzen, Siezen, Titulieren: Zur Anrede im Deutschen heute und gestern (1998)

Der Zustand vor den 68er Jahren[1]

[…] Muttersprachler sind in der Regel sicher in der korrekten Verwendung ihrer Sprache, aber wenn sie genaue Regeln angeben sollen, dann kommen sie meist in Verlegenheit. Wer von uns könnte ohne große Vorbereitung die Verteilungsregeln der Anrede benennen, sei es für die 60er Jahre, sei es für heute, so, wie man sie Landesfremden vermitteln müsste. […]

[Die] Grundverteilung „vertraulich" versus „höflich – achtungsvoll" ist uns natürlich bewußt. In der alltäglichen Anwendung bedarf sie allerdings der genaueren Ausführungsbestimmungen, und die waren bis in die 60er Jahre mehr oder weniger konventionell festgelegt. Vieles davon gilt natürlich auch heute noch. Konventionen bis in die 1960er Jahre: Man duzt sich in der Familie, zwischen Verwandten, Freunden, Jugendlichen; Erwachsene duzen Kinder. Natürlich erhalten auch Tiere das *Du*, erstaunlicherweise aber auch Gott, wo eigentlich nun wirklich eine gesteigerte Respektform am Platze wäre. […]

Gruppen, die sich durch entscheidende Gemeinsamkeiten verbunden fühlen, haben schon immer das *Du* gewählt. So war es in der Arbeiterklasse mit ihrem „Solidaritäts-Du", das später in die SPD und die Gewerkschaften übernommen wurde. Das galt und gilt aber auch für Vereine, Sportgruppen, Verbindungsstudenten, Bergsteiger, Soldaten – kurz für vielerlei Gruppierungen, die über eine gewisse Zeit oder generell zusammengehören. […]

Der Übergang vom *Sie* zum *Du* bei Erwachsenen unterliegt gewissen Regeln, deren Anwendung eine hohe Sensibilität erfordert. Wer darf wem wann und warum das *Du* anbieten? Eher die ältere Person der jüngeren, eher die sozial höherstehende der niedrigstehenderen, auch geht die *Du*-Initiative eher von männlichen Gesprächspartnern als von weiblichen aus – wohlgemerkt, es ist die Rede von den Konventionen vor den 68er Jahren. Man „trank Brüderschaft" (eine parallele Redensart „Schwesternschaft trinken" war nicht geläufig), und das war gewissermaßen ein feierlicher Akt mit zusätzlicher feierlicher Umarmung. Der Wechsel vom *Sie* zum *Du* geht auch weniger förmlich vor sich, aber immer wird der Übergang situativ günstig platziert und ausdrücklich als solcher betont. Warum das *Du* angeboten wird, das kann vielerlei Gründe haben: lange Bekanntschaft, Wertschätzung, Sympathie, Liebe – alles, was im menschlichen Miteinander den Wunsch nach Vertrautheit aufkommen läßt. […]

Das neue Du – Signal des Aufbruchs

„Per Sie“ kann man keine Revolution machen. Das leuchtet unmittelbar ein. Historische Beispiele bestätigen das. Sie sind oft mit revolutionärer Sprachanweisung verbunden. Entsprechende Belege haben wir z. B. für die Französische Revolution. Nun braucht man die Studentenbewegung der endsechziger Jahre nicht gleich als Revolution zu bezeichnen, wiewohl deren Bewußtseinsprägung und schließlich auch deren gesellschaftspolitische Wirkung im Rückblick als „revolutionär“ bezeichnet werden kann. […]

Sprachlich fielen neben dem soziologischen, später auch vulgärmarxistischen Vokabular der Studentenführer zusätzlich zwei programmatische Änderungen auf: die *Du*-Expansion und die Verweigerung jeglicher Titelanrede. Beides war damals ein bewußter Verstoß gegen die gültige Konvention, ein verbaler Versuch von Hierarchie-Abbau mit Provokationscharakter. […]

Als wesentlich wirkungsmächtiger erwies sich allerdings die *Du*-Expansion. Bis gegen Ende der 60er Jahre galt das *Sie* unter den Studierenden, ausgenommen ehemalige Mitschüler, Mitglieder von Studentenverbindungen, auch von „linken“ Vereinigungen, Sport- und Geographiestudenten, z. T. auch Studierenden in Fächern mit längerer Labortätigkeit. Das hat sich innerhalb weniger Jahre vollkommen geändert. Es gilt das *Du* quer durch die Fächer hindurch während der ganzen Studienzeit und oft darüber hinaus. Ein interstudentisches Sie wirkt heute absolut befremdlich, ja lächerlich. […]

Das studentische *Du* hat sich vollständig durchgesetzt und ist unangefochten bis heute geblieben. Es fand Sympathie und z. T. auch Nachahmung in anderen Bereichen jugendlicher Ausbildung und in der Freizeitgestaltung. Zur generellen Anredeform, wie etwa in skandinavischen Ländern, ist es nicht geworden. Auch hat es die anfänglich stark ideologisch-solidarische Markierung weitgehend verloren, wie heute aus vielen Äußerungen der jungen Leute hervorgeht. Es ist sozusagen die Fortsetzung des Schüler-*Du*, selbstverständliche Anrede zwischen Personen jüngeren Alters (bis etwa 30?). Anderes kennen sie nicht. Im Altersübergang und im Übergang zu anderen Alltags- und Berufsbereichen ergeben sich dann allerdings weit mehr Unsicherheiten und gelegentlich auch Konflikte, als dies nach altem Modus der Fall war. […] *(624 Wörter)*

Aus: Werner Besch: Duzen, Siezen, Titulieren: Zur Anrede im Deutschen heute und gestern. Göttingen: Vandenhoeck & Ruprecht 1998, S. 14–25.
Die Rechtschreibung entspricht der Textquelle.

Anmerkung:
Werner Besch, Jahrgang 1928, ist Sprachwissenschaftler und war Professor an der Universität Bonn.

1 Die „68er Jahre“ bezeichnen eine Epoche des gesellschaftlichen, politischen und kulturellen Umbruchs. In den 60er-Jahren bildeten sich in den USA und Westeuropa sogenannte Studentenbewegungen, die gegen die Regeln und Lebensgewohnheiten protestierten, die ihnen von ihren Eltern und der Gesellschaft vorgegeben wurden. Ihren Höhepunkt erreichten sie 1968.

Material 5

Interview mit dem Fehler-Forscher Jan Hagen: Lehren aus der Luftfahrt. Duzen kann Leben retten (2013)

SPIEGEL ONLINE: In Ihrem Buch schildern Sie viele [...] Fehler, die zu Abstürzen führten. Oft trauten sich Untergebene dabei nicht, den Kapitän rechtzeitig auf Probleme hinzuweisen. Bis in der Luftfahrt ein neues Fehlermanagement entwickelt wurde, das eine offenere Kommunikation und Fehleranalyse an Bord fördert. Warum sollte das auch in anderen Branchen funktionieren?

HAGEN: Weil in jedem Unternehmen mit komplexen Strukturen und starken Hierarchien die Gefahr besteht, dass wichtige Informationen die Chefs nicht erreichen. [...]

SPIEGEL ONLINE: Gerade wir Deutschen sind allerdings nicht für übermäßiges Aufbegehren gegenüber Obrigkeiten bekannt. Distanz zu Vorgesetzen entsteht bei uns schon durch das Siezen.

HAGEN: Deshalb hat etwa die Lufthansa als Teil des Fehlermanagements auch unter allen Mitarbeitern an Bord das „Du" eingeführt – selbst wenn eine Besatzung zum ersten Mal gemeinsam fliegt. Das flacht die Hierarchie ab und macht es leichter, auf Fehler hinzuweisen.

SPIEGEL ONLINE: Duzen rettet also Leben?

HAGEN: Im Zweifel ja.

SPIEGEL ONLINE: Auch außerhalb der Luftfahrt?

HAGEN: Ja, etwa in Operationsteams, wo es inzwischen auch ein Fehlermanagement gibt. Das Statusgefälle zwischen Chefarzt und Krankenschwester ist noch steiler als zwischen Kapitän und Flugbegleiter. Doch auch eine Krankenschwester muss sich trauen, den Arzt auf Fehler hinzuweisen. [...] *(191 Wörter)*

Aus: David Böcking: Lehren aus der Luftfahrt. Interview mit Jan Hagen, http://www.spiegel.de/wirtschaft/unternehmen/interview-wie-die-luftfahrt-aus-ihren-fehlern-lernt-a-930916.html, 16. 11. 2013

Anmerkung:
Jan Hagen ist Professor in Berlin und beschäftigt sich vor allem mit den Themen Führung, Fehler- und Krisenmanagement, darunter insbesondere der Art und Weise, wie Organisationen mit Fehlern umgehen.

Material 6

Grafik: Wer darf wem das Du anbieten? (2012)

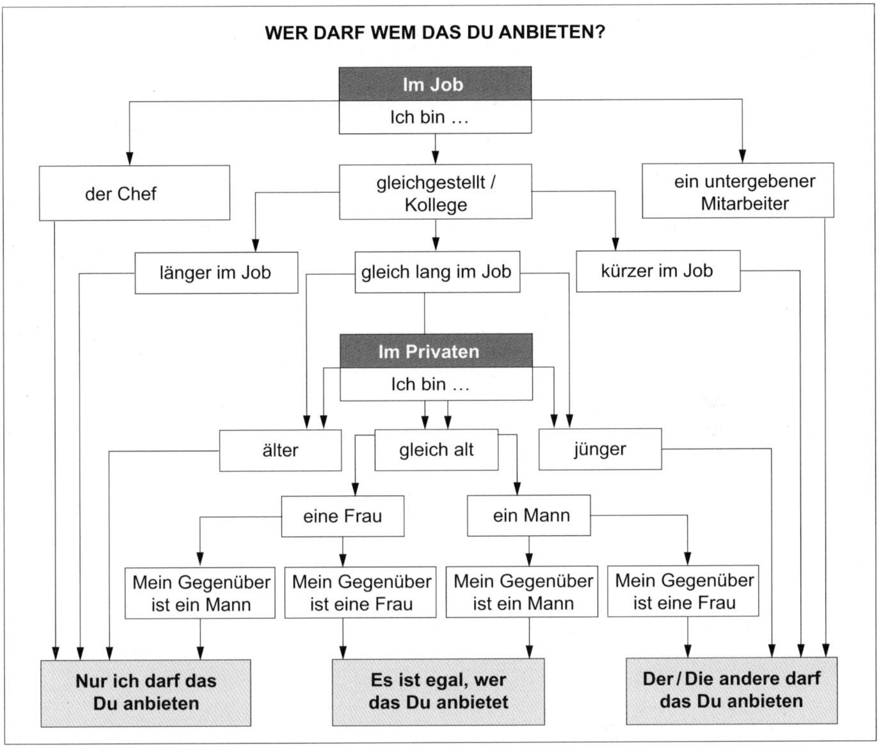

So lesen Sie das Schaubild:
Geht's um das Duzen im Beruf, beginnen Sie beim Feld „Im Job" und folgen Sie den Entscheidungspfeilen. Soll im privaten Bereich geduzt werden, beginnen Sie beim Feld „Im Privaten". *(111 Wörter)*

Aus: Stefanie Hörnig: Wer darf wem das Du anbieten?, http://bilder.bild.de/fotos/grossklick-26815584/Bild/1.bild.jpg, 22. 10. 2012

Anmerkung:
Stefanie Hörnig ist Journalistin und hat in der BILD-Zeitung unter der Rubrik „Büro-Knigge" erklärt, wer wem das Du anbieten darf.

Material 7

Interview mit dem Linguisten Martin Hartung: „Ein Du allein bedeutet nicht viel“ (2007)

Was sagt es über unsere Gesellschaft, dass die Leute sich der Regeln[1] immer weniger bewusst sind? Sind wir egalitärer?

Da wäre ich vorsichtig. Man könnte auch auf die Idee kommen, dass die Hierarchien, die es gibt – vielleicht sogar noch mehr gibt als früher –, nur überdeckt werden.

In manchen Unternehmen gilt ja die Regel: Jeder duzt jeden.

In jungen Unternehmen, gerade im Bereich Medien und Internet [...] wird oft geduzt, aus Prinzip.

Ist es nicht eine Chimäre, dass dadurch Hierarchien abgebaut werden?

Es gibt Unternehmen – wie auch Gruppen und Organisationen –, die leben das Du wirklich; da drückt es ein Lebensgefühl aus. Mindestens die Hälfte dieser Unternehmen aber führen das Du ein, ohne es zu leben; der Chef tut bloß so, als sei er nicht autoritär. Auf die Dauer fällt aber keiner darauf rein. [...]

Das Duzen ist ja mit enorm viel Emotion belastet.

Natürlich, das gilt vor allem für das „Vertrautheits-Du“. Verwandtschaft, Freundschaft, Liebe, Liebelei – die sind emotional besetzt, und deshalb lässt sich so ein Du auch nicht so leicht zurücknehmen. Aber der rein grammatische Blick auf Sie und Du verdeckt ja ganz wesentliche soziale Faktoren.

Inwiefern?

Wir verwenden das Du und das Sie in sehr komplexen Ausdruckskontexten – mit Intonation, mit syntaktischer Konstruktion, in einer bestimmten Situation, mit Körpersprache: Hält man Blickkontakt, dreht man den Körper weg? Das ist viel differenzierter, als das Paar Du gegen Sie es nahelegt. Ein Du allein sagt nicht viel.

Zum Beispiel?

Ich kann mich sehr distanziert jemandem gegenüber verhalten – obwohl ich ihn duze. Das zeigt: Ich mag dich nicht besonders. Oder: Ich duze dich zwar, aber wir sind noch am Anfang der Beziehung. Wenn ich meinen Partner duze, drücke ich dadurch etwas anderes aus, als wenn ich jemanden aus meiner Abteilung duze. „Du, Schätzchen, komm mal her“ ist was ganz anderes als „Du, Hartung, komm mal her“.

Und die Körpersprache?

Wichtig ist auch der Abstand zwischen den Körpern. Bei jemandem, den ich distanziert duze, vor dem bleibe ich auch mit größerem Abstand stehen. Jemanden aus meiner Familie, dem darf ich näherkommen, sogar berühren. Wenn Sie jemanden duzen, den Sie nicht leiden können, dann erkennt er das an Ihrem Gesicht, und er weiß, dass das kein Vertrautheits-Du ist, sondern ein Not-Du. Er wird sich nicht bei Ihnen zu Hause einladen. [...] *(379 Wörter)*

Aus: Bertram Eisenhauer: Ein Du allein bedeutet nicht viel. Interview mit Martin Hartung. Frankfurter Allgemeine Sonntagszeitung, 01. 07. 2007, Nr. 26/Seite 16

1 Regeln, nach denen man entscheidet, ob man duzt oder siezt

Anmerkung: Martin Hartung ist linguistischer Kommunikationsberater am Institut für Gesprächsforschung in Mannheim.

Hinweise und Tipps

Die vorliegende Abituraufgabe verlangt von Ihnen, dass Sie mithilfe eines ***Materialdossiers*** *einen* ***argumentierenden Text****, genauer einen* ***Kommentar****, verfassen. Dabei geht es um die Frage, ob die höfliche „Sie"-Anrede im Deutschen vollständig abgeschafft werden soll. Da die Aufgabenstellung recht umfangreich ist, sollten Sie* ***zentrale Begriffe markieren****, um herauszufinden, was genau Sie zu leisten haben. Sie erfahren dann auch, dass Sie die beiliegenden* ***Materialien für Ihre Argumentation nutzen****, sich aber nicht allein auf diese stützen sollen. Stattdessen sollen Sie auch* ***eigene Erfahrungen*** *und im Unterricht* ***erworbenes Wissen*** *mit einbringen. Sie dürfen aus den Materialien* ***zitieren****, ohne dabei genaue Zeilenangaben machen zu müssen.*

Lesen Sie zunächst aufmerksam die ***Materialien****. Markieren Sie dabei solche Stellen, die Sie für Ihre* ***eigene Argumentation nutzen*** *können. Wenn Sie sich zudem bei jedem Material* ***knapp dessen Quintessenz notieren****, dann fällt es Ihnen später leichter, die Materialien in Ihren Aufsatz einzubinden.*

Bevor Sie mit dem Schreiben beginnen, sollten Sie sich die Merkmale der ***Textsorte Kommentar*** *in Erinnerung rufen: Denken Sie daran, dass Sie einen* ***meinungsbildenden Text*** *schreiben sollen, der* ***sprachlich-rhetorisch attraktiv*** *und* ***adressatengerecht formuliert*** *ist.*

Beginnen Sie Ihren Kommentar mit einer ***Einleitung****, die den Leser anspricht und ihn zum Weiterlesen animiert. Machen Sie außerdem deutlich, womit Sie sich im Folgenden beschäftigen werden. Anschließend sollten Sie* ***Argumente*** *ausführen, die* ***für*** *bzw.* ***gegen die Abschaffung des Siezens*** *sprechen. Dabei können Sie auch beide Seiten berücksichtigen, sollten aber deutlich machen, welche Aspekte für Sie überwiegen, d. h., ob Sie dafür oder dagegen sind. Dies sollte spätestens im* ***Schluss*** *erkennbar sein, der auch einen* ***Appell*** *an die Leserschaft enthalten kann. Vergessen Sie nicht, Ihren Kommentar mit einer ansprechenden* ***Überschrift*** *zu versehen und die vorgegebene Länge (800 bis 1 000 Wörter) im Blick zu behalten.*

Lösungsvorschlag

Siezt du noch oder duzt du schon? – Warum das Siezen nicht aussterben darf

Überschrift

Ein skandinavisches Einrichtungshaus verspricht uns das gemütlichste Wohnen, die PISA-Studie weist das skandinavische Schulsystem als das erfolgreichste aus und beim jährlich durchgeführten World Happiness Report belegen Schweden, Norwegen, Dänemark und Finnland regelmäßig die vorderen Plätze. Ist es da nicht nur natürlich, dass man sich in unseren Breiten die **Frage** stellt, wie wir ein bisschen **skandinavisch-glücklicher** werden können?

Einleitung
Skandinavien als Vorbild

Die **Abschaffung** der bei uns bisher noch üblichen **höflichen „Sie"-Anrede** wäre ein Schritt in diese Richtung. Denn in Schweden ist es seit den 1970er-Jahren üblich, sich zu duzen – auch wenn man sich

Vorschlag: Abschaffung der „Sie"-Anrede
Bezug zu M 1

kaum kennt und sogar in formellen Zusammenhängen wie bei einem Behördenbesuch.

Eine findige **Initiative**, die in den letzten Tagen Schlagzeilen gemacht hat, votiert jedenfalls dafür, die „**Sie**"**-Anrede** aus dem deutschen Sprachraum zu verbannen. Ist das eine gute Idee?

Bezug zu Kontext des Kommentars

Neu ist sie jedenfalls auch in Deutschland nicht. Dass das **Siezen überkommene gesellschaftliche Strukturen zementiert**, wussten schon die „68er", die laut dem Sprachwissenschaftler Werner Besch die „Du-Expansion" vorantrieben. Dabei spielt auch die Überzeugung eine Rolle, dass unser **Sprechen unser Denken beeinflusst:** Je mehr wir duzen desto weniger fühlen wir uns demnach wie Untertanen, die sich einer Obrigkeit unterwerfen.

Pro-Argumente

Verflachung von Hierarchien

Bezug zu M 4

Bezug zu M 3 und Einbezug von Unterrichtswissen

Ein Bericht der Deutsch-Schwedischen Handelskammer macht klar, warum in Deutschland immer noch gesiezt wird. Die „Sie"-Anrede sei Ausdruck eines hierzulande ausgeprägteren **hierarchischen Denkens**. Und tatsächlich erscheint es in Deutschland selbst im dritten Jahrtausend weiterhin undenkbar, Personen in einem öffentlichen Schreiben zu duzen. Genauso wenig würde sich ein Arzt von seinen Patienten oder ein Lehrer von seinen Schülern mit „Du" ansprechen lassen. Das käme ja fast einer Revolution gleich.

Bezug zu M 1

Einbezug eigener Erfahrungen

Dabei kann Duzen ein **Zeichen von Solidarität und Teamgeist** sein. Besch spricht vom „**Solidaritäts-Du**", das nicht nur in der Arbeiterbewegung, sondern auch in Vereinen verbreitet ist. Dort **verringert** es die **Distanz** und stärkt das Zusammengehörigkeitsgefühl. Wer eine neue Sportart beginnt, fühlt sich – diese Erfahrung habe ich jedenfalls gemacht – schneller in einem Verein zu Hause, wenn er mit einem freundlichen „Du" begrüßt wird.

Vorteile für Gesellschaft und Wirtschaft

Bezug zu M 4

Einbezug eigener Erfahrungen

Dass das „Du" auch **im beruflichen Umfeld attraktiv** sein kann, zeigt ein Interview mit dem Fehler-Forscher Jan Hagen, nach dem das „Duzen […] Leben retten" kann. Auch wenn es in den meisten Firmen nicht wie bei der Luftfahrt um Leben oder Tod geht, kann ein **vertrauter Umgang zwischen Chef und Personal** durchaus zu einer **gesteigerten Effektivität** beitragen. Der Untergebene hat dann weniger Scheu, seinen Vorgesetzten auf Fehler hinzuweisen oder ihm neue Ideen zu unterbreiten. Ein konsequentes „Du" kann also auch **in der freien Wirtschaft Vorteile** bringen.

Bezug zu M 5

Das gilt umso mehr, als die **Regeln zur angemessenen Personenanrede** weder leicht erklärbar noch leicht verständlich sind. Duzen in vertrauter Umgebung, Siezen im öffentlichen Umfeld – wenn es denn nur so einfach wäre! Selbst Muttersprachlern ist nicht immer klar, wer wem wann und in welcher Situation das „Du" anbieten

Vereinfachung sprachlicher Regeln

Bezug zu M 4 und M 6

darf. Wie viel schwerer muss es da erst für des Deutschen nicht umfassend mächtige Personen sein? Deren **Integration** könnte man **erleichtern**, wenn man einfach generell auf die „Sie"-Anrede verzichten und ein **neutrales „Du"** einführen würde.

Einbezug von Unterrichtswissen: Problematik der Integration

Dafür spricht auch, dass sich dieses **in vielen Bereichen bereits durchgesetzt** hat. So käme kein Student mehr auf die Idee, seine Kommilitonen zu siezen, und auch unter gleichaltrigen Zufallsbekanntschaften setzt sich die „Du"-Anrede immer weiter durch, ohne dass damit gleich eine besondere Vertrautheit einhergehen würde. Das **neutrale „Du"** ist also bereits **weitgehend etabliert**, sodass der vollständige Verzicht auf das höfliche „Sie" kein allzu großer Schritt mehr wäre.

bereits weite Verbreitung der „Du"-Anrede

Bezug zu M 4 und Einbezug eigener Erfahrungen

Also einfach weg mit dem nervigen „Sie", wie es die oben angesprochene Initiative fordert? An dieser Stelle muss dann doch vehement widersprochen werden, da mit einer Abschaffung der „Sie"-Anrede durchaus **gravierende Nachteile** verbunden wären.

Überleitung

Bezug zu Kontext des Kommentars

So betont der Linguist Martin Hartung zurecht, dass ein „Du allein" keine **Hierarchien** abschafft. Oft werden diese durch ein verordnetes „Du" **nur überdeckt** – mehr Schein als Sein also. Wenn ein Chef seinen Mitarbeitern das persönlichere, vertraulichere „Du" anbietet, wird es auch **schwieriger**, **sachliche Kritik zu üben** oder **Ermahnungen** auszusprechen. Die Abschaffung der distanzierteren „Sie"-Anrede **verkompliziert** hier also die **zwischenmenschliche Kommunikation** – anstatt sie zu vereinfachen.

Kontra-Argumente

nur Überdeckung von weiterhin existierenden Hierarchien

Bezug zu M 7

Aus **kommunikationswissenschaftlicher Perspektive** sollte man die „Du"-Ansprache als Mittel der Annäherung auch nicht zu sehr überbewerten: Denn – so argumentiert Hartung überzeugend – **Kommunikation** funktioniert **nie nur verbal** und über einen einzigen Kanal, sondern auch Intonation, Mimik und Gestik spielen dabei eine zentrale Rolle. Ein **„Du" reicht nicht aus**, um eine vorhandene **innere Distanz zu verschleiern**. Auch ein „Du" kann nicht verhindern, dass ein **Abwenden des Körpers** oder eine **einsilbige Antwort** als unfreundlich oder ablehnend empfunden werden. Es nützt also nichts, nur die „Sie"-Anrede abzuschaffen, da sich **allein durch das Duzen keine wirkliche Nähe oder Vertrautheit** herstellen lässt.

Bedeutung nonverbaler Kommunikation

Bezug zu M 7

In der Werbung wird das dennoch zum Zweck der **Manipulation** versucht – sie macht sich die „Duz-Hegemonie", wie der Journalist Holger Fuß die immer weitere Ausbreitung des Duzens nennt, zunutze. Indem sie ihre potenziellen Kunden vertraulich mit „Du" anredet, **suggeriert** sie, deren **Bedürfnisse genau zu kennen**, und erschleicht sich dadurch das Vertrauen ihrer Adressaten. Diese

Manipulationsgefahr

Bezug zu M 2

Wirkung lässt sich mit dem **Vier-Ohren-Modell** von Schulz von Thun erklären, das besagt, dass eine Botschaft nicht nur eine Sach-, sondern auch eine **Beziehungsebene** hat. In der „Du"-Anrede wird diese stärker berücksichtigt, sodass eine Werbebotschaft emotionaler wirkt und das Produkt vielleicht eher gekauft wird.

Einbezug von Unterrichtswissen: Kommunikationstheorie

Die **Differenzierung zwischen den zwei Anrede-Formen** erlaubt es außerdem auch, seinem Gegenüber bereits auf sprachlicher Ebene **Respekt** zu zollen und **achtsam mit seinen Mitmenschen umzugehen**. Statt alle – weil's halt einfacher ist – undifferenziert und neutral zu duzen, verleiht die „Sie"-Anrede der **Achtung vor der Andersartigkeit** des Gesprächspartners Ausdruck. Sie ermöglicht es, die **Besonderheit einer Beziehung** auch sprachlich zu kennzeichnen. Gerade Jugendliche sind nicht selten stolz, wenn sie das erste Mal im öffentlichen Raum gesiezt und damit als gleichberechtigt anerkannt werden. Auch im persönlichen Miteinander sind es oft besondere Momente, wenn zwei Kommunikationspartner vom „Sie" zum „Du" übergehen. Solche **bereichernden Nuancierungen** würden der Sprache sowie dem gesellschaftlichen und persönlichen Miteinander abhandenkommen, wenn man dem Ruf nach der Abschaffung des Siezens folgen würde.

Möglichkeit zur sprachlichen Differenzierung

Bezug zu M 2

Einbezug eigener Erfahrungen

Ganz davon abgesehen würde es wohl **Jahre dauern**, bis mit der veränderten Anrede auch ein **verändertes Lebensgefühl** und Bewusstsein einhergehen würde. Nur weil das Siezen offiziell abgeschafft wäre, würde man es dennoch nicht als neutral und passend empfinden, auf der Straße oder in einem Amt einfach geduzt zu werden. Man kann einer Sprachgemeinschaft nicht von oben einen bestimmten Gebrauch befehlen oder untersagen, sondern dieser **muss sich dynamisch entwickeln**, damit ein Bewusstseinswandel damit verbunden ist.

Unmöglichkeit, Sprachwandel von oben zu verordnen

Einbezug von Unterrichtswissen: Sprachwandel

Man sollte dem Sprachwandel also seinen eigenen Lauf lassen und es als **Chance** begreifen, dass wir im Deutschen **zwischen „Sie" und „Du" differenzieren** können. Und glauben Sie mir – unglücklicher wird man dadurch nicht!

Schluss

Appell

Kernfach Deutsch (Schleswig-Holstein) – Abiturprüfung 2019
Aufgabe 1: Interpretation eines literarischen Textes

Thema:
Lyrik

Arbeitsgrundlage:
1. Ludwig Tieck (1773–1853): *Wonne der Einsamkeit* (1802)
2. Erich Kästner (1899–1974): *Kleines Solo* (1947)

Aufgaben:
1. Interpretieren Sie das Gedicht *Wonne der Einsamkeit* von Ludwig Tieck. (60 %)
2. Vergleichen Sie die Gestaltung des Themas Einsamkeit in den Gedichten *Wonne der Einsamkeit* von Ludwig Tieck und *Kleines Solo* von Erich Kästner. Berücksichtigen Sie dabei sowohl inhaltliche als auch sprachlich-formale Aspekte. (40 %)

Erlaubtes Hilfsmittel:
– Rechtschreibwörterbuch

Ludwig Tieck (1773–1853)
Wonne der Einsamkeit (1802)

O holde Einsamkeit,
O süßer Waldschatten,
Ihr grüne Wiesen, stille Matten[1],
Bei euch nur wohnt die Herzensfreudigkeit.

Ihr kleinen Vögelein
Sollt immer meine Gespielen sein,
Ziehende Schmetterlinge,
Sind meiner Freundschaft nicht zu geringe.

Unbefangen
Zieht ihr des Himmels blaue Luft,
Der Blumen Duft
In euch mit sehnendem Verlangen.
Ihr baut euch euer kleines Haus,
Haucht in den Zweigen Gesänge aus
Von Himmels-Ruhe rings umfangen.

Weit! weit!
Liegst du Welt hinab,
Ein fernes Grab.
O holde Einsamkeit!
O süße Herzensfreudigkeit!

Kommt ihr Beengten
Herzbedrängten,
Entfliehet, entreißt euch der Quaal,
Es beut[2] die gute Natur,
Der freundliche Himmel,
Den hohen gewölbten Saal,
Mit Wolken gedeckt, die grüne Flur:
Entflieht dem Getümmel!

O holde Einsamkeit!
O süße Freudigkeit! *(116 Wörter)*

Aus: Ludwig Tieck, Schriften in zwölf Bänden, hrsg. von Manfred Frank u. a., Bd. 7: Gedichte, hrsg. von Ruprecht Wimmer, Deutscher Klassiker Verlag, Frankfurt a. M. 1995, S. 471, Orthografie nach dieser Ausgabe.

Anmerkung:
1 *Matten:* Bergwiesen
2 *beut:* bietet

Erich Kästner (1899 –1974)
Kleines Solo (1947)

Einsam bist du sehr alleine.
Aus der Wanduhr tropft die Zeit.
Stehst am Fenster. Starrst auf Steine.
Träumst von Liebe. Glaubst an keine.
Kennst das Leben. Weißt Bescheid.
Einsam bist du sehr alleine –
  und am schlimmsten ist die Einsamkeit zu zweit.

Wünsche gehen auf die Freite[1].
Glück ist ein verhexter Ort.
Kommt dir nahe. Weicht zur Seite.
Sucht vor Suchenden das Weite.

Ist nie hier. Ist immer dort.
Stehst am Fenster. Starrst auf Steine.
Sehnsucht krallt sich in dein Kleid.
Einsam bist du sehr alleine –
  und am schlimmsten ist die Einsamkeit zu zweit.

Schenkst dich hin. Mit Haut und Haaren.
Magst nicht bleiben, wer du bist.
Liebe treibt die Welt zu Paaren.
Wirst getrieben. Mußt erfahren,
daß es *nicht* die Liebe ist …
Bist sogar im Kuß alleine.
Aus der Wanduhr tropft die Zeit.
Gehst ans Fenster. Starrst auf Steine.
Brauchtest Liebe. Findest keine.
Träumst vom Glück. Und lebst im Leid.
Einsam bist du sehr alleine –
  und am schlimmsten ist die Einsamkeit zu zweit. *(165 Wörter)*

Aus: Erich Kästner: Der tägliche Kram, Chansons und Prosa 1945–1948, Zürich: Rascher 1948.
Die Rechtschreibung folgt der Textvorlage.

Anmerkung:
1 *auf Freite gehen:* auf Brautschau gehen, sich eine Frau suchen; allgemeiner: um jemanden werben.

Hinweise und Tipps

Die Aufgabenstellung ist zweigeteilt in eine ***Gedichtinterpretation*** *(Teilaufgabe 1) und einen davon ausgehenden* ***Motivvergleich mit einem zweiten Gedicht*** *(Teilaufgabe 2). Der Schwerpunkt der Arbeit liegt auf der Teilaufgabe 1.*

Der in der Teilaufgabe 1 gesetzte ***Operator „interpretieren Sie"*** *verlangt für das erste Gedicht (Tiecks „Wonne der Einsamkeit") die umfassende Untersuchung von* ***Inhalt und Aufbau sowie formaler und sprachlich-stilistischer Gestaltung****. Aus der gründlichen Arbeit am Text sollen Sie schlüssige Deutungsansätze entwickeln und das Gedicht interpretieren.*

Ausgehend von Ihren Ergebnissen sollen Sie dann in Teilaufgabe 2 einen ***Gedichtvergleich*** *vornehmen, also* ***Gemeinsamkeiten und Unterschiede*** *aus Tiecks Text und Erich Kästners „Kleines Solo" herausarbeiten. Der Fokus liegt auf dem gemeinsamen* ***Thema „Einsamkeit"****: Welche Qualität wird der Einsamkeit in beiden Gedichten zugeschrieben? Auf welche Weise geschieht das jeweils? Die Aufgabenstellung fordert hier ausdrücklich, dass Sie inhaltliche sowie ausgewählte sprachliche und formale Aspekte berücksichtigen. Das Kästner-Gedicht muss dabei nicht vollständig interpretiert werden, sondern in der Motivgestaltung anhand von* ***klar benannten, selbstgewählten Vergleichskriterien*** *dem ersten Gedicht gegenübergestellt werden.*

Planen Sie Ihren Text eingehend und halten Sie Ihre Gedanken in einem ***strukturierten Schreibplan*** *fest, der als Gerüst für Ihren Aufsatz dient. Das hilft auch, den für den Textzusammenhang wichtigen roten Faden zu entwickeln und die einzelnen Aufsatzteile aufeinander zu beziehen.*

Um einen geschlossenen Eindruck zu erreichen, ist es wichtig, auch die ***Einleitung*** *und den* ***Schluss*** *auf den Wesenskern des Gedichts abzustimmen. Im vorliegenden Fall bieten sich dabei Querverbindungen zum* ***Phänomen der Einsamkeit*** *in der heutigen Gesellschaft an. Auch über eine Abgrenzung der Begriffe „Einsamkeit" als subjektive Empfindung und „Alleinsein" als objektiver Zustand kann ein passender Zugang zum Themenfokus erreicht werden. Im Schlussteil könnten auch Parallelen zu eventuell im Unterricht behandelten Texten im Hinblick auf das Einsamkeits-Motiv gezogen werden. Oft ist aber auch das* ***Fazit aus dem Motivvergleich*** *ein geeigneter Schlussgedanke, dem nichts mehr weiter hinzugefügt werden muss.*

In der ***Überleitung zum Hauptteil*** *sollten Sie die wichtigsten Rahmeninformationen (Autor, Titel, Erscheinungsjahr) zu dem ersten Text nennen und die Grundsituation des Gedichts in einem Satz umreißen, also die Sprechsituation klären und auf den Punkt bringen, worum es eigentlich geht.*

Der ***Hauptteil*** *Ihres Aufsatzes beginnt vor der eigentlichen Interpretation mit einer knappen* ***strukturierten Inhaltsangabe****, die den gedanklichen Aufbau des Gedichts in eigenen Worten wiedergibt. Daher sind in diesem überblicksartigen, informierenden Teil noch keine Zitate aus dem Gedicht aufzuführen. Nach dieser inhaltlichen Klärung wählen Sie geeignete* ***Interpretationsschwerpunkte*** *und überprüfen diese am Text. Die Erschließung der* ***formalen*** *und* ***sprachlich-stilistischen Gestaltung*** *sollte nicht getrennt von der Interpretation erfolgen, vielmehr besteht die Hauptaufgabe einer Gedichtinterpretation darin, die* ***Leistung der Form und Sprache für die Aussage des Gedichts*** *herauszuarbeiten. Auch in Tiecks Gedicht ergibt sich die Textaussage sowohl* *aus inhaltlichen wie formalen und sprachlichen Aspekten. Versuchen Sie am besten, nach* ***Leitaspekten*** *(Rolle der Natur, Haltung des lyrischen Ichs gegenüber der Gesellschaft ...) vorzugehen und deren Bedeutung für die Textaussage anhand der charakteristischen stilistischen Ausdrucksmittel zu erschließen. Am Ende dieses Abschnitts lassen sich die erarbeiteten Ergebnisse zu einer* ***abschließenden zusammenhängenden Deutung*** *zusammenführen, bei der man ggf. auch auf den Epochenhintergrund der Romantik eingehen kann. In jedem Fall müssen Sie* ***Ihre Thesen mithilfe von Textbelegen genau begründen****. Achten Sie dabei auch auf eine korrekte Zitierweise und eine grammatikalisch saubere Einbindung der Textbelege in Ihre Darstellung.*

Die ***Vergleichsaufgabe*** *schließt sich nahtlos an. Achten Sie auf eine entsprechende* ***Überleitung****. Eine naheliegende Möglichkeit bietet z. B. die Gegenüberstellung der beiden* ***Gedichttitel****. Bereits hier zeichnet sich der unterschiedliche Wesenskern der beiden Gedichte ab. Bei der Analyse der Unterschiede sind Sie in der* ***Wahl der Vergleichskriterien*** *frei. Allerdings ist ein Rückgriff auf die zentralen Ergebnisse der Untersuchung von Text 1 empfehlenswert (z. B. Blickrichtung des lyrischen Ichs, Rolle des Raums, Grundstimmung der Sprechhaltung). Da die Aufgabenstellung ausdrücklich auch auf* ***sprachlich-formale Aspekte*** *abzielt, müssen Sie besonders aussagekräftige Auffälligkeiten in Ihre Darstellung einbeziehen.*

Die Erscheinungsdaten der beiden Gedichte 1802 bzw. 1947 geben übrigens keinen klaren Hinweis auf eine Epochenzuordnung und könnten dazu verleiten, die Autoren der Klassik oder der „Trümmerliteratur" zuzuweisen, was den Texten nicht gerecht würde. Die Gedichte können aber sehr gut vor dem ***Hintergrund ihrer Geisteshaltung*** *(Romantik und Neue Sachlichkeit) interpretiert werden. Diese ist bei beiden Texten für die Deutung aufschlussreich und würde dem Motivvergleich noch zusätzliche gedankliche Tiefe verleihen. Da eine Epochenzuordnung aber nicht explizit in der Aufgabenstellung verlangt ist, genügt hier auch ein rein* ***textbezogener Motivvergleich****.*

Falls Ihnen ein bestimmter ***Begriff*** *des Textes nicht geläufig ist (z. B. „Wonne"), sollten Sie diesen im Wörterbuch nachschlagen, das als Hilfsmittel zugelassen ist, um Missverständnisse zu vermeiden. Achten Sie auch immer auf eine mögliche Fortsetzung des Textes auf der nächsten Seite.*

Lösungsvorschlag

Einleitung
Einsamkeit – Mangel oder Chance?

Einsamkeit – für die meisten ist dies ein bedauernswerter Zustand von Menschen, die ohne Freunde und Familie abgeschieden von der Gesellschaft ein trauriges Dasein fristen. Vor unserem inneren Auge erscheinen hier vor allem alte Menschen, die sozial isoliert kaum mehr Kontakte zu ihren Mitmenschen haben. In der Literatur ist die Einsamkeit ein Motiv, das immer wieder in unterschiedlichen Kontexten aufgegriffen und thematisiert wird. Vor allem in Texten der Moderne, wie z. B. in Hauptmanns Drama „Einsame Menschen" oder auch in den Parabeln von Kafka, steht der allein auf sich gestellte Mensch im Mittelpunkt. Heißt Einsam-Sein jedoch auch zwangsläufig Unglücklich-Sein? Schon immer suchen Menschen auch ganz gezielt die Abgeschiedenheit, um beispielsweise als Eremit oder Einsiedler eine meditative Gotteserfahrung zu erleben.

Hauptteil
Interpretation des Gedichts „Wonne der Einsamkeit" von Ludwig Tieck

Dass die Einsamkeit auch eine Chance, ja ein ausgesprochen erstrebenswerter Zustand sein kann, zeigt sich in Texten des Barock, der Romantik oder des Biedermeier. Bereits der Titel von Ludwig Tiecks 1802 erschienenem Gedicht „Wonne der Einsamkeit" schließt mit dem ersten Wort „Wonne" gleich von Anfang an jede negative Assoziation aus und bewertet die vom lyrischen Ich erlebte Einsamkeit in der Natur als einen Glückszustand.

Inhalt und gedanklicher Aufbau des Gedichts

Das sechsstrophige Gedicht lässt sich in **drei gedankliche Abschnitte** gliedern. Im ersten Teil, der die erste bis dritte Strophe umfasst, betrachtet das lyrische Ich voll leidenschaftlicher Empathie die Natur, die dem Leser als idyllische, weiträumige Landschaft zwischen Wiesen und Wald vorgeführt wird. Gleich zu Beginn erfolgt der **Lobpreis der in diesem Naturraum erfahrenen Einsamkeit**, die auch als Grund für sein Glücksempfinden benannt wird. Daraufhin erfolgt eine Ansprache an die Vögel und Schmetterlinge als Bewohner dieser friedlichen Idylle, denen sich der Sprecher in besonderer Weise verbunden fühlt (V. 1–15). Ein thematischer Einschnitt geschieht zu Beginn der vierten Strophe, wo das Glücksempfinden in der Natur mit der Enge der **Zivilisation** kontrastiert wird (V. 16–20). Aus dem Bewusstsein einer beglückenden Distanz zu dieser als lebensfeindlich beschriebenen Menschenwelt heraus wendet sich der Sprecher im dritten Abschnitt mit einem **Appell direkt an die Stadtbewohner**. Die beiden letzten Strophen sind eine Aufforderung, es ihm gleichzutun und sich aus gesellschaftlichen Zwängen zu befreien, um in der Einsamkeit der Natur Erfüllung zu finden. Bekräftigt wird dies durch eine zusammenfassende **Verherrlichung der Glückserfahrung in der Einsamkeit** (V. 21–30).

Formale und sprachliche Gestaltung
- Strophenbau, Versmaß und Reimschema

Ungewöhnlich für die Entstehungszeit um 1800, in der die Orientierung an der klassisch-harmonischen Form die Regel war, sind die im Strophenbau und auch in der Versgestaltung auffälligen **Abweichungen von und Brüche mit lyrischen Mustern**. Das Erleben der Natur wird nicht nur inhaltlich als befreiend von gesellschaftlichen Zwängen empfunden, sondern spiegelt sich auch in der zwanglosen formalen Darstellung. Die unverstellte, direkte Gefühlsaussprache korrespondiert mit der Aussage des Textes, welcher **Freiheit und natürliche Ungebundenheit** einfordert. Mit den vielen Apostrophen und Interjektionen (vgl. V. 1 f., 16) orientiert sich die sprachliche Gestaltung eher an den hymnischen Naturgedichten des Sturm und Drang als an der Regelmäßigkeit klassischer Gedichte. Abgesehen von den zwei vierzeiligen Strophen zu Beginn lässt sich im formalen

Aufbau **kein einheitliches Kompositionsprinzip** erkennen, lange und kurze Strophen wechseln sich ab. Die beiden Vierzeiler bewirken dabei einen dynamisch-fließenden Einstieg in die Naturszenerie. Auch durch Enjambements innerhalb der Strophen (vgl. V. 11 f.) erweckt das Gedicht den Eindruck einer **spontanen Gefühlsaussprache**. Zudem ist das **Metrum** nah an der gesprochenen Sprache. Das wechselnde Versmaß mit unregelmäßiger Hebungszahl lässt dabei sowohl Ausrufe der Begeisterung wie Kommentierungen der Naturszenerie zu. Die Interjektion „O" erscheint insgesamt sechs Mal jeweils gedoppelt in der ersten, vierten und sechsten Strophe und ist dadurch unmittelbarer Ausdruck von Pathos und Emotion. Das **Reimschema** variiert stark und zeugt im unregelmäßigen Wechsel zwischen unbetonten und betonten Kadenzen von der Impulsivität des Sprechers. Die Verflechtung der Verse geschieht jeweils durch die Verbindung mit mindestens einem anderen Vers durch einen Paarreim, Kreuzreim oder umarmenden Reim. Trotz der offenbar spontanen Gefühlsaussprache des lyrischen Ichs erhält das Gedicht so eine fast unbewusst scheinende formale Struktur.

– Sprechsituation und Sprechhaltung

Der Gedankengang des Gedichts ist damit wesentlich geprägt durch die **Blickrichtung des Sprechers** und durch den Raum, in dem er sich befindet – die einsame Natur. Das lyrische Ich tritt im Text jedoch nicht direkt in der „Ich"- Aussprache auf. Seine Gegenwart in der Naturidylle erschließt sich vielmehr zunächst indirekt durch die Verwendung von Possessivpronomina („meine Gespielen", V. 6; „meiner Freundschaft", V. 8) und in der **direkten empathischen Ansprache** der Umgebung. Eine innige Vertrautheit zeigt sich bei der Anrede der „kleinen Vögelein" (V. 5) im Diminutiv und der Schmetterlinge in der zweiten Person Plural (vgl. V. 10). Diese dadurch personifizierten Lebewesen werden so zu einem **lyrischen Du**, mit dem der Sprecher gleichsam einen Dialog führt. Deren Lebensfreude macht diese Tiere, die Lebendigkeit wie Zartheit verkörpern, zum Inbegriff des sorglosen Glücks. In ihrer „[u]nbefangen[en]" (V. 9) Naivität und bedingungslosen Zuversicht zeigt sich, „umfangen" (V. 15) von „Himmels-Ruhe" (V. 15), das Ideal eines Aufgehobenseins in der Natur. Durch den Begriff „Freundschaft" (V. 8) findet auch hier eine Übertragung in den menschlichen Bereich statt.

Um seine **Haltung und Anschauung zu objektivieren**, wird die Anrede durchgehend im Indikativ Präsens formuliert. Damit erhält das Glücksempfinden in der einsamen Natur den Rang einer allgemeingültigen Tatsache. Der **Sprecherstandpunkt** in der beschriebenen Natur wird auch durch die ausholende sprachliche Verweisgeste mit dem gedoppelten, adverbial gebrauchten Adjektiv „Weit!

weit!“ (V. 16) deutlich gemacht. Die stark verkürzte, atemlose Exclamatio betont die Distanz zwischen seinem Standort oben („Luft“, „Himme[l]“, V. 10) und der Menschenwelt unten („hinab“, V. 17) und verstärkt den **Gegensatz zwischen diesen beiden so unterschiedlichen Sphären**. Die metaphorische Herabwürdigung der Welt als „fernes Grab“ (V. 18) könnte den Kontrast zu der „süße[n] Herzensfreudigkeit“ (V. 20) kaum größer machen. Die Position des lyrischen Ichs wirkt hier wie die eines euphorischen Wanderers auf einer baumbestandenen Lichtung, fern vom Alltagsgeschehen der Stadt. Vor allem im zweiten Teil des Gedichts bekommt die Sprechhaltung einen enthusiastischen, beinahe missionarischen Gestus, wenn das lyrische Ich vom fast intimen Gespräch mit Vögeln und Schmetterlingen zur direkten, wenn auch nur fiktiven **Ansprache an die Stadtbewohner** wechselt. Mittels Interjektionen (V. 16, 19 f.) und einer Häufung von Imperativen (V. 21, 23, 28) wird eine geradezu **euphorische** Stimmung für den **Appell** erzeugt, aus dem Leben in der Zivilisation auszubrechen und Befreiung inmitten der Natur zu suchen.

– Kontrastierung von Gesellschaft und Natur

Die Schmetterlinge und Vögel dienen dabei als Vorbilder für ein ungezwungenes, seelenruhiges und freies Leben in **aktiver Selbstverwirklichung**. Das Adjektiv „[u]nbefangen“ (V. 9) beschreibt sie nicht nur als physisch frei in der Luft, sondern auch als frei in ihrem Urteil, fern von allen gesellschaftlichen Zwängen und (Vor-)Urteilen. Mit der Synästhesie „blaue Luft“ (V. 10), der „Blumen Duft“ (V. 11) und dem „sehnende[n] Verlangen“ (V. 12) wird das **romantische Zentralmotiv der „blauen Blume“** anzitiert. Dieser Inbegriff der Sehnsucht nach einem Ausbrechen aus der bürgerlichen Existenz erscheint in der Sphäre des Himmlischen gestillt. Ein religiöser Hintergrund zeigt sich auch in der Vorstellung von der **Natur als idealem Wohnraum**. Verben und Partizipien, die Behaglichkeit und das „Zu-Hause-Sein“ ausdrücken (vgl. V. 4, 13, 26 f.), verleihen dem Gedicht durch nahezu alle Strophen eine thematische Verklammerung. Bereits in Strophe 1 wird der Aufenthalt auf Wiesen mit dem Verb „wohnen“ (vgl. V. 4) verbunden. Die Vögel bauen ein „kleines Haus“ (V. 13) statt eines Nestes, das ein Zufriedensein mit dem zum Leben Nötigen andeutet. Dagegen erhält der Naturraum in der vorletzten Strophe einen fast schon **sakralen Charakter**. Der Himmel wird zu einem „hohen gewölbten Saal“ (V. 26), der einer Kathedrale gleicht. Die Natur bietet durch ein „[m]it Wolken gedeckt[es]“ (V. 27) Himmelszelt eine architektonische Schönheit, die die städtischen Behausungen mit künstlich eingezogenen Zimmerdecken nicht bieten können. Freiheit und Schönheit der einsamen Landschaft steht auch hier gegen das mit der Metonymie „Getümmel“ (V. 28) abgewertete Leben der Stadtbewohner.

Die **Wortwahl** bedient sich häufig des Mittels der **Kontrastierung** durch extrem negative bzw. positive Konnotationen. Die Verben „[e]ntfliehet" (V. 23, vgl. V. 28) und „entreißt" (V. 23) wecken Assoziationen an ein Gefängnis und lassen die Stadt als Ort der Freiheitsberaubung erscheinen. Auch die metaphorische Gleichsetzung mit einem „ferne[n] Grab" (V. 18) und „Quaal" (V. 23) degradiert die menschliche Gesellschaft zu einem Platz des Leidens und der Tötung jeder Lebensfreude. Die Bezeichnung der Stadtbewohner als „Beengt[e]" (V. 21) spielt dabei einerseits auf die städtebauliche Enge an, umfasst andererseits aber auch die durch die gesellschaftlichen Ansprüche und Regeln innerlich „Herzbedrängten" (V. 22). Dieser negativ konnotierte **Neologismus** wird begrifflich direkt der „Herzensfreudigkeit" (V. 20) gegenübergestellt. Die Wortneuschöpfung aus Vers 4 wird hier aufgegriffen und als thematische Klammer zu dem zu Beginn evozierten Glücksgefühl in der Natur genutzt. Die Kräfte der Natur erzeugen so nicht nur ein **subjektives Glücksempfinden**, sondern auch **sprachschöpferische Kraft**, um den euphorisierenden Zustand auch adäquat benennen zu können. Bei der Überhöhung der Natur dienen Adjektive wie „hold" und „süß" (vgl. V. 1 f.) sowie die Fügungen „gute Natur" (V. 24) und „freundliche[r] Himmel" (V. 25) als Lobpreis in einem volksliedhaften – „natürlichen" – Ton. Sogar die Verortung des Sprechers im „Waldschatten" (V. 2) erhält durch das Adjektiv „süß" eine positive Zuschreibung im Sinne einer erfrischenden Kühle.

Zusammenfassende Interpretation

Zusammenfassend lässt sich Tiecks Gedicht als **enthusiastische Aufforderung** an seine Zeitgenossen begreifen, zur Erfahrungsreise in die Natur aufzubrechen und die eigene Lebenssituation zu verändern. Die **Hingabe des Einzelnen an die einsame Natur** erhält hier eine **heilende Kraft**, da er den sozialen Zwängen in der Stadt entkommt. Einsamkeit wird zum Weg der Selbstfindung und der **Verwirklichung eines umfassenden Glücksempfindens** auch im Sinne eines romantischen Universalitätsanspruchs. „Wonne der Einsamkeit" hat damit einen starken appellativen Charakter; der Text liest sich als eine Art Ratgeber zu einem besseren Leben in der Natur, das ganz im romantischen Sinne als eine bessere und musterhafte Alternativlösung für alle vorgeführt wird, die unter dem Zustand der Welt als „Quaal" (V. 23) leiden. Im Entstehungsjahr 1802, während der Napoleonischen Kriege, könnte dies für viele ein mehr als nachvollziehbarer Gedanke gewesen sein. Die Abwendung vom gegenwärtigen Geschehen wird damit zu einer **Weltflucht** und Flucht in die **Natur, die religiös überhöht als Seelenlandschaft** und Sinnbild „süßer" (V. 30) Empfindungen und poetischer Anmutung erscheint. Einsamkeit, d. h. die Ferne von jeglicher menschlichen Gesellschaft, verhilft zum wohltuenden „Wonne"-Glück, das man mit den Naturgeschöpfen als Seelenverwandten teilt und mit dem man selbst in der universalen Schöpfung aufgeht.

Gedichtvergleich mit Kästners „Kleines Solo"

programmatischer Titel – deutungsoffener Titel

Auch in Erich Kästners Gedicht „Kleines Solo" (1947) ist die **Erfahrung von Einsamkeit** Anlass einer **intensiven Reflexion**. Wie bei Tieck weist der **Titel** auf das Thema hin, bleibt dabei aber sehr viel offener. Der Begriff „Solo" lässt zunächst an ein Musikstück denken, das allein durch einen Solisten ausgeführt wird. Durch die Attribuierung „klein" erhält der Titel etwas Beiläufiges, wenig Bedeutungsvolles. Die Erwartungshaltung für das folgende Gedicht wird eher im Ungefähren gelassen im Gegensatz zu Tieck, der bereits mit der programmatischen Überschrift „Wonne der Einsamkeit" die Kernaussage seines Textes ankündigt – ein Harmonie und Behaglichkeit ausstrahlendes Glücksgefühl, das durch Einsamkeit hervorgerufen wird. Beide Gedichte beschreiben eine Szenerie, in der weitere Personen fehlen, die Sprecher sind alleine, fern von anderen Menschen.

unterschiedliche Sprechersituation und Perspektive

Allerdings unterscheiden sich sowohl **Sprechsituation wie Perspektive** in beiden Texten ganz wesentlich voneinander. Während der Sprecher in Tiecks Naturpreis inmitten seiner „Gespielen" (V. 6) alles andere als alleine ist, trifft Kästners Gedicht gleich im ersten Vers die entschiedene Feststellung: „Einsam bist du sehr alleine." Aber auch hier bleibt der Text allgemeiner als bei der konkreten Situierung bei Tieck. Die „Du"-Ansprache wird zur Selbstreflexion im Stil eines Monologs, die jedoch eine Übertragung auf andere Personen zulässt und so einen Allgemeingültigkeitsanspruch erhält. Auch im Tieck-Gedicht wird ein **lyrisches Du** angesprochen, jedoch viel konkreter. Zunächst ist das Gegenüber die Natur und die darin befindlichen Lebewesen, im appellativen Teil dann die Leser des Textes als mögliche Gefolgsleute auf dem Weg in die glücksbringende Einsamkeit.

Bedeutung des jeweiligen Raums für die Aussage

Bestimmend für die unterschiedliche Sprechhaltung sind die **Räume**, in denen sich die Sprecher befinden und die in beiden Texten eine symbolische Bedeutung haben. Die geistige und persönliche Entfaltungsmöglichkeit erhält der Sprecher in „Wonne der Einsamkeit" durch die **grenzenlose Weite des Naturraums** in einer waldumsäumten Wiesenlandschaft. Das „Solo" wird in einem **begrenzten Zimmer** gesprochen, das lyrische Ich steht „am Fenster" (V. 3, 13, 24) und wendet dem Raum den Rücken zu. Das gerade in der Romantik so beliebte Fenstermotiv als Ausdruck unstillbarer Sehnsucht nach Freiheit und Grenzüberschreitung wird hier zur Metapher für eine ausweglose Situation. Der Blick trifft nicht wie bei Tieck auf eine paradiesische Idylle, sondern „starrt auf Steine" (vgl. V. 3,

13, 24). Auch im modernen Text wird die Sehnsucht benannt, aber personifiziert als Leidenserfahrung („Sehnsucht krallt sich in dein Kleid“, V. 14). Einsamkeit, die durch das **Alleine-Sein des Sprechers** auch objektiv vorgeführt wird, erhält in dieser Perspektivlosigkeit eine zutiefst **pessimistische und negative Bewertung**. Die Unüberwindbarkeit dieser als existenziell beschriebenen Erfahrung wird durch die paradox erscheinende, dreimal wiederholte Feststellung „und am schlimmsten ist die Einsamkeit zu zweit“ (V. 7, 16, 28) potenziert. Der Kästner-Text erhält durch die Ausweitung des Themas auf die **innerlich erlebte Einsamkeit in einer Paarbeziehung** eine neue Dimension. Der Zustand „alleine“ wird sogar zur Steigerung des „Einsam-Seins“, wenn er auf paradoxe Weise die Situation eines intimen Zusammenseins beschreibt: „Bist sogar im Kuß alleine.“ (V. 22) Das „Kleine Solo“ beschreibt damit das **Nebeneinanderherleben vieler moderner Paare**, bei denen der Austausch über die Gedanken und die Anteilnahme an den Gefühlen des anderen verloren gegangen sind. Sprachlich wird dies durch **plastische Bilder** illustriert: So beschreibt die Metapher einer Wanduhr, aus der die Zeit „tropft“ (V. 2, 23), die quälende Unausweichlichkeit einer erkalteten Paarbeziehung. Bei Tieck dienen sprachliche Bilder vor allem seiner Argumentationsführung im fiktiven Dialog mit dem Leser. Verherrlichende Personifizierungen der Natur und abschreckende Metaphern für die menschliche Gesellschaft sollen einen möglichst großen Kontrast dieser beiden Welten aufmachen und den Leser dadurch von der Glückserfahrung in der einsamen Natur überzeugen. „Wonne der Einsamkeit“ will zur Umkehr der Lebensweise aufrufen, ja durch seinen enthusiastischen Sprachduktus wie in einer Predigt den Leser dazu bekehren, es dem lyrischen Ich gleichzutun.

Lakonischer Ton – Emphase

So unterscheidet sich auch der **Grundton beider Texte**, was sowohl in der Versgestaltung als auch im Versmaß sichtbar wird. Kästners Gedicht konstatiert in knappen, parataktischen Aussagesätzen **nüchtern und lakonisch** die Vereinsamung des modernen Menschen als Gesetzmäßigkeit. Seinen Ausdruck findet das formal in der Wiederholung von Versen und Versteilen, insbesondere beim Eingangsvers „Einsam bist du sehr alleine“ (V. 1, 6, 15, 27), der gleichsam als Refrain erscheint und so die Ausweglosigkeit zementiert. Zudem verleiht der alternierende Versfuß des Trochäus dem Text eine Schwere und Nachdrücklichkeit, die die Monotonie der alltagssprachlich gehaltenen kurzen, teils elliptischen Sätze unterstreicht. Auch bei Tieck sind Wiederholungen von Versteilen Gestaltungsprinzip, hier werden jedoch **Ausrufe** und **direkte Gefühlsaussprache** als Bekräftigung einer **empathischen Grundhaltung** gebraucht.

Beiden Gedichten ist die Feststellung gemeinsam, dass das **Zusammenleben mit anderen Menschen keine Befriedigung und Erfüllung** bietet. Im Gegensatz zu Tiecks Gedicht, das in der Besinnung auf die heilenden Kräfte der Natur nicht nur einen **Lösungsansatz** bietet, sondern sogar „Herzensfreudigkeit“ (V. 4, V. 20) verspricht, bleibt im modernen Text Kästners nur **Resignation und passives Sich-Fügen** in das als unvermeidlich Erkannte. Die Einsamkeit ist hier unüberwindlich, der Mensch ist auf sich allein gestellt, das Lebensglück ist fern, ja es meidet sogar die Menschen, sucht „vor Suchenden das Weite“ (V. 11). Die Fokussierung auf die Zweierbeziehung der Moderne, in der man sich körperlich nah und emotional doch so fern ist, ist typisch für die Strömung der „Neuen Sachlichkeit“. Vordergründig kühl und sachlich wird in Aussagesätzen die gesellschaftliche Realität beschrieben und doch schwingt gerade in dieser Kühle auch **Melancholie und tiefes Bedauern über die verloren gegangenen Gefühle** mit: „Träumst vom Glück. Und lebst im Leid.“ (V. 26)

Euphorie – Passivität und Stagnation

Die Bewertung von **Einsamkeit als sinnstiftende Chance** oder als **deprimierende Erfahrung** hängt wohl zuallererst von der Lebenseinstellung jedes Einzelnen ab. „Ich bin sehr gerne mit mir alleine“, verkünden wohl eher die Menschen, die in einem stabilen sozialen Umfeld leben und das Gefühl der Einsamkeit nicht als Verlassenheit erleben. Einsamkeit im negativen Verständnis nimmt jedoch gerade in unserer modernen Medienwelt auch bei jungen Menschen immer mehr zu. Soziale Netzwerke und mediale Kontaktbörsen sind offensichtlich kein Ersatz für persönlichen Austausch und für reale soziale Beziehungen. Das im „Kleinen Solo“ vorgeführte lähmende Gefühl der Einsamkeit kann insbesondere jene treffen, die unreflektiert nur ein gesellschaftlich normiertes Leben führen, anstatt die Tieck’sche „Herzensfreudigkeit“ wahrzunehmen, die nicht nur im intensiven Erleben der Natur, sondern auch im bewussten Anteilnehmen am Leben des Gegenübers entsteht.

Schlussgedanke
Das Phänomen der „Einsamkeit“ in der Gesellschaft heute

Thema:
Sprache, Medien, Lesen und Literatur

Arbeitsgrundlage:
Bianca Praetorius: *Internet versus Theater* (2013, Auszug)

Aufgaben:
1. Analysieren Sie den Text von Bianca Praetorius und berücksichtigen Sie dabei auch die Argumentationsweise. (80 %)
2. Beurteilen Sie die Überzeugungskraft des Textes. (60 %)

Erlaubte Hilfsmittel:
– Rechtschreibwörterbuch

Bianca Praetorius: Internet versus Theater (2013, Auszug)

Ich bin hier fürs *Internet* zuständig. Ich bin verliebt in das gesamte Internet und halte es für die größte Erfindung seit der naturtrüben Apfelschorle.

Das Internet und ich verbringen viel Zeit miteinander. Auch wenn wir getrennt sind, denke und rede ich zu jeder Mahlzeit von der unbegreiflichen Schönheit des digitalen Alls. Zu meinem Smartphone habe ich selbstverständlich eine leidenschaftliche bis abhängige, jedoch stets zärtliche Beziehung. Ich würde eher meinen Hund im Schwimmbad vergessen als mein Telefon. Zum Glück habe ich keinen Hund.

Ich bin biographisch knapp an der digitalen Muttersprachlichkeit vorbeigeschrammt, bin 1984 geboren und fühle mich wie ein bilingual erzogener, digophiler[1] Netzmigrant. So wie alle Zugezogenen ihr angeheiratetes Zuhause länger und lauter hypen als die, die in dessen Schoß hineingeboren wurden, mache auch ich das. Tatsächlich habe ich nämlich frühestens in der Sturm-und-Drang-Phase des Internets überhaupt bemerkt, dass auch ich eine kleine Scheune in der „Netzgemeinde" beziehen könnte. Wenn das Internet ein Ort ist, bin ich ein glücklicher Hipster, der sich aus der Provinz hinzugeschummelt hat.

Da ich ein großes Herz habe, habe ich auch noch eine zweite Liebe: *Das Theater*. (Vorsicht, die Vorstellungen davon, „was Theater ist", gehen genauso weit auseinander wie die, „was das Internet" ist. So, let's not go there[2].)

Am Theater liebe ich weniger die historische TragweitenTragikSchwere, den roten Vorhang und die Geschichte, dafür umso mehr das Spielen, den Moment, die Unmittelbarkeit, das Fleisch, den Schweiß und das Echte. Ich bin nämlich auch im Theater ein Migrant. Vielleicht liegt meine innere Provinz dem Theater noch ferner als dem

Internet. Meine Kindheit fand auf Rollschuhen statt, im Kino und vor dem Computer. Vom Theater hab ich nur mal was im Radio gehört. Schließlich kam der Tag, an dem ich in eine Vorstellung des städtischen Schauspielhauses gestolpert bin, das war kurz vor 18, und mir ist vor Freude fast die Brust zerplatzt. Denn das Theater hat das, was das Internet nicht hat:

Rohe, saftige UNMITTELBARKEIT IN ZEIT UND RAUM. Alles, was ist, ist genau jetzt. Alles, was ich auf der Bühne tue, ist dann auch wirklich gerade geschehen. Für den *Zuschauer* wie für den *Spieler*. Aufregung und Euphorie durch den Körper sprudeln spüren, tanzend Sprachen erfinden, spielen, beobachten, reagieren, toben und damit auch noch was verhandeln: die Ausweglosigkeit des Jetzt ist unendlich und unbeschreiblich. Theaterspielen ist die einzige Lebensform, in der Handeln nicht die Konsequenzen hat, die es im off-bühnischen Leben hätte. Genau hier haben das Theater und das Internet auch was Fettes gemeinsam: Alles findet im hohlen Raum statt. Alles erstmal Behauptung, alles erstmal Pipi auf Sand. Denn, ob Spiel auf der Bühne oder virtuelle Verabredung ohne Fleischlichkeit: Beides ist nur so halb echt.

Echte „digital natives“ oder verliebte Migranten haben das virtuelle Kommunizieren in allen Adern. Zumindest in den Adern, die hinter ihrer Stirn, in ihren Daumen und in ihren Zeigefingerspitzen liegen.

Im Internet liegt mir schließlich Meer offen. Theoretisch kann ich jede Minute mit jedem Menschen der Erde kommunizieren, *Sprache, Bilder, Videos, Twitter, Facebook, Instagram, Vineapp*[3] und Co.

Ich kann alles teilen, mit jedem, für immer. Alles aus meinem Kopf heraus durch meine Fingerspitzen hinein in ein anderes Paar an Augen und andere Adern hinter einer anderen Stirn.

Im virtuellen Chat bin ich ziemlich schlagfertig. („Chat“ als Begriff ist übrigens ziemlich Neunziger, man denkt an Chaträume und Nicknames. So, let’s not go there.) Was ich meine ist: jegliche geschriebene Sprache, die ich in meine Tastatur hinein plappere. Ich kann sogar witzig sein, wenn ich chatte (… so hoffe ich zumindest). Auf meinem inneren Desktop stehen viele Fenster gleichzeitig sperrangelweit offen. Das ist großartig und ich sehe meinem Hirn beim Rennen, Springen und Singen zu. Soweit alles super.

Meine jüngere Cousine, die sich alterstechnisch auf der Halbzeitschwelle ihrer Schulpflicht befindet, sieht das auch so. Wenn wir gemeinsam bei Familienfesten sitzen und nicht auf mindestens zwei bis vier Kanälen unsere Aufmerksamkeit loswerden können, haben wir ein Problem. Selbstgemachtes ADHS nennen es die einen, die Hölle der Hypermoderne die anderen, ich nenne es erstmal die völlig logische Entwicklung meiner kognitiven Fähigkeiten, die zu meinen Gewohnheiten werden. *Multitasken* gibt es ja nach neuesten wissenschaftlichen Erkenntnissen nicht, aber schnellwechselnde, mehrschichtige Prozessbedienung, das geht. Trust me, I know that. Dieser Rezeptions-Werkzeugkasten fällt nicht vom Himmel, das sind die Späne, die vom Hobel segeln, wenn man so viel an ihm säbelt.

Wo viel Licht ist, ist der Schatten meist nicht schwer zu finden. Denn ich sehe auch all die kleinen Stressfältchen, die ich mir züchte, die angestrengte Augenbrauenpartie durch den 24-stündigen Blick aufs kleine Smartphone-Display, die ewige Abgelenktheit, die Smartphonezombies auf den Bürgersteigen. Dennoch will ich sagen: Dieses ganze digitale Zeug ist trotzdem super, wirklich. Auch wenn es nicht immer so aussieht.

Es braucht nur eine GEGENBEWEGUNG.

Und genau darauf will ich hier auch hinaus: Den Körper.

Wenn ich beim Chatten oder E-Mail-Schreiben etwas böse/sauer/wütend bin, dann haue ich stets etwas lauter in die Tasten und drücke die Return-Taste besonders feste, gefolgt von einer kleinen, pathetischen Pause. Wenn ich etwas lese, das mich aufregt, oder – schlimmer – meine Internetverbindung abbricht, beleidige ich den Bildschirm und die Tastatur unter meinen Fingern und fuchtele mit meinen Händen in der Luft, mit hoher Wahrscheinlichkeit erneut unterstützt durch den ein oder anderen Kraftausdruck.

Hm.

Was ist da bloß los?

Ich stelle fest:

Ich bin tatsächlich ein Mensch. (Oha.)

Mit non-digitalen, körperlichen Ausdruck suchenden Gefühlen. (Oha.)

Gefühle, die ich am Computer/vor dem Smartphone nicht loswerde. (Ach so?)

Ja.

Die Überzahl der Kommunikationsangebote, die ich bekomme, egal ob E-Mail, Nachrichten in sozialen Netzwerken, Statusupdates, Kommentarfunktionen oder Tweets: Es wimmelt an Herzen, Smileys, Witzchen und Nettigkeiten.

Eine verdächtige Beobachtung bei Menschen, die Nachrichten schreiben (Whatsapp, Twitter, Facebook): Ich sehe ausschließlich Gesichter, die in Falten gelegt sind und ernstmienig auf ihr Display starren. Konzentrierter Blick außerhalb, crazy Smileys und Emoticons innerhalb. Ist eigentlich alles gar nicht verwunderlich – der menschliche Kommunikationsfaktor Gesichtsausdruck würde hier ja seinen anthropologischen Sinn verfehlen – ist ja schließlich niemand da, der auf einen Ausdruck reagieren könnte. Aber auf die Dauer gesehen läuft da irgendwas ganz fies auseinander …

Ich liebe die Versprechen der Technik, ich liebe Computer, ich liebe Fernsehen und ich kann die Zukunft kaum erwarten. Es gibt da aber eine Sache, die mich meine Fernseh-dominierte Kindheit gelehrt hat: (… Das und die auswendige Aufzählung jeglicher japanischer Mangas nach Erscheinungsdatum.) Fernsehen und Internet bringen den Körper in einen „Konsum-Modus“. Ich nehme auf, mit Augen, Kopf und Hirn.

Aber ich gebe nichts ab.

Ich atme nur ein, aber nicht aus. Es sickert alles in mich hinein und bleibt dort stehen, wenn ich den Stöpsel nicht hin und wieder aus dem Becken rupfe.

Je mehr die Normalitätswerdung der digitalen Kommunikation voranwalzt, je normaler und bequemer es wird zu chatten, statt zu sprechen, desto weniger wird die Offline-Kommunikation mit all ihren wundervoll gruseligen Scham-/Scheu-/Verlegenheits-Momenten mehr Alltag. Begegnung wird zum Sonderfall. Meine kleine Cousine eröffnete mir neulich, sie würde insgesamt sowieso lieber chatten als sprechen. Online sei sie einfach mehr sie selbst. Oh. Oho.

Untergangsszenario? Böses Internet? Böse Smartphones? Böses Facebook?

Bullshit.

Jede neue Kultur muss sich erstmal ihre eigenen Rituale und Gepflogenheiten aus den Kniekehlen schälen. Dass man sich vor dem Essen die Hände wäscht, stand ja auch nicht in der Packungsbeilage des Seins. Vielmehr haben mit an Sicherheit grenzender Wahrscheinlichkeit Menschen einmal schmerzlich erfahren müssen, dass es durchaus unangenehme gesundheitliche Tücken haben kann, wenn man das mit dem Händewaschen vor dem Essen nicht weiß.

Und so ist das mit dem Digital-Sein und dem Körperlich-Sein.

Schauspielausbildung, Unterricht in Darstellendem Spiel und Improvisationsgruppe bedeutet: Sich erleben lernen. Erleben lernen, wie man mit anderen tatsächlich in Kontakt gerät. Nähezonen und Grenzen abstecken. Wie fühlt es sich an, wenn etwas peinlich ist. Den peinlichen Zustand mal mit offenen Augen untersuchen. Zu erleben, dass man von Scham nicht gleich stirbt. Phantasiechinesisch sprechen und überrascht sein, was man damit dann doch alles mitteilen kann. Mal erleben, wie es ist, wenn man ganz alleine, ganz laut singt, und alle gucken zu. Was kann ich mit meiner Zunge, mit meinen Lippen, mit meinem Körper alles so kommunizieren? Und was kommuniziere ich aus Versehen dazu?

Theaterspielen gibt diesen Erfahrungen einen Rahmen. Einen Rahmen, in dem man ausprobieren kann, weil er ein Raum ohne soziale Regeln ist.

Das Internet ist nämlich alles andere als ein Raum ohne soziale Regeln. Ausprobieren ist nicht mehr. Im Gegenteil. Einmal Gesagtes kriegt man so schnell nicht mehr vom Hacken gekratzt. Das soziale Netz ist ein Ort höchster Vorsicht. Daher die Freundlichkeit und nirgends ein dislike-button. […]

MEDIENKOMPETENZ zu unterrichten ist heute so wichtig, wie es wichtig wäre, ein Gegenritual wachsen zu lassen: DARSTELLENDES SPIEL, IMPROVISATION, STIMMSPIELE. Eine körperliche Aufmerksamkeitsparty, die die Gegenfeier zur virtuellen Völlerei und dem digitalen Rauschen sein muss. Wo viel Licht ist … und so weiter. Ich möchte gerne eine Palette Kerzen installieren, damit es nicht so dunkel bleibt auf der andern Seite der hellen, schönen, digitalen Zukunft.

Das mit der digitalen Superrevolution ist ein großes Supergeschenk. Wer sich beim Auspacken nicht ständig am Papier in die Finger schneiden will, muss lernen, eine Schere zu bedienen. *(1487 Wörter)*

Aus: Praetorius, Bianca: Internet versus Theater. In: Junge Bühne. Das junge Theatermagazin der Deutschen Bühne (7. Jahrgang). Spielzeit 2013/14. Hg. vom Deutschen Bühnenverein, S. 24–26.

Anmerkungen:

1 digophil: Neologismus für ‚die digitale Welt liebend'

2 So, let's not go there: (engl.) wörtlich ‚Lass uns nicht dorthin gehen'; hier im Sinne von ‚Lass uns das nicht vertiefen'

3 Vineapp: App zum Austausch kurzer Videos

Hinweise und Tipps

Die vorliegende Aufgabe fordert zum einen die ***Analyse eines Essays*** *von Bianca Praetorius und zum anderen die* ***Beurteilung von dessen Überzeugungskraft****. Die Zuordnung der Aufgabe zum Aufgabentyp „Analyse pragmatischer Texte" zeigt Ihnen, dass der* ***Schwerpunkt*** *der Bearbeitung auf der* ***Textuntersuchung*** *liegen sollte.*

Der Essay ist verhältnismäßig ***lang****. Deshalb ist es wichtig, dass Sie sich bei der Analyse nicht in Einzelheiten verlieren, sondern sich auf die wirklich wichtigen Aspekte konzentrieren. Aus dem gleichen Grund ist es auch ratsam, dass Sie als Grundschema nicht die lineare, sondern die* ***aspektorientierte Analyse*** *wählen. Denn sonst laufen Sie Gefahr, Textmerkmale (z. B. bestimmte rhetorische Mittel), die möglicherweise nur an Ort und Stelle, aber nicht für den Text im Ganzen bedeutsam sind, zu stark zu gewichten.*

Bei der Analyse von pragmatischen Texten sind die drei großen Untersuchungsbereiche in der Regel der ***Inhalt****, die* ***Argumentation(sweise)****, auf die hier ja in der Aufgabenstellung ausdrücklich hingewiesen wird, und die* ***sprachliche Gestaltung****. Es bietet sich an, die Textuntersuchung nach diesen drei Bereichen zu strukturieren.*

In Anbetracht des Artikelumfangs ist es bei der ***Inhaltswiedergabe*** *entscheidend, zwischen* ***wichtigen und unwichtigen Aussagen bzw. Textteilen zu differenzieren****, um so den Inhalt besser raffend erfassen zu können. So ist der Hinweis der Verfasserin, sie würde eher ihren Hund im Schwimmbad vergessen als ihr Telefon (vgl. Z. 6 f.), inhaltlich wenig relevant, denn er dient nur der Veranschaulichung. Zentraler ist, dass Praetorius zu Beginn des Artikels ihre starke Affinität zum Internet behauptet.*

Bei der ***Argumentationsweise*** *konzentrieren Sie sich auf die Frage, wie die Verfasserin verfährt, um den Leserinnen und Lesern ihre Ansicht nahezubringen und sie von ihrer Position zu überzeugen. Argumentiert sie beispielsweise auf der Basis von Statistiken und objektiven Einsichten oder greift sie eher auf persönliche, subjektive Erfahrungen zurück? Auf welche Weise bewertet sie bestimmte Aspekte? Nutzt sie beispielsweise das Mittel der Ironie? Wie wirkt sich ihre Argumentation auf die Leser aus?*

Die Untersuchung der ***sprachlichen Gestaltung*** *ist deshalb eine Herausforderung, weil der Text voll von rhetorischen Mitteln ist und Sie aus Zeitgründen nicht jedes einzelne Mittel behandeln können. Sie müssen daher gewichten, welche Merkmale für den Text am prägendsten sind und dann auch deren Wirkung bzw. Funktion erläutern. Zum Beispiel ist die Bildsprache ein durchgängiges Gestaltungsmittel im Text, weshalb es sich lohnt, sie ausführlicher zu betrachten. Die Alliteration „länger und lauter" (Z. 11) dagegen hat nur lokale Bedeutung und bedarf nicht unbedingt einer Erwähnung.*

Die Beurteilung der ***Überzeugungskraft*** *des Textes bereiten Sie am besten vor, indem Sie sich noch einmal bewusst machen, wie die Verfasserin argumentiert. Notieren Sie sich dann,* ***welche Vorteile und welche Nachteile diese Argumentationsweise*** *hat. Damit haben Sie eine gute Basis für Ihr Urteil.*

Spätestens an dieser Stelle ist es übrigens ratsam, auch die ***Adressaten*** *in den Blick zu nehmen, die sich aus der Quellenangabe erschließen lassen. Denn wie überzeugend ein Text ist, hängt auch davon ab, wie gut er die Leserschaft anzusprechen vermag.*

Noch ein Hinweis zum Aufbau Ihres Aufsatzes: Vergessen Sie nicht, mithilfe einer ***Einleitung*** *den Text vorzustellen. Runden Sie Ihren Aufsatz außerdem am Ende mit einem* ***Fazit*** *ab. Darin können Sie Ihre Ergebnisse noch einmal knapp zusammenfassen.*

Lösungsvorschlag

In ihrem Essay „Internet versus Theater“, erschienen 2013 in dem Theatermagazin „Junge Bühne“, befasst sich die Kommunikationstrainerin und Autorin Bianca Praetorius mit der Frage, in welchem Verhältnis das historisch junge Medium „**Internet**“ und das auf eine jahrtausendelange Tradition zurückgehende Medium „**Theater**“ zueinander stehen. Mit dem Titel ihres Artikels suggeriert die Verfasserin bereits, dass Internet und Theater sich in Konkurrenz zueinander befinden. Wie sich am Ende des Artikels herausstellt, begreift sie das **Theater** als **wirksames Gegenmittel** für die Gefahren der digitalen Welt, aber auch als eine **ideale Ergänzung** zum Internet.

Einleitung
Angaben zur Textvorlage

Position der Verfasserin

Praetorius entwickelt ihre Position durchaus anhand einer **Gegenüberstellung von Internet und Theater**. Ausgangspunkt ihrer Überlegungen ist ihre Behauptung einer **persönlichen, mit** starken **Emotionen verbundenen Affinität** zu den beiden Medien und die Frage, wie sich diese entwickelt hat (vgl. Z. 1–28). Praetorius betont, nicht von vornherein mit ihnen aufgewachsen zu sein, sondern erst im Jugendalter einen Zugang zu ihnen gefunden zu haben (vgl. Z. 12 ff., 25 ff.). In diesem ersten Abschnitt des Textes geht Praetorius noch nicht auf die Gründe für ihre emotionale Affinität zum Internet ein, vermittelt aber schon einen Eindruck davon, **warum** das **Theater** sie so sehr **begeistert:** Es geht ihr nicht darum, was Theaterstücke im Einzelnen inhaltlich ausmacht (vgl. Z. 20 f.), sondern darum, **was Theater im Allgemeinen als Medium auszeichnet** – nämlich „das Spielen, de[r] Moment, die Unmittelbarkeit, das Fleisch, de[r] Schweiß und das Echte“ (Z. 21 f.).

Analyse
Inhalt und Aufbau
Sinnabschnitt 1

Im zweiten Sinnabschnitt (vgl. Z. 29–38) erläutert die Verfasserin diesen Grund für ihre Theaterbegeisterung vertiefend: Die mit dem Theater verbundene „[r]ohe, saftige UNMITTELBARKEIT IN ZEIT UND RAUM“ (Z. 29) ermöglicht dem Menschen laut Praetorius eine Form der **spielerischen Selbsterkundung** und körperlichen **Selbsterfahrung**, die das Internet nicht bieten könne (vgl. Z. 27 ff.). Und doch sieht sie hier auch eine Gemeinsamkeit: Sowohl das Theater als auch das Internet scheinen für die Verfasserin in gewissem Sinne **der Lebenswirklichkeit entzogen** zu sein und insofern eine spielerische Herangehensweise zu ermöglichen.

Sinnabschnitt 2

An dieser Stelle springt Praetorius nun wieder zum Internet zurück, um zunächst **Vorteile der digitalen Kommunikation** (dritter Sinnabschnitt, vgl. Z. 39–64) zu beleuchten: Diese erlaube es dem Einzelnen theoretisch, zu jedem Menschen auf der Welt in Verbindung zu treten und ihm etwas von sich selbst mitzuteilen. Diese sozusagen **unbegrenzten Möglichkeiten** könnten als äußerst anregend für das

Sinnabschnitt 3

Gehirn empfunden werden (vgl. Z. 51 ff.). Die **gleichzeitige Kommunikation auf verschiedenen Kanälen**, die Praetorius als „völlig logische Entwicklung [ihrer] kognitiven Fähigkeiten" (Z. 59 f.) bezeichnet, werde allerdings oft auch kritisch gesehen (vgl. Z. 56 ff.).

Im Anschluss (vgl. Z. 65–110) setzt die Verfasserin der – allerdings teilweise ironisierten – positiven Sicht auf das Internet die **Nachteile der digitalen Kommunikation** entgegen: Als problematisch begreift sie vor allem die **Körperlosigkeit** der Unterhaltungen im Netz, weshalb sie – so schickt sie der Darstellung der Nachteile voraus – eine „GEGENBEWEGUNG" (Z. 71) fordert. Als **Beispiel** schildert sie, wie sie körperlich reagiert, wenn sie bei der Nutzung des Internets etwas aufregt (vgl. Z. 75 ff.). Im virtuellen Raum könne sie ihre „Gefühle" offenbar „nicht loswerde[n]" (Z. 85). Diesen **Mangel an körperlichem Gefühlsausdruck**, den Praetorius auch bei anderen entdeckt (vgl. Z. 90–93) und der sich ihrer Auffassung nach auch in der Vielzahl an Emoticons und Smileys in der Internetkommunikation niederschlägt, sieht sie sehr **kritisch:** „Aber auf die Dauer gesehen läuft da irgendwas ganz fies auseinander …" (Z. 96) So relativiert sie auch ihre übertrieben betonte Liebe zum Internet (vgl. Z. 97 f.), indem sie deutlich macht, dass es sich dabei vor allem um ein **rezeptives Medium** handle. Der Körper gerate in einen „Konsum-Modus" (Z. 101), in dem er nur noch passiv aufnehme, aber nichts mehr abgebe (vgl. Z. 102). Zudem drohen nach Praetorius durch das Fortschreiten der Internetkommunikation, **echte Begegnungen weniger** zu werden (Z. 108). Als kritisch sieht sie vor diesem Hintergrund offenbar das Geständnis ihrer Cousine an, sie sei online mehr sie selbst (vgl. Z. 109 f.). Sinnabschnitt 4

Anstatt aber deshalb die Digitalisierung zu verteufeln, artikuliert Praetorius im fünften Sinnabschnitt (vgl. Z. 111–119) ihre **kulturgeschichtlich begründete Zuversicht**, dass sich ein **adäquater Umgang mit dem Internet** schon finden werde – die Menschen hätten ja auch gelernt, dass Händewaschen für die Gesundheit von Vorteil sei. Sinnabschnitt 5

Im Folgenden schlägt sie deshalb vor, der **körperlosen Welt des Internets** die Möglichkeiten des **Selbsterlebens beim Theaterspielen** entgegenzustellen (vgl. Z. 120–130). Die meisten Beispiele, die Praetorius anführt, haben dabei mit dem Verhältnis zu anderen zu tun („Kontakt", „Nähezonen und Grenzen", Z. 122; Peinlichkeit und Scham vor anderen, vgl. Z. 123 ff.; körperliche Kommunikation, vgl. Z. 126 ff.). Die Erfahrungen beim Darstellenden Spiel scheinen also vor allem **sozialen Charakter** zu haben – auch wenn bzw. gerade weil es sich um einen „Raum ohne soziale Regeln" (Z. 130) handelt. An dieser Stelle **grenzt** Praetorius wiederum das **Internet vom** Sinnabschnitt 6

Theater ab (vgl. Z. 131–134): In der digitalen Welt gebe es durchaus **soziale Regeln**.

Im Schlussteil des Essays (vgl. Z. 135–143) plädiert die Autorin **schlussfolgernd** für eine **Doppelstrategie** im Umgang mit dem Internet, die aus der Vermittlung von **Medienkompetenz** und der Ermöglichung **theatralischer Selbsterfahrung** bestehen müsse. In Letzterer sieht sie ein nötiges Gegengewicht zur digital-virtuellen Welt, das das Fehlen des Körperlichen im Internet ausgleichen könne.

Sinnabschnitt 7

Wie die Ausführungen zu Aufbau und Inhalt des Artikels schon erahnen lassen, greift Praetorius auf typisch essayistische Schreibstrategien zurück: Dazu gehören das **Umkreisen des Themas** aus verschiedenen Blickwinkeln, die damit verbundenen **Sprünge** zwischen einzelnen Aspekten, die teilweise **assoziative Gedankenführung** oder auch die Montage verschiedener Sprechweisen (vgl. z. B. das Selbstgespräch, Z. 80–85). Auch die starke Präsenz ihres biografischen Hintergrunds und ihrer **persönlichen Erfahrungen** weist den Text als Essay aus. Der subjektive Zugang zum Thema schafft für den Leser ein hohes Maß an **Authentizität:** Vor allem mit den vielen **veranschaulichenden Beispielen** aus ihrem eigenen Leben (vgl. z. B. Z. 55–60, 73–86) erweckt Praetorius den Eindruck, dass sich hier jemand äußert, der sich mit seinem Thema auskennt. Zugleich macht sie auch an vielen Stellen deutlich, dass sie ein Thema von **soziokultureller Relevanz** behandelt, beispielsweise wenn sie sich zuversichtlich zeigt, dass die Menschheit über kurz oder lang einen adäquaten Umgang mit dem Internet lernen werde. Sie verknüpft so geschickt die subjektive mit einer gesellschaftlichen Perspektive.

Argumentative Gestaltung

essayistische Schreibstrategien

persönlicher Zugang zum Thema …

… in Verbindung mit gesellschaftlicher Perspektive

Ein ausgeprägtes Mittel der Leserlenkung ist dabei der **ironische Grundton** in vielen Teilen des Textes. Er dient gewiss der **Unterhaltung** der Leserinnen und Leser (vgl. Z. 6 f.), aber häufig hat er auch eine **wertende Funktion**. So signalisiert die Autorin beispielsweise mithilfe ironischer Passagen, dass sie im Hinblick auf die weitverbreitete übermäßige Affinität zum Internet eine **kritische Haltung** einnimmt. So bezeichnet sie das Internet als „die größte Erfindung seit der naturtrüben Apfelschorle“ (Z. 1 f.). Als Leser fragt man sich, ob sie sich damit über die Begeisterung für das Internet lustig machen will, obwohl sie diese ja selbst durchaus zu teilen scheint. So kurzweilig der Text in manchen Passagen ist, so sehr spürt man als Leser an anderen Stellen das **ernste Anliegen** der Verfasserin. Vor allem wenn sie sich zu den bereichernden Theater-Erfahrungen äußert, tritt der humorvolle Ton zugunsten einer Darstellungsweise in den Hintergrund, die von einer echten, nicht durch Ironie relati-

Leserlenkung durch Ironie …

… und nicht ironische Passagen

vierten Euphorie geprägt ist (vgl. z. B. Z. 29–35). Damit unterstreicht Praetorius ihre Position, dass das **Theater** eine **wichtige Quelle der Selbsterfahrung** sein kann und im Wettstreit „Internet versus Theater“ (Titel) den Sieg davonträgt. Und das, obwohl das Internet wesentlich mehr Textanteile des Essays für sich beanspruchen kann.

Rhetorische Gestaltung

Mittel zur Erzeugung des ironisch-lockeren Tons

Auf sprachlicher Ebene setzt Praetorius den **ironisch-lockeren Ton** mithilfe verschiedener Mittel um: unter anderem durch die übertreibende **Personifizierung des Internets** als große Liebe (vgl. Z. 1–7), durch englischsprachige Wendungen (z. B. „Trust me, I know that.“, Z. 62), durch Interjektionen (z. B. „Oh. Oho.“, Z. 110) und auch allgemeiner durch die Wortwahl. So ist der Text von **jugendsprachlichen** (z. B. „hypen“, Z. 11), **umgangssprachlichen** („super“, Z. 54; „läuft da irgendwas ganz fies auseinander“, Z. 96), **internettypischen** („dislike-button“, Z. 134) und **neologistischen** („off-bühnisc[h]“, Z. 35) Begriffen durchsetzt. Dieser Sprachstil zeigt die ausgeprägte **Adressatenorientierung** des Textes, der sich als Artikel in dem Theatermagazin „Junge Bühne“ an junge Menschen richtet. Allerdings wechselt die Autorin auch hin und wieder **abrupt** das Sprachregister („vorbeigeschrammt“ vs. „bilingual erzogener, digophiler Netzmigrant“, Z. 9 f.). Damit setzt sie **sprachlich** einen **Gegenakzent**, mit dem sie ihren doch **seriösen Anspruch** betont.

Wortwahl und Sprachstil

Bildsprache

Die Attraktivität des Textes liegt außerdem in seiner **Bildsprache** begründet: Indem sich die Autorin selbst als Migrantin beschreibt, **illustriert** sie fast schon allegorisch und **auf unterhaltsame Weise** („kleine Scheune in der ‚Netzgemeinde‘“, Z. 14) **ihre Selbstverortung** sowohl in der Welt des Internets als auch in der Welt des Theaters. **Metaphorische Begriffe und Wendungen** dienen ebenfalls der Veranschaulichung („sprudeln“, Z. 31; „innere Provinz“, Z. 23), teilweise aber auch der Wertung („virtuell[e] Völlerei“, Z. 137 f.) und der Unterhaltung („Pipi auf Sand“, Z. 37; „Rezeptions-Werkzeugkasten“, Z. 62 f.).

weitere sprachliche Mittel

Insgesamt ist der Text darüber hinaus durch eine **hohe Dichte an rhetorischen Stilfiguren** geprägt: Mit **Ellipsen** betont die Autorin bestimmte Aussagen (z. B. „Bullshit.“, Z. 112) oder bringt in Verbindung mit anderen Stilmitteln wie **Antithesen** („Konzentrierter Blick außerhalb, crazy Smileys und Emoticons innerhalb.“, Z. 92 f.) Aspekte auf den Punkt. **Aufzählungen** („Sprachen erfinden, spielen, beobachten, reagieren, toben“, Z. 32), gerade in Bezug auf das Theater, nutzt Praetorius häufig, um gewisse Erfahrungen differenzierend aufzufächern und zu zeigen, wie bereichernd das Darstellende Spiel sein kann.

Beurteilung der Überzeugungskraft

positive Aspekte

Die **Anschaulichkeit** des Essays, die Praetorius mithilfe der Sprache und der vielen erfahrungsgesättigten Beispiele aus ihrem eigenen Leben schafft, trägt sehr dazu bei, dass die Leserinnen und Leser ihre Darstellung **gut nachvollziehen** können. Insbesondere die **authentische Vermittlung** der eigenen Mediensozialisation verleiht dem Text **Glaubwürdigkeit**. Der Lesende ist so unter anderem auch eher bereit, den Bewertungen der Verfasserin zu folgen. Das ist vor allem für die Einordnung des **Theaters als bereichernde Erfahrung** relevant, denn die meisten Menschen sind – anders als Praetorius – mit dem Theaterspielen noch nicht in Berührung gekommen, sodass sie sich auf ihre Darstellung verlassen müssen. Gerade mit dem abwechslungsreichen und **unterhaltsamen Stil** dürfte es Praetorius eher gelingen, ihre **Adressaten** (v. a. junge Menschen) zu **erreichen**, als wenn sie im Ton der Belehrung die Bedeutsamkeit des Theaters für die Bildung Jugendlicher darlegen würde. Auch die argumentative Strategie, **Theater und Internet nicht gegeneinander auszuspielen**, sondern sie als einander ergänzende Medien einzuordnen, dürfte dabei für eine **höhere Akzeptanz** bei ihren Rezipienten sorgen.

negative Aspekte

So attraktiv der Text auf sprachlich-rhetorischer Ebene und im Hinblick auf die persönlichen Hintergründe der Verfasserin auch sein mag, so **schwach** ist seine **argumentative Anlage**. Oft greift Praetorius als Begründung für bestimmte Auffassungen auf **Behauptungen** zurück, die sie dann allenfalls mit **eigenen Erfahrungen anstatt** beispielsweise mit **wissenschaftlichen Forschungen** belegt. Wenn sie z. B. die Mehrkanalkommunikation als „völlig logische Entwicklung [ihr]er kognitiven Fähigkeiten“ (Z. 59 f.) und als „schnellwechselnde, mehrschichtige Prozessbedienung“ (Z. 61 f.) beschreibt, dann genügt es ihr, diese positive Darstellung allein **durch die eigene persönliche Erfahrung zu bekräftigen:** „Trust me, I know that.“ (Z. 62 f.) Eine **Auseinandersetzung auf sachlicher Ebene**, bei der z. B. Untersuchungen zur verkürzten Aufmerksamkeitsspanne in digitalen Zeiten hätten angeführt werden können, um zu beweisen, dass die von ihr genannte „schnellwechselnde, mehrschichtige Prozessbedienung“ (Z. 61 f.) tatsächlich gravierende Nachteile hat, **findet** hier **nicht statt**. An anderen Stellen **vernachlässigt** sie auf geradezu provokative Weise allgemein **bekannte Phänomene**. So behauptet sie, das Netz sei ein Ort, an dem man nur „Freundlichkeit“ begegne und „nirgends ein[en] dislike-button“ (Z. 134) finde. Es ist kaum zu glauben, dass an einer Medienexpertin wie Praetorius wirklich sämtliche **Shitstorms** oder **Cyber-Mobbingfälle** unbemerkt vorübergegangen sein sollen. Darüber hinaus verwickelt sich Praetorius teilweise in Widersprüche – beispielsweise wenn sie zunächst behauptet, Internet finde (wie auch das Theater) „im hohlen Raum“ (Z. 36) statt, später aber vom Internet als „Ort höchster Vorsicht“ (Z. 133) spricht, in dem soziale Regeln wirksam wären.

Außerdem bekommt man den Eindruck, dass der Verfasserin an manchen Stellen die **Unterhaltsamkeit** ihres Essays **wichtiger** ist **als** eine **klar verständliche Argumentation:** Manche Sätze scheint sie nur **um des rhetorischen Effekts willen** zu formulieren (vgl. „Zum Glück habe ich keinen Hund.“, Z. 7). An anderen Stellen wischt sie Gegenpositionen einfach mit einem „Bullshit“ (Z. 112) vom Tisch, anstatt diese genauer darzustellen, um sie dann ernsthaft und argumentativ zu prüfen. Auch die teilweise extreme, manchmal **schwer zu durchschauende Ironisierung**, die sich durch fast den gesamten Text zieht, **beeinträchtigt** seine **Überzeugungskraft**. So kann man sich als Leser nicht immer sicher sein, ob man das, was die Autorin schreibt, tatsächlich für bare Münze nehmen kann: Ist ihre emotionale Nähe zum Internet wirklich so groß oder muss man aus den ironischen Anteilen (z. B. „Internet [als] größte Erfindung seit der naturtrüben Apfelschorle“, Z. 1 f.) schließen, dass diese Affinität gar nicht in dieser Weise existiert?

Fazit

Praetorius verfolgt mit ihrem Essay ein redliches Anliegen: Sie will jungen Menschen das **Theater** und das **Theaterspielen** nahebringen, indem sie ihnen vor Augen führt, welche **Erfahrungsmöglichkeiten** darin liegen. Wegen ihrer sprachlichen Gestaltungskraft wird sie sicherlich auch den einen oder anderen Leser dazu bewegen, ihren Artikel zu Ende zu lesen. Ob sie mit ihrem Text aber tatsächlich viele davon für das Theater begeistern kann – daran sind aus den genannten Gründen berechtigte Zweifel anzumelden. Vielleicht ist das aber auch gar nicht das Ziel der Verfasserin, möglicherweise genügt es ihr, wenn der ein oder andere seine Einstellung zum Theater verändert und zumindest ein Bewusstsein dafür entwickelt, welche Probleme mit der Reduktion auf die digital-virtuelle Kommunikation einhergehen.

Kernfach Deutsch (Schleswig-Holstein) – Abiturprüfung 2020
Aufgabe 1: Interpretation eines literarischen Textes

Thema:
Lyrik

Arbeitsgrundlage:
1. Albert Ostermaier (geb. 1967): *roadmovie* (1997)
2. Franz Hohler (geb. 1943): *Unterwegs* (1995)

Aufgaben:
1. Interpretieren Sie das Gedicht *roadmovie* von Albert Ostermaier. (70 %)
2. Vergleichen Sie die Gestaltung des Themas „Reisen" in Ostermaiers Gedicht *roadmovie* und in Franz Hohlers Kurzprosatext *Unterwegs*. Berücksichtigen Sie dabei neben inhaltlichen auch sprachliche und formale Aspekte. (30 %)

Erlaubtes Hilfsmittel:
– Rechtschreibwörterbuch

Albert Ostermaier (geb. 1967)
roadmovie (1997)

immer geht es weiter voran wohin
kein ende der strasse eine weite
die dir das hemd aufknöpft kein
baum kein strauch eine tankstelle
vorbei der horizont schiebt sich
müde voran die sonne pausiert
hinter den wolken & die nacht
füllt die reserven wenn die fahrer
wechseln das bier immer dünner
wird & der schnee dir an den
schuhen schmilzt du dir ein herz
fasst & den atem hältst plötzlich
das haar des mädchens vor dir in
den händen um eine haaresbreite
hättest du die augen geschlossen &
die liebe erfunden eine strasse &
endlosigkeit die man nur zu
zweit ertragen kann ein glück
das keine zeit hat sich zu zeigen

doch du die zeit es zu verlieren
wenn der film & das popcorn
aus sind & ein mann seinen
weg allein geht[1] mit sand in den
augen doch mit schnee
in den schuhen zum
ende *(145 Wörter)*

Aus: Albert Ostermaier: fremdkörper hautnah. Gedichte. Frankfurt am Main: Suhrkamp 1997, S. 15. Rechtschreibung und Zeichensetzung entsprechen der Textquelle.

Anmerkung:

1 Unter dem Titel *Ein Mann geht seinen Weg* liefen in deutschen Kinos zwei US-amerikanische Spielfilme (von 1961 und von 1978).

Franz Hohler (geb. 1943)
Unterwegs (1995)

Es regnet.

Vor dem Eisenbahnfenster wird Dänemark durchgezogen. Der Bühnenbildner hat sich für Bäume, Büsche, Äcker und Wiesen entschieden. Auf zusammenhängende Wälder hat er verzichtet. Dafür hat er an Nebelkrähen gedacht, und dort – ist das nicht ein Fasan?

Ab und zu läßt er ein paar schwarzweiße Kühe auftreten, die zu einem Bauernhof im Hintergrund gehören. Die Höfe hat er mit einem Siloturm kenntlich gemacht.

Auch an Seen ist kein Mangel; des trüben Wetters wegen ist man oft im Ungewissen, ob es sich vielleicht um eine Meeresbucht handelt. Die Windknechte stehen gern in der Nähe des Meeres, es sind hohe Masten mit dreiflügligen Propellern, die den Wind einfangen und in die Steckdosen jagen. Manchmal stehen sie in ganzen Reihen da. Wenn ich der Wind wäre, würde ich versuchen, ihnen auszuweichen.

Aber ich bin nicht der Wind. Ich bin nur ein Bahnreisender, der sich wundert, wie unglaublich schmal und langgestreckt die dänische Flagge ist, die über so vielen Häusern flattert. *(158 Wörter)*

Aus: Franz Hohler: Die blaue Amsel. München: Luchterhand Literaturverlag 1995, S. 26. Rechtschreibung und Zeichensetzung entsprechen der Textquelle.

Hinweise und Tipps

Die Aufgabenstellung verlangt von Ihnen Methodenwissen zum untersuchenden und vergleichenden Erschließen lyrischer Texte. Da zunächst Albert Ostermaiers Text zu interpretieren ist, zu dem Ihnen außer den Lebensdaten des Verfassers und dem Entstehungsjahr keine weiteren Informationen vorliegen, stützen Sie sich bei diesem Gedicht vorrangig auf den ***werkimmanenten Interpretationsansatz****.*
Beachten Sie dabei, dass trotz der etwas sperrigen Form (Kleinschreibung, Reimfreiheit, Verzicht auf regelmäßige Metrik), die für moderne Texte allerdings konstitutiv ist, bei Ihrer Analyse literaturtheoretische Grundbegriffe benutzt werden sollten. Dies ist in diesem Gedicht schon bei der ***Bestimmung der lyrischen Situation*** *bzw. des lyrischen Ichs eine Herausforderung. Weil der Sprecher des Gedichts, statt Ich zu sagen, immer nur vom Du spricht, ist es hier problematisch, den Begriff des lyrischen Ichs sinngerecht zu verwenden.*
Im Zusammenspiel mit Hohlers Text, dessen Vita Ihnen wahrscheinlich ebenso unbekannt ist, ergeben sich durch die ***Aspektorientierung der Aufgabenstellung*** *weitere Deutungsmöglichkeiten. Angesichts der Alltagsdimension beider Texte sollten Sie neben Ihren Kenntnissen zu moderner Lyrik auch Wissensbestände aus dem Bereich Allgemein- und Weltwissen aktivieren.*

Lösungsvorschlag

Einleitung
Gedanken zum Gedichttitel

„On the Road", „On the Road again", „King of the road" … Die Assoziationen, die der Titel des vorliegenden Gedichtes auslöst, sind vielfältig. Sie sind einerseits musikalischer Art, wie auch die Liedzeile „Im Wagen vor mir fährt ein junges Mädchen" – oder aber als Filmtitel abgespeichert, wie es bei „Easy Rider" oder „Vincent will Meer" oder auch „Tschick" der Fall ist. Die Gemeinsamkeiten dieser Assoziationen sind durch den englischen **Begriff des Roadmovies** bestimmt, der es auch schon in den deutschen Wortschatz geschafft hat.

Überleitung zu den beiden Texten

Er beschreibt damit offensichtlich eine **kulturelle Erfahrung, die vor Ländergrenzen oder Kontinenten nicht haltmacht**. Es wird spannend sein zu überprüfen, inwieweit Albert Ostermaiers Gedicht aus dem Jahr 1997 die Erwartungen des Lesers bedient und was Franz Hohlers kurzer Prosatext „Unterwegs" von 1995 dazu beitragen kann.

Interpretation
roadmovie von Albert Ostermaier

Der Titel „roadmovie" eröffnet dem Leser rasch die Option, den Inhalt des folgenden Textes **in den englischsprachigen Kulturraum** zu übertragen. Bei der weiteren Lektüre des Textes stellt sich heraus, dass die **Kleinschreibung** konsequent bis zum „ende" (V. 26) durchgehalten wird. Die Eingangsbilder, die Ostermaier verwendet, um den Leser in die lyrische Situation mit hineinzunehmen, atmen eine

Unbestimmte lyrische Situation

gewisse Unbestimmtheit: „kein ende der strasse eine weite / die dir das hemd aufknöpft" (V. 2 f.). Da ist „kein / baum kein strauch"

(V. 3 f.), der die Sicht auf den Horizont versperren könnte. Dieser schiebt sich zwar „müde voran“ (V. 5 f.), aber doch immerhin so beständig, dass alles „immer […] weiter [geht]“ (V. 1). Das Szenario für den ersten Teil des Gedichts präsentiert **den lyrischen Sprecher als einen Reisenden**, der ganz offensichtlich unterwegs, also „on the road“ ist. Unklar bleibt allerdings zunächst, „wohin“ (V. 1) die Reise geht. Die Reisenden befinden sich wahrscheinlich auf dem Weg zu einem entfernteren Ziel, denn „die nacht“ (V. 7) kommt dazwischen und „die fahrer wechseln“ (V. 8 f.).

Unbestimmtes Ziel der Reise

Auffällig ist in Ostermaiers Gedicht, dass der lyrische Sprecher in der du-Form spricht. Eine mögliche Deutung dieser Besonderheit könnte lauten, dass der Sprecher den Leser durch die du-Form **zum Nachvollziehen des Textgeschehens auffordern** möchte. Es wäre aber auch denkbar, dass der Sprecher mit diesem Trick **seine eigene Involviertheit** in die Textgeschehnisse – möglicherweise aus Selbstschutz – gewissermaßen **verstecken** möchte und deshalb unter dem Deckmantel der du-Form spricht.

Mögliche Deutungen für du-Form

Ein **Wechsel der Situation** findet dann etwa **in der Mitte des Gedichts** statt. Der Landschaftsdarstellung aus der Perspektive des Reisenden wird nun eine neue Komponente hinzugefügt. Der lyrische Sprecher hält „plötzlich / das haar des mädchens vor [sich] in/ den händen“ (V. 12 ff.). Diese Darstellung ist **schwer vereinbar mit der Vorstellung von Auto- oder Truckreisen**. Es wird noch schwieriger, wenn „um eine haaresbreite / […] die augen geschlossen“ worden wären (V. 14 f.). Vielleicht soll der Leser jetzt an den zweiten Teil des Titels denken: Nach der Assoziation von „road“ kommt jetzt die Vorstellung von „movie“. Nach der „strasse & / endlosigkeit (V. 16 f.) wird jetzt der **Kinosaal** aufgerufen **mit Sitzreihen**, in denen eben auch ein Mädchen sitzen kann, das man vielleicht gern kennenlernen würde.

Neuer Bildbereich: Kino

Neue Person: Mädchen

Das **vor dem lyrischen Sprecher sitzende Mädchen** ist Anlass für eine weitere Gedankenreise. Aus der konkreten Situation im dunklen Kino wird nun eine Verbindung hergestellt zur Straße auf der Leinwand: „eine strasse & / endlosigkeit die man nur zu / zweit ertragen kann“ (V. 16 ff.). Die **Verschränkung dieser beiden Bildbereiche** bereitet schließlich den Showdown im dritten Teil vor.

Reise im Film vs. Erlebnis im Kino

„[W]enn der film & das popcorn / aus sind“ (V. 21 f.) und das Mädchen, das eben noch vor einem saß, den Saal schon verlassen haben wird, geht „ein mann seinen / weg allein“ (V. 22) nach Hause. Dort wird er aus der **Kinoerfahrung** von „strasse & / endlosigkeit“ (V. 16 f.) und aus seiner **Leere im Herzen** – weil er zu dem Mädchen keinen Kontakt aufgenommen hat – vielleicht ein Gedicht machen.

Situation des Sprechers beim Verlassen des Kinos

Ein wesentliches Strukturmerkmal in diesem Gedicht ist der **Umgang des Autors mit dem Thema Zeit** und dem Gestaltungsmittel der Zeit. Rahmenbildend wirken hier das auf Beständigkeit hinweisende Zeitadverb „immer“ (V. 1) und im Gegensatz dazu das den Schlusspunkt alles Seienden bestimmende Nomen „ende“ (V. 26). Dazwischen findet sich zweimal die **temporale Konjunktion** „wenn“, die jeweils das Ende der Abschnitte vorbereitet. „[W]enn die fahrer / wechseln […] [und] du dir ein herz / fasst und den atem hältst“ (V. 8 ff.) steht vor dem Temporaladverb „plötzlich“ (V. 12), das den Wechsel vom anfänglichen Blick zur Leinwand zum Blick auf den Menschen einleitet. Das zweite Mal, „wenn der film […] aus [ist]“ (V. 21 f.), ist die Leere im Herzen des Sprechers deutlich geworden.

Strukturierung durch Zeitangaben

Blickwechsel: vom Film in die Realität

Diese Leere ergibt sich wesentlich durch das sprachliche Mittel des Konjunktiv II (vgl. V. 15), der in diesem Gedicht den **Unterschied zwischen einer Möglichkeit und deren ausbleibender Nutzung** markiert. Hätte der lyrische Sprecher das Haar des Mädchens wirklich in den Händen gehalten und hätte er also wirklich die Augen geschlossen und sich der Situation und dem Mädchen und sich selbst hingeben können – dann wäre die **Zeit nach diesem Kinobesuch** mit einiger Gewissheit anders verlaufen. Denn es heißt ja nicht nur, dass die Augen hätten geschlossen werden, sondern auch, dass „die liebe [hätte] erfunden“ (V. 16) werden müssen. Wenn Liebe er- statt nur gefunden werden muss, ist es **um die realen Möglichkeiten der Partnersuche wahrscheinlich schlecht bestellt**.

Bedeutung des Konjunktivs „hättest“

Muss die Liebe als „eine strasse & / endlosigkeit“ (V. 16 f.) verstanden werden? Durch die **Auflösung klarer syntaktischer Zusammenhänge** ebenso wie durch die konsequente **Kleinschreibung** und die **Enjambements** über das gesamte Gedicht hinweg werden inhaltliche Zusammenhänge für den Leser schwer bestimmbar. Allerdings bieten Relativsätze in dieser Passage eine Verstehenshilfe an. Eine „endlosigkeit die man nur zu / zweit ertragen kann“ (V. 17) und „ein glück / das keine zeit hat sich zu zeigen“ (V. 18 f.) deuten auf eine **problematische Vorstellung von Zweisamkeit** hin – auch wenn durch die Assonanz in diesen Versen („zweit“, „keine“, „zeit“, „zeigen“) ein zunächst harmonisch erscheinender Gleichklang entsteht. Die logische Kontrastfigur, dass das Glück keine Zeit habe sich zu zeigen, „doch du die zeit es zu verlieren“ (V. 20), verdoppelt quasi die **Abwesenheit von Glück beim lyrischen Sprecher**. Was so flüchtig ist, dass es sich mir nicht zeigen kann, kann ich also auch kaum besitzen und demnach auch kaum verlieren.

Uneindeutige syntaktische Beziehungen

Relativsätze als strukturierendes Merkmal

Seelenzustand des Sprechers

Das darauf folgende Filmtitelzitat „Ein Mann geht seinen Weg“ wird durch **Hinzufügung des Modaladverbs** „allein“ (V. 23) verstärkt. Durch die Einbettung in den Temporalsatz „wenn ein mann seinen /

Abwandlung eines Filmtitels

weg allein geht […] zum / ende“ (V. 21 ff.) wird eine **Resignation** angedeutet, die die **Einsamkeit** und Leere der auf der Leinwand gezeigten Landschaft auch **im Inneren des Sprechers** vermuten lässt.

Metaphern: „Sand in den Augen“ und „Schnee in den Schuhen“

Auch die vom Dichter verwendeten Metaphern helfen bei der Deutung dieses Textes. Kann „der schnee [der] dir an den / schuhen schmilzt“ (V. 10 f.) durchaus noch wörtlich als **Niederschlagsphänomen** verstanden werden, so kommt es zum Ende des Gedichts im Zusammenhang mit einem zweiten Bild zu einer weiteren Deutung. Ein Mann „mit sand in den / augen doch mit schnee / in den schuhen“ (V. 23 ff.) lässt darauf schließen, dass er Tränen in den Augen und kalte Füße bekommen hat. Offenbar hat eine wie auch immer geartete **emotionale Wirkung auf den lyrischen Sprecher durch den Film und das Mädchen** stattgefunden, aber er darf dies wohl nicht zugeben – vielleicht weil er glaubt, Mann sein zu müssen und sich keine Gefühle erlauben zu dürfen.

Fazit zu Ostermaiers Gedicht:

Das Gedicht „roadmovie“ von Albert Ostermaier lässt sich also lesen als ein Text über einen Vertreter der Generation Golf, der auf der **Suche nach dem Sinn seines Lebens** einsehen muss, dass die Identifikationsangebote aus der cineastischen Mottenkiste der 60er- und 70er-Jahre für junge Menschen kurz vor dem Beginn des nächsten Jahrtausends nicht ausreichen. **Konfrontiert mit der opulenten Bildwelt auf der Leinwand** wird ihm deutlich, dass die Produkte der Hollywoodindustrie **keinen Ersatz für gelebtes Leben** bieten können. Weil es ihm letztlich unmöglich ist, sich ein Herz zu fassen (vgl. V. 11 f.), wird der Flucht-Raum Kino zum Fluch-Traum. Die Einsamkeit in seinem Leben, vor der der Kinobesucher in eine virtuelle Wirklichkeit fliehen wollte, holt ihn auch dort ein und wirft ihn auf sich selbst zurück. Das als Pop-Literatur auftretende Textkonstrukt ohne strophische Gliederung erweist sich als eine **existenzialistisch-resignative Momentaufnahme**.

Tragik des Kinobesuchs

Vergleichende Interpretation

Unterwegs von Franz Hohler

Um eine Momentaufnahme handelt es sich auch bei Franz Hohlers kurzer Prosaskizze „Unterwegs“ aus dem Jahr 1995. Obwohl nahezu zeitgleich zu Ostermaiers Gedicht entstanden und über das Reisemotiv mit diesem Text gut vergleichbar, liegt hier jedoch eine gänzlich **andere Art von Wirklichkeitserfahrung und -beschreibung** vor. Kein introvertierter, sich selbst bespiegelnder lyrischer Sprecher, sondern ein **neugieriger Ich-Erzähler auf Reisen** präsentiert uns seine **Weltsicht aus dem Zugfenster**.

Erzähler als ruhiger Betrachter einer Landschaft

„Es regnet“ (Z. 1). Sehr viel trister kann ein Reisetext nicht beginnen. Da der Erzähler selbst wohl warm und trocken sitzt, gönnt er sich eine im Wortsinn **beschauliche Auszeit**, in deren Verlauf „[v]or dem Eisenbahnfenster […] Dänemark durchgezogen [wird]“ (Z. 2).

Dieser Einstieg wirkt prägend für den weiteren Verlauf der Betrachtungen. Er suggeriert eine **passive Weltsicht**, die frei ist von Aktionismus und Unruhe und stattdessen die Welt-Anschauung als Form der Wirklichkeitserfahrung vorführt. Es ist eine Sicht, die darauf vertraut, dass **die Welt im Ganzen wohl geordnet** eingerichtet ist: „Der Bühnenbildner hat sich für Bäume, Büsche, Äcker und Wiesen entschieden.“ (Z. 2 f.) Der Requisiteur hat sich um „Nebelkrähen“ und „ein[en] Fasan“ (Z. 4) gekümmert. Auf kostspielige großflächige Kulissen wie „zusammenhängende Wälder […] verzichtet“ (Z. 3 f.) die Inszenierung.

Weltbild des Erzählers

Der **Vergleich mit einer Theateraufführung** funktioniert, weil er auch in den folgenden Abschnitten des Textes aufgegriffen und weiterentwickelt wird. „[S]chwarzweiße Kühe“ (Z. 5) treten auf, „die zu einem Bauernhof im [Bühnen][h]intergrund gehören“ (Z. 5 f.). Nicht die wirkliche Funktion eines „Siloturm[s]“ (Z. 6) ist für Franz Hohlers Erzähler relevant, sondern die Tatsache, dass damit für den Zuschauer „[d]ie Höfe […] kenntlich gemacht“ (Z. 6) worden sind, an denen er vorbeifährt.

Ereignisse vor dem Zugfenster als Theaterinszenierung

Die Handlung des „Stückes“ ist sparsam gestaltet. Neben den Kühen treten „Windknechte“ (Z. 8) auf, „hohe Masten mit dreiflügligen Propellern, die den Wind einfangen und in die Steckdosen jagen“ (Z. 9 f.). Dieses Bild offenbart die **verfremdende Perspektive des Erzählers**. Die „[m]anchmal […] in ganzen Reihen“ (Z. 10) dastehenden Windkraftanlagen sind eines der wenigen bewegten Elemente in dieser Landschaft, obwohl sie doch statisch sind und nur ihre Rotoren kreisen, um für die Menschen Strom zu erzeugen. Aber selbst diese Bewegung scheint dem Erzähler noch zu viel: „Wenn [er] der Wind wäre, würde [er] versuchen, ihnen auszuweichen“ (Z. 11). In diesen Konjunktiven offenbart sich der **Wunsch des Erzählers, sich einer Nutzbarmachung natürlicher Kräfte zu entziehen** und stattdessen einfach nur sein zu wollen. Die äußerste Zurücknahme jeglicher Aktion zeigt sich in der folgenden, nun wieder indikativischen **Selbstbeschreibung des Erzählers**: „Aber ich bin nicht der Wind. Ich bin nur ein Bahnreisender“ (Z. 12).

Handlungs- und Bewegungsarmut im Text

Zufriedenheit des Erzählers mit seiner Situation

Was ihm in seiner auf das hinter dem Fenster Sitzen zurückgeschnittenen Daseinsweise bleibt, ist die **Möglichkeit der Verwunderung**. Er staunt darüber, „wie unglaublich schmal und langgestreckt die dänische Flagge ist, die über so vielen Häusern flattert“ (Z. 12 ff.). Staunen zu erzeugen gehört zum Wesen des Theaters. Und schließlich „flattert“ (Z. 14) diese Fahne sogar. Sie ist also ein weiteres bewegtes Moment im **Schauspiel der Natur**.

Staunen des Erzählers

Am Motiv des Reisens und damit der örtlichen Veränderung werden in Ostermaiers wie auch in Hohlers Text die **seelischen Zustände der Sprecher sichtbar**. Während Ostermaiers Sprecher den Leser mitnimmt auf eine virtuelle Reise in **fiktionale Kinolandschaften**, darf man sich bei Hohler eine **konkrete dänische Landschaft am Meer** vorstellen. Der behaupteten Endlosigkeit der besonnten Landschaft bei Ostermaier steht die begrenzte, kulissenartige, verregnete dänische Ebene entgegen. Während das Gedicht also scheinbar Reales als Illusion eines Kinofilms entlarvt, wirkt im Prosatext Reales wie eine künstlich-theatralische Inszenierung. Das **Fernweh und die Sehnsucht** des „roadmovie"-Protagonisten kontrastiert mit der **Hier-und-jetzt-Erfahrung** des Reisenden bei Hohler. Doch ist auch diese nicht ungebrochen, denn die den Text prägende Vorstellung, dass ein **Bühnenbildner** den wahrgenommenen **Außenraum arrangiert** hat, zeugt von **Distanz** zu diesem und von einem **Mangel an emotionaler Unmittelbarkeit**.

Textvergleich
Reisen in *road-movie* und in *Unterwegs*

Dazu passt auch die formale und sprachliche Gestaltung: Die meist kurzen, parataktischen Sätze (vgl. z. B. Z. 1–4) verleihen Hohlers Text einen **nüchternen Ton**, der von manchen fast hölzern wirkenden Wendungen wie „kenntlich gemacht" (Z. 7) oder „an Seen ist kein Mangel" (Z. 8) noch verstärkt wird. Diese eher einfache, zugängliche Gestaltung steht im Kontrast zu Ostermaiers **Interpunktionslosigkeit**, **Kleinschreibung**, **starken Enjambements** und seinen teilweise **unklaren Bezügen**, die für den Leser herausfordernd sind. Unter anderem dadurch, aber auch durch die „poetischer" wirkende Sprache öffnet das Gedicht – mehr als Hohlers Erzähltext – **Vorstellungsräume**, die der **Leser füllen muss**.

Formale / sprachliche Aspekte

In beiden Texten spielt auch die Zeit eine wesentliche Rolle. Zwar wird sie von Hohlers Ich-Erzähler nicht thematisiert – eben, weil er genügend davon zu haben scheint. Er geht gänzlich auf in ihr. Sie ist ihm keiner Erwähnung wert, seine **Aufmerksamkeit** ist **auf das äußere Geschehen** fokussiert. Ostermaiers Sprecher hingegen spürt die verlorene Zeit. Ob es nur der **verlorene Nachmittag im Kino** war oder doch auch das Gespür größerer Verluste, die sich an jenem Nachmittag andeuten? Eine Liebe nicht nur nicht zu leben aus Mangel an Gelegenheiten, sondern sie noch nicht einmal erfinden zu können, aus Mangel an Vorstellungskraft – das ist eine mögliche Deutung für das Dilemma, das in diesem Gedicht auf die Leinwand projiziert wird. Filmhelden, lyrische Sprecher, Eisenbahnreisende – sie alle sind unterwegs, durch die Welt und zu sich selbst.

Unterschiedliches Verhältnis zu Zeit

Schilderung einer Lebenskrise in Ostermaiers Gedicht?

In den sehr unterschiedlichen formalen Ausprägungen von Pop-Gedicht und Prosaskizze werden wir so in diesen beiden Texten mit Fragestellungen konfrontiert, die auch uns als Jugendliche auf der

Resümee

Suche nach unserem Lebenssinn bewegen könnten. Zu welchem Zweck gehen wir ins Kino? Und zu welchem Zweck gehen wir auf Reisen? Wie können wir – in unserer begrenzten Lebenszeit – einen möglichst großen **Schatz von Welterfahrung** erwerben? Sowohl das Kino als auch das Reisen ermöglichen uns Einsichten, die wir in unserem alltäglichen Rhythmus – von Schule, später Ausbildung, Studium, Beruf – nicht finden können. Sie bieten uns **Fluchträume, Rückzugsorte und Zeitfenster**, von wo aus **neue Perspektiven auf die Zumutungen unseres Alltags** möglich werden. Durch den Wechsel der Sehweisen üben wir uns in der Fähigkeit, auch das Andere wahrzunehmen, nicht nur das Eigene. In diesem Sinn plädieren sowohl Ostermaier als auch Hohler für den **Aufbruch zu uns selbst**. Mit einem gelungenen Kinonachmittag darf man anfangen. Und die nächste Reise darf man zu planen beginnen.

Kino und Reisen als Erfahrungsmöglichkeiten

Kernfach Deutsch (Schleswig-Holstein) – Abiturprüfung 2020
Aufgabe 3: Interpretation eines literarischen Textes

Thema:
Familiengeschichten der Gegenwartsliteratur, ausgehend von Hans-Ulrich Treichel, *Der Verlorene*

Arbeitsgrundlage:
Saša Stanišić: *Wie der Soldat das Grammofon repariert* (2006, Auszug)

Aufgaben:
1. Interpretieren Sie den vorliegenden Textauszug aus Saša Stanišićs Roman *Wie der Soldat das Grammofon repariert.* (60 %)
2. Vergleichen Sie den Romanauszug unter dem Aspekt des Umgangs einer Familie mit Kriegs- und Fluchterfahrungen mit Hans-Ulrich Treichels *Der Verlorene.* (40 %)

Erlaubte Hilfsmittel:
- Rechtschreibwörterbuch
- unkommentierte Ausgabe: Treichel, *Der Verlorene*

Saša Stanišić: Wie der Soldat das Grammofon repariert (2006, Auszug)

Im jugoslawischen Bürgerkrieg[1] wurde die Stadt Višegrad, in der mehr als die Hälfte der Einwohner bosnischer Herkunft gewesen ist, von serbischen Einheiten beschossen und auch besetzt. Der 14-jährige Protagonist Aleksandar, dessen Mutter bosnischer Abstammung ist, flieht daraufhin mit seiner Familie aus der Stadt Višegrad nach Serbien, um in Belgrad Schutz bei Verwandten seines Vaters (serbischer Abstammung) zu finden. Wenige Wochen später beginnt er Briefe an Asija zu schreiben, der er in einem Kellerversteck während der Belagerung Višegrads begegnet ist, als sie vor den Bombenangriffen Schutz suchten.

26. April 1992

Liebe Asija,

wenn mein Opa Slavko noch am Leben wäre, würde ich ihn fragen, wofür man sich jetzt am meisten schämen müsste.

Ich schreibe dir, ich habe dich nicht mehr gefunden, ich habe mich für die Erde geschämt, weil sie die Panzer ausgehalten hat, die uns auf der Straße nach Belgrad entgegenkamen. Mein Vater hupte für jeden Panzer, jeden Jeep und jeden Lastwagen. Hupst du nicht, halten sie dich an.

An der Grenze nach Serbien haben sie uns angehalten. Ein Soldat mit schiefer Nase fragte, ob wir Waffen im Auto hätten. Vater sagte: ja, Benzin und Streichhölzer. Die beiden lachten, und wir durften weiterfahren. Ich verstand nicht, was daran komisch war, und meine Mutter sagte: ich bin die Waffe, die sie suchen. Ich fragte: warum fahren wir dem Feind in die Arme?, und musste versprechen, in den nächsten zehn Jahren keine Fragen mehr zu stellen.

Der Regen nahm kein Ende, die Straße war verstopft, immer wieder blieben wir stehen. Einmal liefen maskierte Bewaffnete mit weißen Handschuhen hinter zwei Männern an der Wagenkolonne entlang. Die Männer waren geknebelt, ihre Augen mit einem Tuch verbunden und ich wollte versprechen, das Erinnern in den nächsten zehn Jahren einzustellen, aber Oma Katarina war gegen das Vergessen. Für Oma ist die Vergangenheit ein Sommerhaus mit einem Garten, in dem die Amseln zwitschern und die Nachbarinnen zwitschern und man Kaffee aus einem Brunnen schöpft, während Opa Slavko und seine Freunde um sie herum Verstecken spielen. Und die Gegenwart ist eine Straße, die wegführt von diesem Sommerhaus, unter Panzerketten wimmert, nach schwerem Rauch riecht und Pferde hinrichtet. Beides müsse man erinnern, flüsterte mir Oma auf dem Rücksitz zu, die Zeit, als alles gut war, und die Zeit, in der nichts gut ist.

Asija, wir sind entkommen und unsere Bekannten in Belgrad umarmen uns erst, als wären wir Eichen, dann, als wären wir zerbrechlichstes Glas, und ich wünsche euch allen in Višegrad Entkommen und Umarmen.

Višegrad kam gleich im Fernsehen, hier sind diejenigen die Aggressoren, die in unserem Fernsehen die Verteidiger waren, und die Stadt ist nicht gefallen, sondern befreit worden, weil nicht ein Held, sondern ein Verrückter den Staudamm sprengen wollte.[2] Der Nachrichtensprecher sagte, Schulen haben den Unterricht und Betriebe wieder die Arbeit aufgenommen. Die Telefonarbeiter anscheinend nicht – wir bekommen immer nur das Besetztzeichen.

Nena Fatima[3] warf Bohnen für Oma Katarina und las aus den Bohnen Oma Katarinas Zukunft wortlos ab. Ich fragte Nena Fatima, was sie eigentlich will. Nena beachtete mich nicht. Ich sagte: mich jetzt anzuschweigen, kann später schwerwiegende Traumata bei mir auslösen. Ich habe keine Ahnung, antwortete ich, als Mutter fragte, woher ich das habe.

Asija, kannst du aus den Bohnen lesen?

Oma Katarina will zurück nach Višegrad. Vater versuchte nicht, es ihr auszureden, Mutter schrie, als sie hörte, dass Vater schwieg.

Vater will schweigen.

Mutter will schreien.

Ich frage mich, was Onkel Miki will. Immer noch weiß niemand, wo er ist.

Ich will eine Geschichte aus einer anderen Welt oder aus einer anderen Zeit hören, aber alle reden nur vom Jetzt und von der Frage: und was jetzt? Wenn ich von dieser Zeit und dieser Welt erzählen würde, müsste ich danach versprechen, es in den nächsten zehn Jahren nie wieder zu tun. Beginnen würde ich so: Kaum haben die Mütter zum Abendessen gerufen, mit flüsternden Stimmen, stürmen Soldaten das Hochhaus, fragen, was gibt es, setzen sich zu uns an die Sperrholzplattentische im Keller.

Ich muss mir nichts ausdenken, um von einer anderen Welt und von einer anderen Zeit zu erzählen.

Heute Nacht hörte ich Mutter schlafend seufzen, sie wachte mit verkrustetem Blut unter der Nase auf. Mit den Nachbarn gibt es Probleme, weil wir in ihrer Nähe sind und sie diese Nähe nicht möchten. Hätte man auch ihnen einen Krieg gegeben, hätten sie sofort auf uns geschossen. Religion ist nicht das Opium des Volkes, sondern sein Untergang. Sagt jedenfalls mein Vater. Ein Junge aus der Straße nannte mich einen Bastard. Meine Mutter habe mein serbisches Blut vergiftet. Ich wusste nicht, ob ich ihn dafür zusammenschlagen sollte oder trotzig und stolz sein. Ich war weder trotzig noch stolz, und wurde zusammengeschlagen.

Asija, ich schicke dir ein Bild mit. Das bist du auf dem Bild. Es gibt leider keine solche Farbe wie dein Haar schön ist, deswegen erkennst du dich vielleicht nicht. Es ist mein letztes Bild des Unfertigen. Es ist unfertig, weil du alleine drauf bist. Früher habe ich das Unfertige gemocht.

Viele Grüße,

Aleksandar. *(735 Wörter)*

Aus: Saša Stanišić: Wie der Soldat das Grammofon repariert. München: btb 2006, S. 131–133. Rechtschreibung und Zeichensetzung entsprechen der Textquelle.

Anmerkungen:

1 Serie von Kriegen auf dem Gebiet des ehemaligen Jugoslawien zwischen 1991 und 1995, die mit dem Zerfall des Staates verbunden waren (heute: Slowenien, Kroatien, Serbien, Montenegro, Bosnien und Herzegowina, Kosovo).

2 Am 6. April 1992 wurde Višegrad von serbischen Einheiten beschossen. Daraufhin besetzte eine Gruppe bewaffneter Bosnier den Staudamm am Fluss Drina und drohte damit, ihn zu sprengen.

3 Neben Oma Katarina Aleksandars andere Großmutter

Hinweise und Tipps

*Die vorliegende Aufgabe ist in **zwei Teilaufgaben** untergliedert, von denen die eine mit **60 %**, die andere mit **40 %** in die Bewertung eingeht – das sollten Sie in Ihrer Ausarbeitung, also bei der Bearbeitungstiefe und dem Umfang der jeweiligen Teilaufgabe, beachten.*

*Die **erste Teilaufgabe** verlangt die **Interpretation** eines Ihnen vorliegenden Textauszugs aus einem Roman von Saša Stanišić. Beachten Sie unbedingt die **Informationen**, die dem Textauszug **vorangestellt** sind, und die **Anmerkungen**, die dem Text **nachgestellt** sind, denn nur auf diese Weise können Sie die **historische Situation** und damit Aleksandars Brief richtig verstehen. Lesen Sie sich dann den Brief mehrmals durch und vergegenwärtigen Sie sich die **Kommunikationssituation**, die dem Brief zugrunde liegt: Wer spricht hier? Wer ist der Adressat? Aus welchem Grund wird der Brief geschrieben? Außerdem sollten Sie untersuchen, welche Themen und Ereignisse im Brief angesprochen werden, wie er sprachlich gestaltet ist und was das über den Protagonisten, seine Familie und seine Erfahrungen aussagt. An diesen Fragen und Kriterien können Sie sich dann auch in der schriftlichen Ausformulierung Ihrer Beobachtungen*

*orientieren. Um zu einer aussagekräftigen Deutung des Textauszuges zu gelangen, müssen Sie Ihre **Analyseergebnisse zu Inhalt, Sprache/Stil** und **Form** in einen sinnvollen, d. h. **funktionalen Zusammenhang** bringen.*
*Ihre Ergebnisse aus der ersten Teilaufgabe nutzen Sie dann in der **zweiten Teilaufgabe** für den **Vergleich mit Treichels „Der Verlorene"** unter dem Aspekt des **Umgangs der Familien mit den Kriegs- und Fluchterfahrungen**. Es empfiehlt sich hier, Treichels Text zunächst kurz vorzustellen und zu skizzieren, worin diese Erfahrungen hier genau bestehen. Auf dieser Grundlage können Sie dann untersuchen, wie die einzelnen **Familienmitglieder** in den Texten mit diesen Erfahrungen umgehen – Sie können dafür die beiden Väter, die beiden Mütter und vor allem die beiden Ich-Erzähler vergleichend in den Blick nehmen. Gehen die beiden Familien auf gleiche oder ähnliche Weise mit ihren Erfahrungen um oder existieren auffällige Unterschiede? Worin könnten mögliche Unterschiede begründet liegen? Greifen Sie bei diesem Vergleich auf Ihr gesamtes Textwissen zu „Der Verlorene" zurück. In einem abschließenden **Fazit** können Sie Ihre **Ergebnisse aus dem Vergleich** noch einmal **präzise auf den Punkt bringen**.*

Lösungsvorschlag

Einleitung
Hinführung und grundlegende Informationen zum vorliegenden Text

Wir leben in unserem Land glücklicherweise in einer Generation, die keinen Krieg miterleben musste. Aber natürlich liest und hört man jeden Tag in den Nachrichten, dass es leider in vielen Teilen unserer Welt kriegerische Auseinandersetzungen gibt. Welche Auswirkungen solche Kriegs- und damit verbundene Fluchterfahrungen auf das Leben einzelner Menschen haben, das kann uns unter anderem die Literatur erahnen lassen – wie zum Beispiel Saša Stanišićs 2006 erschienener Roman *Wie der Soldat das Grammofon repariert.* Im vorliegenden Auszug daraus erzählt der **14-jährige Aleksandar** in einem Brief von seinen **Erlebnissen im Jugoslawienkrieg zu Beginn der 1990er-Jahre**.

Hauptteil
Textinterpretation
Kommunikationssituation und Kontext

Aleksandar adressiert den Brief an das **Mädchen Asija**, das er in einem Kellerversteck während der Bombardierung seines Heimatortes Višegrad kennengelernt hat. Aleksandar ist bald darauf in einem Auto mit seiner Familie – seinen Eltern und seiner Oma Katarina – **in das serbische Belgrad geflohen**. Hier schreibt er seinen Brief an Asija, die sich wohl noch im von serbischen Truppen besetzten Višegrad aufhält – ob Aleksandar genau weiß, wo Asija ist, bleibt zweifelhaft, denn schließlich räumt er ein, Asija in Višegrad „nicht mehr gefunden" (Z. 5) zu haben. Dass er sie im Brief auch über die Anrede zu Beginn (vgl. Z. 2) hinaus mehrfach direkt anspricht (vgl. Z. 27, 41, 63), unterstreicht seinen Bezug zu ihr.

Einleitend bekundet Aleksandar unvermittelt sein Bedürfnis, mit seinem **verstorbenen Opa Slavko** über das Thema **Scham** zu sprechen (vgl. Z. 3 f.). Indirekt gibt Aleksandar damit zu erkennen, dass er mit seinem Opa eine **wichtige Bezugsperson** verloren hat. Aleksandars Schamgefühl richtet sich auf die „Erde […], weil sie die Panzer ausgehalten" (Z. 5 f.) habe, denen sie auf der Flucht begegnet sind. Dies zeugt von seiner **Abscheu gegenüber den kriegerischen Aggressionen**. Dass der Vater ständig seine angebliche Unterstützung für die serbischen Truppen durch Hupen zum Ausdruck bringen muss (vgl. Z. 7 f.), zeigt, wie **gefährlich die Flucht für die Familie** war.

1. Sinnabschnitt: Fahrt nach Belgrad

Beim Grenzübertritt nach Serbien wird das Auto dann doch aufgehalten (vgl. Z. 9–14). Dem Wortwechsel zwischen seinem Vater und einem serbischen Soldaten über mögliche Waffen in ihrem Auto kann Aleksandar nicht folgen und auch die Erläuterung seiner Mutter versteht er nicht. Hier wird deutlich, dass der 14-Jährige die **politischen Verstrickungen des Bürgerkrieges noch nicht durchschaut**. Die Eltern **verweigern sich** jedoch **kritischen Fragen** (vgl. Z. 12 f.) und einem offenen Gespräch, indem sie ihren Sohn dazu auffordern, „in den nächsten zehn Jahren keine Fragen mehr zu stellen" (Z. 13 f.).

Diese Formulierung wiederholt Aleksandar im nächsten Abschnitt in abgewandelter Form: „[I]ch wollte versprechen, das Erinnern in den nächsten zehn Jahren einzustellen." (Z. 18 f.) Gemeint ist die Erinnerung an **zwei Menschen** – vermutlich **Widerständler** –, die **auf offener Straße verhaftet und abgeführt** wurden (vgl. Z. 16 ff.). Die Wiederholung der Formulierung verdeutlicht, dass Aleksandar die Aufforderungen seiner Eltern, nicht nachzufragen, verinnerlicht hat – es deutet sich hier aber auch an, dass das Gesehene für ihn belastend ist. Aleksandars **Oma Katarina**, die neben ihm auf der Rückbank sitzt, scheint eine **Gegenposition zu Aleksandars Eltern** einzunehmen – sie ist „gegen das Vergessen" (Z. 19). Die knappe Beschreibung einer ihrer **Erinnerungen** (offenbar an die Kindheit), die dem Leser das **idyllische Bild** eines Gartens an einem Sommerhaus vor Augen führt, bildet dabei einen **klaren Kontrast zur Kriegswirklichkeit**. Der spielerisch-kindlichen Fröhlichkeit („zwitschern", Z. 20 f.; „Verstecken spielen", Z. 22) und dem ans Schlaraffenland erinnernden Schöpfen von „Kaffee aus einem Brunnen" (Z. 21) stehen das Wimmern, der Rauch und die sterbenden Pferde (vgl. Z. 23 f.) in der Gegenwart gegenüber. Oma Katarina spricht offen zu Aleksandar und sagt ihm, dass **sowohl die guten als auch die schlechten Zeiten erinnerungswürdig** seien. Mithilfe eines Parallelismus (vgl. Z. 25 f.) wird diese Einsicht unterstrichen. Seine Oma ist sich bewusst, dass ihre Auffassung der von **Aleksandars Eltern widerspricht**, deshalb flüstert sie ihm ihre Ratschläge zu.

Im nächsten Abschnitt kommt Aleksandar auf die Ankunft seiner Familie in Belgrad zu sprechen. Die Bekannten sind offenbar **unsicher**, wie sie mit ihr umgehen sollen. Davon zeugen die Vergleiche, mit denen Aleksandar ihren Empfang charakterisiert: Zunächst umarmen sie die Ankommenden, als wären sie „Eichen" (Z. 28), und dann, als wären sie „zerbrechlichstes Glas" (Z. 28). Letztere Formulierung könnte darauf hindeuten, dass die Bekannten auf die von Krieg und Flucht traumatisierte Familie Rücksicht nehmen wollen. Aleksandar muss zudem feststellen, dass die mediale Perspektive auf die Ereignisse in Višegrad in Belgrad eine gänzlich andere ist. Eine Reihe von **Gegenüberstellungen** verdeutlicht dies („Aggressoren" vs. „Verteidiger", „Stadt […] gefallen" vs. „befreit", „Held" vs. „Verrückter", Z. 30 ff.).

2. Sinnabschnitt: Ankunft in Belgrad

In den nächsten Abschnitten (vgl. Z. 36 ff.) des Briefes schildert Aleksandar, wie die einzelnen **Familienmitglieder** mit der **neuen Situation in Belgrad zurechtkommen** und welche **Wünsche** sie haben. Das zeigt sich an der Wiederholung des Wortes „wollen" (vgl. Z. 37, 42, 44–47). Aleksandars zweite Großmutter, die abergläubische Nena Fatima, scheint weniger auskunftsfreudig zu sein als Oma Katarina (vgl. Z. 36 ff.). Als Aleksandar den Finger sozusagen in die Wunde legt und behauptet, dass durch Schweigen Traumata entstehen können (vgl. Z. 38 f.), wird er von seiner Mutter sofort zurechtgewiesen. Möglicherweise fühlt sich **Aleksandars Mutter** angegriffen durch die Worte ihres Sohnes – sie selbst **verweigert** ihm ja ebenso die **Kommunikation** (vgl. Z. 13 f.). **Oma Katarina** hingegen macht deutlich, dass sie **nach Višegrad zurückkehren** möchte – eine Bemerkung, die offenbar zum Anlass für einen Konflikt zwischen Vater und Mutter wird (vgl. Z. 42 f.).

3. Sinnabschnitt: Situation in Belgrad

Aleksandars Eltern reagieren unterschiedlich auf ihre Exilsituation: „Vater will schweigen. / Mutter will schreien." (Z. 44 f.) Während der Vater offenbar eine **Verdrängungsstrategie** verfolgt, ist die Mutter voll von Wut bzw. Enttäuschung. Der Hinweis auf den verschwundenen Onkel Miki (vgl. Z. 46) zeigt, dass auch Aleksandars Familie **harte Verluste** in diesem Bürgerkrieg erleiden musste.

Aleksandar selbst sehnt sich nach einer „Geschichte aus einer anderen Welt oder aus einer anderen Zeit" (Z. 47), er offenbart also einen jugendlichen **Eskapismus** – das Bedürfnis, sich der bedrückenden Gegenwart bzw. der Realität zu entziehen. Würde Aleksandar etwas über die Gegenwart erzählen, würde er anscheinend so schonungslos über den Krieg berichten (vgl. Z. 50 ff.), dass er danach versprechen müsste, „es in den nächsten zehn Jahren nie wieder zu tun" (Z. 49 f.). Die erneute Wiederholung dieser Formulierung verdeutlicht, dass Aleksandars Eltern **weder Erzählen noch kritisches Nachfragen** (vgl. Z. 13 f.) **oder Erinnern** (vgl. Z. 18 f.) für **adäquate Bewältigungsstrategien** halten.

Im vorletzten Abschnitt seines Briefes (vgl. Z. 55–62) geht der Protagonist noch einmal auf die **aktuelle Situation seiner Familie in Belgrad** ein. Das Seufzen der Mutter im Schlaf und das morgendliche Blut unter ihrer Nase deuten darauf hin, dass sie sehr leidet. Einen **Grund** dafür sieht Aleksandar in den **permanenten Feindseligkeiten** der Nachbarn, die seiner Familie wohl das Gefühl geben, in Belgrad nicht willkommen zu sein (vgl. Z. 56 f.). Aleksandar selbst sieht sich verbaler und physischer Gewalt ausgesetzt (vgl. Z. 59–62): Aufgrund seiner gemischten Abstammung – seine Mutter ist bosnisch, sein Vater serbisch – wird er von einem Nachbarsjungen als „Bastard" beleidigt, dessen „Blut vergiftet" (Z. 60) sei. An dieser Stelle des Briefes zeigt sich, dass in diesem Krieg **rassistisch-nationalistische Motive** und auch die „Religion" (Z. 58) eine bedeutende Rolle spielen. Der offenbar verunsicherte Aleksandar ist unschlüssig, wie er auf diese Äußerungen reagieren soll, und wird schließlich „zusammengeschlagen" (Z. 62).

Erst am Ende dieses Briefes (vgl. Z. 63–66) wird für den Leser ersichtlich, dass **Aleksandar Gefühle für Asija hegt:** Er legt dem Brief ein von ihm gemaltes Bild bei, das aber die **Schönheit von Asijas Haar** nicht darstellen könne. Der Hinweis, dass das Bild in Aleksandars Augen „unfertig" sei, weil Asija „alleine drauf" (Z. 65) sei, deutet darauf hin, dass Aleksandar gerne **in Asijas Nähe** wäre.

Fazit mit Berücksichtigung erzählerischer und stilistischer Aspekte

Zusammenfassend lässt sich sagen, dass Aleksandars Brief an Asija **Einblicke in die Erlebnisse während und nach einer Flucht aus einem Kriegsgebiet** bietet. Seine Schilderungen orientieren sich dabei weitestgehend an der **Chronologie der Ereignisse** – Flucht aus Višegrad, Grenzübertritt, Ankunft in Belgrad, neue Lebenssituation in Belgrad –, seine Gedanken folgen aber an vielen Stellen seinen Assoziationen (z. B.: „Asija, kannst du aus den Bohnen lesen?", Z. 41). Die kurzen, eher parataktischen Sätze (vgl. z. B. die Reihungen, Z. 5 f., 15 f.) verstärken zusätzlich den **sachlichen Ton** des Briefes und lassen ihn zusammen mit der eher einfachen Sprache (vgl. z. B. die wiederholte Verwendung der Verben „fragen" und „sagen", Z. 10, 12, 33, 37, 46 etc.) authentisch wirken. Es ist bemerkenswert, dass Aleksandar in seinem Brief **kaum explizit erwähnt**, wie es um seine **Gefühle** steht oder wie seine **persönliche Einschätzung** der Situation lautet – er gibt eher die Meinung anderer Personen, vor allem seiner Eltern und seiner Oma Katarina, wieder (vgl. Z. 19 ff., 58 ff.). Dennoch wird seine **schwierige Lage** durch das Erzählte sehr deutlich. Aleksandars Schweigen in dieser Hinsicht könnte ein Hinweis auf seine bereits begonnene **Traumatisierung** durch die jüngsten Kriegs- und Fluchterlebnisse sein. Vielleicht will Aleksandar aber auch nur vor Asija stark erscheinen.

Überleitung zu Teilaufgabe 2 und knappes Vorstellen des Vergleichstextes

Auch in Hans-Ulrich Treichels 1998 erschienener Erzählung „Der Verlorene" spielen Kriegs- und Fluchterfahrungen eine zentrale Rolle im Leben einer Familie. Die Haupthandlung ist in den 1950er- und 1960er-Jahren angesiedelt, die entscheidende **Tragödie** ereignet sich jedoch früher: Die Eltern des namenlosen, jugendlichen Ich-Erzählers mussten am Ende des Zweiten Weltkrieges mit Arnold, dem älteren Bruder des Erzählers, aus ihrer Heimat in Rakowiec fliehen und gelangten schließlich in eine Kleinstadt in Ostwestfalen, wo sie sich eine gesicherte Existenz aufbauen konnten. Auf ihrer **Flucht** jedoch wurden die Eltern von **russischen Truppen abgefangen** – aus Angst um ihr Leben **übergab die Mutter ihren Sohn Arnold einer fremden Frau**. Die Mutter wurde vergewaltigt und der Sohn Arnold blieb fortan **verschollen**. Diese Ereignisse stellen den **Ausgangspunkt für das Trauma der Familie** in „Der Verlorene" dar.

All das erfährt der Ich-Erzähler **nach und nach**, denn er hat – anders als Aleksandar – den **Krieg und die Flucht nicht selbst miterlebt**. Lange Zeit hat der Erzähler geglaubt, sein Bruder Arnold sei auf der Flucht verhungert. Erst später erklären ihm die Eltern, damals **Arnold weggegeben** zu haben und nun bei der Suche nach ihm mithilfe des Roten Kreuzes auf ein **Findelkind** gestoßen zu sein, das große Ähnlichkeit mit jenem aufweise. Trotz endloser und mühsamer Untersuchungen, die die Familie über sich ergehen lassen muss, bleibt bis zum Ende unklar, ob eine Verwandtschaft zu dem Findelkind besteht.

Vergleich des Umgangs mit der Kriegs- und Fluchterfahrung

Die Väter

Die Eltern des Ich-Erzählers in „Der Verlorene" zeigen im Ansatz ähnliche Reaktionen auf die Kriegs- und Fluchterlebnisse wie die Eltern Aleksandars im vorliegenden Auszug. Der Vater in Treichels Werk verfolgt eine **aktive Verdrängungsstrategie:** Er kümmert sich in fast manischer Weise um sein Geschäft – so bringt er es in den Jahren des Wirtschaftswunders der BRD vom Büchereibetreiber bis zum Fleischwarengroßhändler. Durch materiellen Wohlstand versucht er, die **Fluchterfahrungen vergessen zu machen**. Die Suche nach Arnold treibt er vor allem deswegen voran, um das **Leiden seiner Frau zu mildern**. Über die schlimmen Ereignisse der Vergangenheit spricht der jähzornige und autoritäre Vater nie, überhaupt kommuniziert er mit dem Ich-Erzähler nur selten. Das **Schuldgefühl des Vaters** basiert auf der Annahme, durch das Verlassen des Hofes in Rakowiec die **schlimmen Fluchterlebnisse** überhaupt erst **ausgelöst** zu haben (vgl. S. 122: „Wer sein Haus verläßt, dem lauern die Russen auf"). Sein Streben nach Wohlstand und Ansehen, sein Einsatz bei der Suche nach Arnold sind als Ausdruck seines **Wiedergutmachungswillens** zu verstehen. Wiedergutmachung ist im Auszug aus dem Roman von Stanišić kein Thema. Aber das Schweigen von **Aleksandars Vater** (vgl. Z. 42 ff.) ist doch zumindest ein Anzeichen dafür, dass auch er zu einer **aktiven Kommunikation über die Flucht nicht bereit** ist.

Die Mütter

Die Mutter in „Der Verlorene“ **leidet** ähnlich offensichtlich wie Aleksandars Mutter (vgl. Z. 55 f.). Sie bricht häufig in Tränen aus und erleidet mehrere Zusammenbrüche. Die **Erinnerungen an die Flucht**, den **Verlust ihres Sohnes** und die **Vergewaltigung lassen** die Mutter auch viele Jahre nach diesen Ereignissen **nicht los**. Sie fühlt sich **schuldig**, weil sie Arnold „aus Angst“ und „voreilig“ (S. 16) einer anderen Frau übergeben hat, und gönnt sich keine Glücksmomente im Leben. Dem Bestreben ihres Mannes, die Vergangenheit durch Wohlstand vergessen zu machen, widersetzt sie sich in ihrer Verzweiflung auf rebellische Weise. So wirft sie das Geld, das für die Anschaffung eines neuen Opel Admiral gedacht war, in den brennenden Küchenherd: „Sie wolle keinen Admiral, sagte die Mutter. Sie wolle ihr Kind.“ (S. 82) Insofern hat der unterschiedliche Umgang der Eheleute mit der Fluchterfahrung wie bei Stanišić **Konfliktpotenzial** (vgl. Z. 42 f.). Im Unterschied zu „Der Verlorene“ ist der Grund für das Leiden der Mutter im Vergleichstext aber weniger klar. Aleksandar scheint davon auszugehen, dass sie an der **Ausgrenzung** durch die Nachbarn leidet (vgl. Z. 55 ff.), also an der aktuellen Exilsituation. Als Leser kann man aber vermuten, dass dahinter auch **traumatische Erfahrungen** in Višegrad stehen.

In „Der Verlorene“ kann die Mutter dem Ich-Erzähler keine mütterliche Liebe zeigen, in ihrer **Verzweiflung** bleibt sie voll und ganz **auf Arnold fixiert**. Auch in Aleksandars Brief ist **von elterlicher Zuneigung keine Rede**, auch er erhält vielmehr knappe Anweisungen von seinen Eltern (z. B. „Ich […] musste versprechen, in den nächsten zehn Jahren keine Fragen mehr zu stellen“, Z. 12 ff.). **Von Schuldgefühlen** werden Aleksandars Eltern jedoch **nicht verfolgt**, sie scheinen an ihrer Flucht bzw. an ihrem Verhalten während der Flucht **nichts zu bereuen**. Außerdem **belügen** sie ihren Sohn **nicht aktiv**, wie es die Eltern des Ich-Erzählers in „Der Verlorene“ gemacht haben, indem sie ihn in dem Glauben gelassen haben, sein Bruder sei tot. Erst als sie ihn für die Untersuchungen brauchen, sagen sie ihm die Wahrheit. Auch Aleksandars Eltern gehen kaum auf ihren Sohn ein. So erläutern sie ihm zum Beispiel nicht die Zusammenhänge des Krieges, die er nicht genauer versteht.

Der Ich-Erzähler in „Der Verlorene“ erklärt, dass in seiner Familie schon immer eine „von **Schuld und Scham** vergiftete[] Atmosphäre“ (S. 17) geherrscht habe, ohne dass er anfangs zuordnen konnte, worauf sich diese Gefühle beziehen. Auch Aleksandar spricht von Scham (vgl. Z. 4, 6) – er hingegen weiß von Anfang an, dass sein Schamgefühl auf den Erlebnissen während des Krieges beruht. Der Ich-Erzähler in „Der Verlorene“ wird sich der Gründe für die Scham- und die Schuldgefühle in seiner Familie erst bewusst, als er die **Wahrheit über Arnolds Schicksal** erfährt. Seine **Traumatisierung** bzw. die **Weitergabe des Traumas** der Eltern **an ihren Sohn** hat zu diesem Zeitpunkt bereits stattgefunden: Der Erzähler fühlt zunehmend **Wut auf seinen verschollenen Bruder**, da dieser ihm seinen **ohnehin unsicheren Stellenwert in der Familie streitig** macht. Er entwickelt psychosomatische Störungen, z. B. Magen- und Gesichtskrämpfe, und fühlt sich in seiner Identität bedroht. Diese körperlichen und psychischen Folgen resultieren aus dem Gefühl, das ihm seine Eltern vermitteln, nämlich dass er **ihnen nicht genügt** und dass er **Arnold nicht ersetzen kann**. Aus diesem Grund entwickelt der Ich-Erzähler das Bedürfnis, sich von solchen Gedanken und Gefühlen abzulenken: So denkt er sich zum Beispiel ein Spiel aus, bei dem er Autos an ihrem Motorengeräusch zu erkennen versucht (vgl. S. 23). Auch Aleksandar äußert den Wunsch, der gegenwärtigen **bedrückenden Situation zu entfliehen:** „Ich will eine Geschichte aus einer anderen Welt oder aus einer anderen Zeit hören“ (Z. 47).

Die Ich-Erzähler

Eine Gemeinsamkeit ist auch, dass die beiden Söhne in der Art ihres **Umgangs mit dem Erlebten** in existenzieller Weise vom Verhalten ihrer Eltern abhängig sind. Die traumatisierten, lieblosen Eltern machen Treichels jungen Erzähler sogar **körperlich und psychisch** krank. Doch beide Protagonisten suchen einen eigenen Ausweg aus dieser emotionalen Abhängigkeit: Sie erzählen ihre eigene Version der Erlebnisse, Aleksandar in seinem Brief an Asija, Treichels Erzähler mit seiner Geschichte. Das kann als ihr Versuch gewertet werden, sich von den Eltern zu emanzipieren und das eigene **Trauma zu verarbeiten**.

Fazit

Der Umgang der Familien mit den **Kriegs- und Fluchterfahrungen** ist also in beiden Texten ähnlich: Es herrscht **Kommunikationslosigkeit**, es **mangelt an Empathie** und **Zuneigung**, die Menschen sind entweder **wütend** und **verzweifelt** oder sie versuchen, das Erlebte zu **verdrängen**. Dabei scheint vor allem im Auszug aus Stanišićs Roman mit **Oma Katarina** eine Möglichkeit auf, mit den Erfahrungen angemessener umzugehen – durch **aktives Erinnern**. Und diesen Weg geht sowohl Aleksandar mit seinem Brief als auch der Ich-Erzähler in „Der Verlorene“, indem sie sich mit ihren Erfahrungen auseinandersetzen.

Kernfach Deutsch (Schleswig-Holstein) – Abiturprüfung 2020
Aufgabe 4: Erörterung eines pragmatischen Textes

Thema:
Sprache, Medien, Lesen und Literatur

Arbeitsgrundlage:
Eisenberg, Peter: *Finger weg vom generischen Maskulinum!* (2018)

Aufgaben:

1. Stellen Sie den Argumentationsgang des vorliegenden Textes von Peter Eisenberg dar und erläutern Sie die Intention des Textes. (40 %)
2. Erörtern Sie ausgehend vom Text die Berechtigung einer Sprachregulierung in Bezug auf Gendergerechtigkeit. Beziehen Sie dabei Ihre im Unterricht erworbenen Kenntnisse über Sprachverwendung in gesellschaftlichen Zusammenhängen und über das Verhältnis von Sprache, Denken und Wirklichkeit ein. (60 %)

Erlaubte Hilfsmittel:
– Rechtschreibwörterbuch

Peter Eisenberg: Finger weg vom generischen Maskulinum! (2018)

Seit mehr als vierzig Jahren gibt es bei uns einen öffentlichen Diskurs über Notwendigkeit und Möglichkeit einer geschlechtergerechten Sprache, aber selten war er so intensiv wie in diesem Sommer. Und die vertretenen Positionen erweisen sich als kaum vereinbar, echte Kompromisse sind selten. Das gilt weitgehend auch für die beteiligten Sprachwissenschaftler, besonders bei der zu ihrer Domäne gehörenden Frage nach dem Verhältnis von Genus und Sexus, dem grammatischen und dem natürlichen Geschlecht.

Zugespitzt hat sich der Streit am sogenannten generischen Maskulinum, das bei Personenbezeichnungen wie Lehrer, Schlosser, Soldat, Spion in Erscheinung tritt. Dienen sie in der Grundbedeutung der Bezeichnung von Männern oder sind sie geschlechtsneutral in dem Sinn, dass sie gar keinen Bezug zum natürlichen Geschlecht haben, also weder auf männlich oder weiblich noch auf inter, trans, queer[1] und so weiter fixierbar sind? Ist es so, dann wäre durch das generische Maskulinum auch niemand diskriminiert, gleichgültig, welche Geschlechtsidentität er persönlich hat.

Um es deutlich zu sagen: Die hier vorgelegte Verteidigung des generischen Maskulinums richtet sich nicht gegen die Verwendung des Deutschen als geschlechtergerechte Sprache, sondern gegen seine Misshandlung und Manipulierung in vermeintlich guter Absicht. Denn gerade das generische Maskulinum ist eine in der Sprache tief verankerte, elegante und leistungsstarke Möglichkeit zur Vermeidung von Diskriminierung.

Am Diskurs beteiligte Sprachwissenschaftler sind geteilter Meinung, einige haben sich in letzter Zeit vom generischen Maskulinum distanziert. So schreiben die Kolleginnen Gabriele Diewald und Anja Steinhauer in der Dudenbroschüre „Richtig gendern" (Berlin 2017), man solle das Maskulinum vermeiden. Es mache Frauen unsichtbar und sei nicht der Grammatik eingeschrieben, sondern lediglich eine Gebrauchsgewohnheit, die man ändern könne. Dem Leser wird geraten, einmal jemanden zu fragen: Wer ist dein Lieblingsschauspieler? Als Antwort würden ihm fast ausschließlich Männer genannt werden. Denn in unseren Köpfen seien solche Wörter fest mit „männlich" verbunden. Man spricht hier auch von männlichen Stereotypen.

Solche Stereotypen gibt es, das ist keine Frage. Sie sind aus der Grundbedeutung von Lehrer (einer, der lehrt) oder Schauspieler (einer, der schauspielert) und so weiter abgeleitet, sie ändern aber an der Grundbedeutung nichts. Die von den Autorinnen gegebene semantische Charakterisierung des generischen Maskulinums „Frauen sind mitgemeint" ist inkorrekt. Frauen sind gar nicht gemeint, ebenso wenig wie Männer oder Geschlechtsidentitäten jenseits der binären[2] Norm. Darin liegt gerade das Spezifische des generischen Maskulinums. Ein Wort wie Lehrer hat genau zwei Bausteine, nämlich den Verbstamm *lehr* und das Substantivierungssuffix *er*, das zu Bezeichnungen von Personen führt, die das tun, was der Verbstamm besagt. Solche Substantive können eine ganze Reihe von daraus abgeleiteten Bedeutungen haben, die alle nichts an der Grundbedeutung ändern.

So kann Raucher nicht nur jemanden bezeichnen, der raucht, sondern auch ein Abteil, in dem geraucht werden darf. Ein Seufzer kann auch eine Lautäußerung sein, ein Träger kann ein T-Träger, ein Gepäckträger, ein Hosenträger und vieles mehr sein. Und ist ein Gesetzgeber männlich oder auch nur belebt? Solche abgeleiteten Bedeutungen sind regelhaft und gut verstanden. Sie zeigen, dass es mit der Bindung der er-Substantive an „männlich" nicht weit her ist. An der Grundbedeutung ändern sie nichts. Sie bleibt gültig und ist jeweils vorausgesetzt.

Schon als Kinder haben wir gern jemanden gebeten, ein Möbelstück, ein Musikinstrument und eine Farbe zu nennen. Die Antwort war mit statistisch signifikanter Häufigkeit Tisch, Geige und rot. Das sind die jeweiligen Prototypen, die wir zuerst im Kopf haben, die aber wie die Stereotype nicht das Geringste an der Bedeutung von Möbelstück und so weiter ändern. Assoziationstests sind unbrauchbar, wenn es um die Frage geht, welches die Grundbedeutung von Lehrer, Spion oder Soldat ist. Das gilt sogar dann, wenn fast alle Spione und Soldaten Männer sind. Schon ein einfacher Satz wie „Unter den Grundschullehrern gibt es zu wenig Männer" zeigt das. Der ungerechtfertigte Kampf gegen einen produktiven Mechanismus zur Bildung von Substantiven (wie die auf *er*) kann nicht gewonnen werden. Er kann jedoch erheblichen Schaden anrichten.

In der genannten Dudenbroschüre (Seite 114) findet sich ein bemerkenswertes Zitat aus einem Text von Antje Baumann, die im Sprachbüro des Bundesjustizministeriums tätig ist: „Denn die spezielle Textsorte ‚Gesetz' hat Merkmale, die mit dem geschlechtergerechten Formulieren kollidieren: Abstraktion von allen Merkmalen einer Person, die für das zu regelnde Rechtsverhältnis irrelevant sind (wie z. B. vom natürlichen Geschlecht eines Schuldners, Täters etc.).“ Genau. Warum sollen wir bei Rechtstexten, bei wissenschaftlichen und anderen Textsorten dauernd das natürliche Geschlecht vor uns hertragen? Das kann gut, notwendig und richtig sein, darf aber niemals zum Zwang werden.

Eine weitere Attacke auf die Maskulina wird in einer Reportage der Wochenzeitung „Die Zeit“ (30. Mai) geritten. Sie zitiert den Berliner Anglisten Anatol Stefanowitsch mit der Äußerung, es gebe auf der Höhe des aktuellen Forschungsstandes keine einzige linguistisch fundierte Verteidigung des generischen Maskulinums. Im „Tagesspiegel“ (6. Juni) erklärt der Kollege, was er damit meint: Wieder sind es Assoziationstests des Typs *Nennen Sie Ihren Lieblingsmusiker*. Wir brauchen ihn nach den Ausführungen zur Duden-Broschüre nicht weiter zu kommentieren.

Eine linguistisch fundierte Verteidigung der in der „Zeit“ geäußerten diffamierenden Äußerung des Kollegen ist das nicht. Und immerhin sollte man zur Kenntnis nehmen, dass die Seite der Zeitung, auf der Stefanowitschs Text steht, voll von generischen Maskulina ist. Da ist die Rede vom Fortschrittsbringer, vom Kämpfer, vom Syrer, vom Vertreter des syrischen Volkes, von den Kurden, den Sunniten und so weiter und so fort. Was sollten wir bloß ohne das generische Maskulinum anfangen?

Auch die „Süddeutsche“ beteiligt sich an der Jagd auf die unschuldige grammatische Kategorie generisches Maskulinum. Prominente Autoren sind der neue Direktor des Instituts für Deutsche Sprache Mannheim, Henning Lobin, und die Mainzer Sprachwissenschaftlerin Damaris Nübling. Unter dem Titel „Genus, Sexus, Nexus“ („SZ“ vom 7. Juni) stellen sie fest, die Idee des generischen Maskulinums sei falsch. Grundlegend für ihre Behauptung ist, „dass Personenbezeichnungen wie Terrorist, Spion, Physiker, Lehrer, Erzieher, Florist oder Kosmetiker ein sogenanntes soziales Geschlecht aufweisen, das unterschiedlich stark ausgeprägt sein kann. Es leitet sich aus dem realen Geschlechteranteil ab und aus Stereotypen, die man der jeweiligen Personengruppe zuschreibt.“

Erneut wird dann von einem Assoziationstest erzählt, der deutlich macht, dass beim Wort Spion das soziale Geschlecht „männlich“ ausgeprägt ist. Und wieder zeigen einfache Sätze wie „Der BND stellt heute vermehrt Frauen als Spione ein“ ein Maskulinum, dessen Grundbedeutung generisch ist. Man kann das für alle von Lobin/Nübling genannten Wörter ebenso zeigen. Und wie eben ist der Artikel auf der Zeitungsseite und auf ihrer Rückseite von generischen Maskulina umgeben: Manager, Philharmoniker, Ex-Knackis, Flüchtlinge, Betreuer, junge Polen, Amerikaner und so weiter und so fort.

Wir sollten unsere Sensibilität für offene und besonders für versteckte sprachliche Diskriminierung von Frauen weiter schärfen. Genauso rücksichtsvoll haben wir mit Geschlechteridentitäten umzugehen, die nicht ins binäre Schema passen.

Das Deutsche ist in dieser Hinsicht sehr ausdrucksstark. Ein geschlechtergerechtes Durchregeln, das Eingriffe in die Sprache einschließt und uns ein permanent schlechtes Sprachgewissen macht, lehnen wir ab. Wo die Normalsprecherin und der Normalsprecher nicht mehr reden und schreiben können, wie ihnen Hand, Kopf und Schnabel gewachsen sind, vergehen wir uns an ihnen und an der Sprache.

Wenn wir dafür sorgen, dass es in Zukunft mehr Dirigentinnen, Richterinnen, Pfarrerinnen und Filmemacherinnen gibt als jetzt, tun wir etwas für die Gleichstellung aller in der Gesellschaft. Das soziale Geschlecht vieler Personengruppen wird sich dann verändern, und falsch bewertete Assoziationstests werden überflüssig. Über einen Krieg gegen das generische Maskulinum erreichen wir das mit Sicherheit nicht.

(1189 Wörter)

Aus: Peter Eisenberg: Finger weg vom generischen Maskulinum!, Tagesspiegel vom 08. 08. 2018, https://www.tagesspiegel.de/wissen/debatte-um-den-gender-stern-finger-weg-vom-generischen-maskulinum/22881808.html

Anmerkungen:

1 inter, trans, queer:
inter: Kurzform für: intergeschlechtliche Menschen, d. h. Personen, die mit körperlichen Merkmalen geboren werden, die medizinisch als „geschlechtlich uneindeutig" gelten.
trans: Kurzform für: transgeschlechtliche Menschen, d. h. Personen, die nicht in dem Geschlecht leben können oder wollen, welchem sie bei ihrer Geburt zugeordnet wurden.
queer: Kurzform für: queer lebende Menschen, d. h. Personen, deren Geschlecht oder Sexualität sich nicht mit den gängigen Kategorien der Zwei-Geschlechter-Ordnung erfassen lässt.

2 *binär:* aus zwei Einheiten bestehend.

Hinweise und Tipps

*Bei der **ersten Teilaufgabe** sollen Sie den **Argumentationsgang** des gegebenen Textes darstellen. Es kommt also nicht nur darauf an, die zentralen Aussagen des Textes wiederzugeben, sondern vor allem darauf, wie der Autor seine in der Überschrift formulierte Position argumentativ entwickelt. Hierzu müssen Sie zunächst die **inhaltlichen Zusammenhänge durchdringen**. Halten Sie neben jedem Absatz in Stichpunkten fest, worum es in der jeweiligen Passage im Kern geht. Im nächsten Schritt bilden Sie **übergeordnete Sinnabschnitte**, die dem **Gedankengang des Autors** entsprechen. Dabei helfen Ihnen folgende Fragen:*

- *Welcher **Ausgangspunkt** liegt den Ausführungen zugrunde?*
- *Was ist die **zentrale These** des Autors?*
- *Wie **begründet** er diese?*
- *Welche **Beispiele** werden im Text genannt und was soll damit veranschaulicht werden?*
- *Zu welcher **Schlussfolgerung** kommt der Autor?*

*Die Länge eines Sinnabschnitts ist von den Schwerpunktsetzungen abhängig. So stellt der Autor die Gründe, die andere gegen seine Position anführen, eher überblicksartig zusammen, während er durch eine umfassende Sammlung von Kritikpunkten die Argumente seiner Gegner entkräften möchte. Ihre Darstellung gewinnt an Kontur, wenn Sie auf die **zentralen Argumente** des Autors mit der gebotenen **Ausführlichkeit** eingehen und längere Passagen, die vor allem der Veranschaulichung dienen, stärker raffen.*

*Im Rahmen der ersten Teilaufgabe sollen Sie auch genauer auf die **Intention des Textes** eingehen. Da Sie den Text bereits in übergeordnete Sinnabschnitte eingeteilt haben, wird es Ihnen nicht schwerfallen, die zentralen **Absichten des Autors** zu benennen. Durch **passende Zitate** aus dem Ausgangstext können Sie diese erläutern. Im* *vorliegenden Fall bietet es sich an, auch auf die* ***Überschrift*** *des Kommentars einzugehen, da hier nicht nur die inhaltliche Position des Autors deutlich zum Ausdruck kommt, sondern auch seine Haltung in der Diskussion zur gendergerechten Sprache. Der Schwerpunkt der Aufgabenstellung liegt auf der* ***zweiten Teilaufgabe*** *(60 % der Bewertung). Es soll* ***erörtert*** *werden, ob* ***Sprachregulierung in Bezug auf Gendergerechtigkeit berechtigt*** *ist. Dieser Arbeitsauftrag zielt auf eine* ***dialektische Betrachtung*** *des Themas ab. Das heißt, Sie* ***müssen sowohl Argumente für als auch gegen entsprechende Eingriffe in die Sprache*** *finden. Da Sie in Ihrer Erörterung vom Text ausgehen sollen (vgl. Aufgabenstellung), sollten Sie bei der Vorarbeit prüfen, an welchen Stellen Sie Eisenberg zustimmen können und an welchen Sie eine andere Position haben. Ihre Suche nach Argumenten beginnen Sie also am besten beim Text, der Ihnen Anhaltspunkte sowohl für die Kontra- als auch für die Pro-Seite liefert – sie sollte aber auch darüber hinausgehen. Denn laut Aufgabenstellung sollen Sie* ***aus dem Unterricht erworbene Kenntnisse*** *über* ***Sprachverwendung in gesellschaftlichen Zusammenhängen*** *und über das* ***Verhältnis von Sprache, Denken und Wirklichkeit*** *in Ihre Ausführungen einfließen lassen. Vergegenwärtigen Sie sich daher, was Sie im Unterricht darüber gelernt haben, und versuchen Sie, es auf die zu erörternde Thematik zu beziehen. Überlegen Sie beispielsweise, inwieweit* ***Sprache das Denken der Menschen beeinflussen*** *kann und ob dies für die* ***Geschlechtergerechtigkeit relevant*** *sein könnte. Bevor Sie mit dem Schreiben beginnen, sollten Sie* ***mithilfe eines Schreibplans*** *Ihre Erörterung so vorstrukturieren, dass ein Gliederungsprinzip erkennbar ist. Bei der vorliegenden Lösung sind die* ***Argumente alternierend angeordnet****, da jedem Kontra-Argument ein entsprechendes Pro-Argument gegenübergestellt wird. Es ist jedoch* ***auch eine blockweise Anordnung denkbar****. Wichtig ist, dass Sie am Ende beide Seiten gegeneinander abwägen und Ihren* ***eigenen Standpunkt*** *herausstellen.*

Lösungsvorschlag

In seinem Kommentar „Finger weg vom generischen Maskulinum!“, der am 8. August 2018 im Tagesspiegel erschienen ist, spricht sich Peter Eisenberg **für die Verwendung des generischen Maskulinums** aus und **warnt vor zu starken Eingriffen** in die deutsche Sprache.

Einleitung
Angaben zur Textvorlage
Position des Verfassers

Im ersten Sinnabschnitt (vgl. Z. 1–20) konstatiert Eisenberg zunächst, dass der jahrzehntelange Streit um geschlechtergerechtes Formulieren noch nie so hitzig geführt wurde wie im Sommer 2018, und **stellt die Kernfrage** in dieser Diskussion heraus. Es gehe im Grunde darum, **welche Bedeutung Personenbezeichnungen** zugrunde liegt, die **in grammatischer Hinsicht männlich** sind. Sind damit in erster Linie Männer gemeint oder sind diese Bezeichnungen geschlechtsneutral? Bevor der Sprachwissenschaftler seine Argumentation entfaltet, um sich für die zuletzt genannte Sichtweise auszusprechen,

Hauptteil
Argumentation des Textes
Sinnabschnitt 1: Aktueller Anlass als Ausgangspunkt und Formulierung der Kernfrage

möchte er sich von dem Verdacht befreien, dass er sich gegen Geschlechtergerechtigkeit in der Sprache wende. Daher betont er, es gehe ihm in erster Linie darum, das Deutsche **vor gewaltsamen Eingriffen zu schützen**, die gar nicht dem Ziel einer geschlechtergerechten Sprache dienlich sind.

Sinnabschnitt 2: Darstellung der Gegenposition

Am Beispiel von Empfehlungen in einer Duden-Broschüre zeigt Eisenberg im zweiten Sinnabschnitt (vgl. Z. 21–29) den **Standpunkt seiner Gegner** auf. Diese würden gegen die Verwendung des generischen Maskulinums folgende Argumente ins Feld führen: Es sei nicht tief im Sprachsystem verwurzelt, sondern nur eine **veränderbare Sprachgewohnheit** und es lasse **Frauen in der Sprache verschwinden**. Als Beleg würden die Duden-Autorinnen anführen, dass man mit Begriffen wie „Schauspieler", die in Bezug auf das Genus männlich sind, automatisch Männer assoziiere.

Sinnabschnitt 3: Argumentation gegen die Position seiner Gegner

Grundbedeutung vs. abgeleitete Bedeutung

Bei seiner **nachfolgenden Replik** (vgl. Z. 30–58) konzentriert sich Eisenberg auf den zuletzt genannten Punkt. Er räumt zwar ein, dass es stereotype Vorstellungen bei bestimmten Begriffen mit männlichem Genus gebe. Er meint aber, deswegen ändere sich nichts an der **Grundbedeutung** dieser Begriffe. Als Beispiel führt er das Wort „Lehrer" an. Sprachwissenschaftlich betrachtet sei das eine Person, die lehrt. Auch andere Begriffe, die auf das **Suffix -er** enden, können Eisenberg zufolge je nach Kontext eine **große Bandbreite an Bedeutungen** einnehmen. Durch diese **Analogie bekräftigt** der Autor sein zuvor genanntes Argument, Wörter wie „Lehrer" seien in ihrer Grundbedeutung offen, also **geschlechtsneutral**. Mit einer weiteren **Analogie** versucht der Autor die **Unbrauchbarkeit von Assoziationstests** zu unterstreichen: Frage man nach einem Exemplar einer Kategorie (z. B.: „Nenne mir eine Farbe."), werde meist der Prototyp (hier: „Rot.") genannt. Wie bei Stereotypen ändert sich dadurch aber laut Eisenberg nichts an der **Grundbedeutung** des Wortes, mit dem die Kategorie bezeichnet wird (hier: Farbe).

Sinnabschnitt 4: Beispiele für Positionierungen gegen das generische Maskulinum – mit Gegenargumentation

Im vierten Sinnabschnitt (vgl. Z. 59–98) nennt Eisenberg mehrere **Beispiele für Widersprüche und Unzulänglichkeiten**, die in diversen Wortmeldungen der Gender-Befürworter seiner Ansicht nach zutage treten. Die gegnerische Seite müsse einräumen, dass der Gebrauch des generischen Maskulinums bei manchen Textsorten unverzichtbar sei. Sie würden reflexartig das Assoziationsargument wiederholen, über die inkonsequente Handhabung des Genderns in den Zeitungen hinwegsehen und zu Unrecht an der These festhalten, es gebe einen engen Zusammenhang zwischen Genus und Sexus. Durch diese Auflistung von Kritikpunkten möchte der Autor die **Glaubwürdigkeit der Gegenseite infrage stellen**.

Am Ende des Kommentars (vgl. Z. 99–111) erhebt Eisenberg auf Basis seiner Argumentation mehrere **Forderungen**. Er spricht sich dafür aus, weiterhin **sensibel mit Fragen der Geschlechtergerechtigkeit** umzugehen, **lehnt aber sprachliche Reglementierungen** im Zuge des Genderns ab. Statt Gleichheit zwischen den Geschlechtern sprachlich zu erzwingen, solle man lieber **Frauen in Berufe bringen**, die bislang **eher Männern vorbehalten** waren.

Sinnabschnitt 5: Schlussfolgerungen

Die **Intention des Textes** wird durch die pointiert formulierte **Überschrift** deutlich zum Ausdruck gebracht. Wie Eltern ihre Kinder mahnen („Finger weg vom Kuchen!"), ruft Eisenberg seinen Kolleginnen und Kollegen in der Sprachwissenschaft zu: „Finger weg vom generischen Maskulinum!" Dadurch erscheint das generische Maskulinum als etwas Schützenswertes, das vor den (vermeintlich) impulsiven und ungeduldigen Zugriffen der Gender-Befürworter gerettet werden müsse. Argumentativ verfolgt Eisenberg das Ziel, das generische Maskulinum gerade als **kraftvolles Mittel gegen Diskriminierung zu verteidigen**, indem er mithilfe sprachwissenschaftlicher Erwägungen dessen Geschlechtsneutralität herausstellt. Unter anderem weil er sein Plädoyer gegen entsprechende **Sprachreglementierungen** in einer Zeitung veröffentlicht, darf man davon ausgehen, dass es ihm nicht einfach nur um eine **fachwissenschaftliche Einschätzung** geht, sondern dass er in der **gegenwärtigen** (vgl. Z. 2 f.) **öffentlichen Diskussion** auf die Meinung der Bürgerinnen und Bürger **Einfluss nehmen will**. Entsprechend versucht er die Leserinnen und Leser auch **emotional anzusprechen**, indem er suggeriert, das Gendern führe zu einer Einschränkung der Sprecher und Sprecherinnen, die sich dann nicht mehr äußern könnten, wie sie es möchten (vgl. Z. 104 ff.).

Intention des Textes

Mit der Anerkennung nichtbinärer Geschlechtsidentitäten durch den Bundesgerichtshof stellt sich die Frage nach der Geschlechtergerechtigkeit auf eine neue Weise. Es geht nicht mehr allein um die Gleichheit von Männern und Frauen, der sprachlich beispielsweise durch **Doppelformen** (wie z. B. Bürgerinnen und Bürger) Ausdruck verliehen wird, sondern auch um die Anerkennung von Personen, die sich weder eindeutig dem männlichen noch dem weiblichen Geschlecht zurechnen. Deshalb wird nach Möglichkeiten gesucht, auch Menschen, die sich weder mit dem männlichen noch dem weiblichen Geschlecht identifizieren können, in der Sprache zu repräsentieren. **Gendergap und Gendersternchen** haben sich als eine zusätzliche Form des gendergerechten Formulierens etabliert. Inzwischen gibt es daher eine **Vielzahl an Möglichkeiten des sogenannten Genderns**. Unumstritten ist der Zweck, der hinter solchen Innovationen steht: Es geht um die Förderung der Gleichheit zwischen den Geschlechtern. Aber bei den Mitteln herrscht Uneinigkeit, da kontrovers

Überleitung

Zahlreiche Varianten des gendergerechten Formulierens

diskutiert wird, ob man überhaupt derart in die Sprache eingreifen darf. Daher stellt sich die Frage: **Ist Sprachregulierung berechtigt, um Gendergerechtigkeit herzustellen?**

Erörterung

Kontra-Argument: Verlust von Ungezwungenheit in der Sprache

Der Sprachwissenschaftler Peter Eisenberg verneint dies unter anderem deshalb, weil sprachliche Vorgaben, die zur Realisierung von Gendergerechtigkeit beitragen sollen, seiner Meinung nach **dem natürlichen Sprachgebrauch zuwiderlaufen**. Tatsächlich ist es so, dass wir **im Alltag**, also beispielsweise bei Unternehmungen mit Freunden, beim Einkaufen oder bei Gesprächen mit der Familie, **auf komplizierte sprachliche Formen und umständliche Formulierungen verzichten**. Wenn aber in anderen Kontexten, etwa beim Lesen von Zeitschriften oder im Unterricht, Formen der gendergerechten Sprache begegnen, könnte das die Erwartung wecken, sich diesem **Sprachgebrauch anpassen** zu müssen. Wer dem Trend – vielleicht aus Bequemlichkeit beim Sprechen – nicht folgt, läuft Gefahr, „**ein permanent schlechtes Sprachgewissen**" (Z. 103 f.) zu haben, da er das Gefühl hat, sich nicht ausreichend an der Verwirklichung von Geschlechtergerechtigkeit zu beteiligen. Eisenberg richtet sich daher mit einer warnenden Botschaft an Gender-Befürworter. Er meint: „Wo die Normalsprecherin und der Normalsprecher nicht mehr reden und schreiben können, wie ihnen Hand, Kopf und Schnabel gewachsen sind, vergehen wir uns an ihnen und an der Sprache." (Z. 104 ff.)

Pro-Argument: Ausdruck für gesellschaftlichen Fortschritt

Es darf jedoch nicht übersehen werden, dass eine Gesellschaft flexibel auf Veränderungen reagieren kann. Das ist auch durch die **Wandelbarkeit der Sprache** möglich. Die Mitglieder einer Sprachgemeinschaft können durch ihre Äußerungen deutlich machen, dass sie **gesellschaftliche Lernprozesse** verinnerlicht haben. Aus der Geschichte heraus sind sich viele Deutsche der Tatsache bewusst, dass es ein hohes Gut ist, in einer Demokratie zu leben, die auf **Werten wie Gleichheit und Freiheit** basiert. Ein großer Teil der Sprecher vermeidet es daher, Wörter in den Mund zu nehmen, die diesen Werten widersprechen. Begriffe wie „Fräulein", „Zigeuner" oder „Neger" sind im Zuge einer wachsenden Sensibilität für „**political correctness**" aus dem Wortschatz der meisten Menschen so gut wie verschwunden. Diese Entwicklung ist auf einen Bewusstseinswandel zurückzuführen, der auch durch bestimmte Maßnahmen, wie das **Streichen problematischer Begriffe aus Kinderbüchern**, vorangetrieben wird. Es scheint daher legitim zu sein, durch Sprachregulierungen auch im Bereich der Gendergerechtigkeit einen Wandel hin zu einer rücksichtsvollen und gerechten Gesellschaft zu beschleunigen.

Anhänger und Anhängerinnen der Position Eisenbergs werden entgegnen, solche Maßnahmen seien gar nicht notwendig, um dieses Ziel zu erreichen. Ihrer Argumentation zufolge eröffnet das **generische Maskulinum** die Chance, dass sich nicht nur **Männer**, sondern auch **Frauen** und **nicht-binäre Personen** mit Bezeichnungen identifizieren können, die ein männliches Genus aufweisen. Eisenberg verdeutlicht das an einem Beispiel. Er erklärt: „Ein Wort wie Lehrer hat genau zwei Bausteine, nämlich den Verbstamm *lehr* und das Substantivierungssuffix *er*, das zu Bezeichnungen von Personen führt, die das tun, was der Verbstamm besagt." (Z. 36 ff.) Da also Begriffe wie „Lehrer", „Mediziner", „Sportler" **nichts über das natürliche Geschlecht** der so bezeichneten Person aussagen würden, entsprächen sie gerade der gendergerechten Sprache. Folgt man diesem Gedanken, so wären die Formen, die bislang im Zuge des Genderns vorgeschlagen wurden, wie beispielsweise das **Binnen-I**, **Schrägstrichvarianten oder das Gendersternchen**, **überflüssig**. Das generische Maskulinum erscheint dann als „elegante und leistungsstarke Möglichkeit zur Vermeidung von Diskriminierung" (Z. 19 f.).

Kontra-Argument: Neutralität des generischen Maskulinums

Weshalb betreibt man also den sprachlichen Aufwand, um mit verschiedenen Mitteln Gendergerechtigkeit in der Sprache herzustellen? Kurz gesagt: Weil ein **großer Teil der Sprechenden nicht so denkt wie der Sprachwissenschaftler**. Der Begriff „Sportler" mag zwar aus linguistischem Blickwinkel tatsächlich eine auf kein Geschlechter bezogene Grundbedeutung haben, aber er hat eben auch eine andere Bedeutung, da er auch nur den <u>Mann</u>, der Sport treibt, bezeichnen kann. Diese Ununterscheidbarkeit kann dazu führen, dass der Adressat bzw. die Adressatin einer Aussage **hinter dem sozusagen generisch gemeinten Maskulinum** das **biologische Maskulinum** wahrnimmt. Daher ist im Sprachgebrauch das generische Maskulinum nicht „leistungsstark[]", wie Eisenberg meint, sondern eher anfällig für Missverständnisse. Und deshalb sind auch die **Assoziationstests** durchaus nützlich: Denn sie legen die Bedeutungsräume hinter den Begriffen offen. Diese Bedeutungen sind dabei sicherlich auch von **stereotypen Zuschreibungen** bestimmt, aufgrund derer Genus und Sexus im allgemeinen Sprachgebrauch nicht so einfach zu trennen sind. Besonders stark sind diese Stereotype bei Bezeichnungen ausgeprägt, die sich auf Tätigkeiten oder Berufe beziehen, die vor allem von Männern ausgeübt werden. Man denke etwa an die Begriffe „Fußballer" oder „Lkw-Fahrer". Erst wenn von „Fußballerinnen" und „Lkw-Fahrerinnen" die Rede ist, wird dem Gedanken Ausdruck verliehen, dass **auch Frauen in „männlichen Domänen" tätig** sein können. Die Frauen, die diese Bereiche bereits mitgestalten, werden überhaupt nicht wahrgenommen, wenn nur immer die männlichen Personenbezeichnungen genannt werden. Es

Pro-Argument: Durchbrechen männlicher Stereotype

besteht also die Gefahr, dass **Frauen in der Sprache unterrepräsentiert** sind. Wer das ändern will, wird gegen eine Regulierung der Sprache eher nichts einzuwenden haben.

Kontra-Argument: Alternativen auf dem Weg zur Gendergerechtigkeit

Zu fragen ist allerdings, ob es nicht effizientere Wege gibt, Gleichheit zwischen den Geschlechtern herzustellen. Statt die Wirklichkeit mittelbar über die Sprache beeinflussen zu wollen, so die Gender-Gegner, solle man lieber **direkt die gegebenen Verhältnisse ändern**. Da Sprache Wirklichkeit abbildet, müsste sich nach deren Auffassung dann ein **sensibler Sprachgebrauch von allein** einstellen. In Bezug auf die Gender-Debatte heißt das: „Wenn wir dafür sorgen, dass es in Zukunft mehr Dirigentinnen, Richterinnen, Pfarrerinnen und Filmemacherinnen gibt als jetzt, tun wir etwas für die Gleichstellung aller in der Gesellschaft." (Z. 107 ff.) Denn dadurch könnten **fragwürdige Assoziationen vermieden** werden und in den Köpfen entstünde gar nicht erst die Vorstellung, eine bestimmte Tätigkeit oder ein bestimmter Beruf könne nur von Männern ausgeübt werden. Wer geht heute beispielsweise noch selbstverständlich davon aus, dass in den nächsten Jahren immer nur ein Mann Bundeskanzler wird? Seit 2005 steht Angela Merkel an der Spitze wechselnder Regierungen. Das hat dazu geführt, dass sich Bürgerinnen und Bürger unter einem Kanzler nicht allein einen Mann, sondern eben **auch eine Frau**, **eine Kanzlerin**, vorstellen. Unsere Einstellungen, Haltungen und Erwartungen werden also stark von **Rollenbildern** geprägt. Auf politischem Wege muss daher die Gleichberechtigung vorangetrieben werden, dann werden sich die Rollenbilder ganz von allein anpassen. Eingriffe in die Sprache können Befürwortern des generischen Maskulinums angesichts des großen Einflusses, den die soziale Wirklichkeit auf unser Denken hat, als überflüssig erscheinen.

Pro-Argument: Veränderung des Denkens und Handelns durch Sprache

Die Wirkung, die Sprache im gesellschaftlichen Kontext entfalten kann, ist jedoch nicht zu unterschätzen. Man muss kein strikter Anhänger der Sapir-Whorf-Hypothese sein, nach der unser Sprachsystem das Denken determiniert, um davon auszugehen, dass **Sprache nicht einfach nur ein Abbild der Wirklichkeit ist**, sondern dass sie auch **unsere Vorstellungen von der Welt prägt**. In negativer Hinsicht zeigt sich das aktuell an den Folgen einer Sprache, die in manchen Bereichen, wie der Netzkommunikation, zunehmend verroht. Deutlich wird: Wo eine **Sprache des Hasses** gepflegt wird, kommt es mit größerer Wahrscheinlichkeit zu **Gewalttaten**. Umgekehrt kann Sprache aber auch ein **Instrument** sein, um den **gesellschaftlichen Zusammenhalt** zu stärken. Gendergerechtes Formulieren ist ein Zeichen dafür, dass man die **Gleichberechtigung von Frauen**, **Männern und nicht-binären Personen** anerkennt und auf diese hinwirkt. Politikerinnen und Politiker sind sich dessen in der

Regel bewusst. Sie wissen, dass sie durch ihre **Worte das Denken und Handeln** derjenigen, an die sie sich wenden, **beeinflussen** können. Daher ist in politischen Äußerungen oft von Bürgerinnen und Bürgern, Soldatinnen und Soldaten oder von Polizistinnen und Polizisten die Rede. In manchen Parteiprogrammen findet sich auch das Gendersternchen. Ein solcher Sprachgebrauch **schärft das Bewusstsein** dafür, dass zu unserer Gesellschaft sowohl Männer und Frauen als auch nicht-binäre Personen gehören. Daneben wird auf diese Wiese der **Anspruch** formuliert, dass sich die in der Sprache praktizierte **Gleichstellung auch in den realen Verhältnissen widerspiegeln** soll. Das Wissen um diesen Anspruch erhöht die Bereitschaft, Maßnahmen zur Förderung der Gleichheit zwischen den Geschlechtern einzuleiten. Eingriffe in die Sprache im Sinne der Gendergerechtigkeit erscheinen daher sinnvoll.

Schluss
Synthese
Flexible Handhabung des Genderns je nach Kommunikationsform

Abschließend bleibt festzuhalten, dass es **sowohl gute Gründe für als auch gegen eine Sprachregulierung** in Bezug auf Gendergerechtigkeit gibt. In den Sprachgebrauch der Menschen einzugreifen, ist sicherlich **keine Kleinigkeit** und natürlich dürften **andere Maßnahmen** wie z. B. die Sicherstellung gleicher Bezahlung von Männern und Frauen die **Geschlechtergerechtigkeit in größerem Maße fördern**. Doch wegen der im Sprachgebrauch vorhandenen engen Verbindung von Genus und Sexus könnte die Regulierung der Sprache als ein weiteres Mittel eingesetzt werden, dem **Ideal der Gleichheit zwischen den Geschlechtern** Ausdruck zu verleihen und auf eine gerechtere Gesellschaft hinzuwirken. Da **Sprache je nach Kontext unterschiedlich verwendet** wird, ist es dabei meines Erachtens nicht notwendig, „die vertretenen Positionen […] als kaum vereinbar“ (Z. 3 f.) anzusehen. Gendergerechte Sprache eignet sich vor allem, um **in der beruflichen und öffentlichen Kommunikation** zu zeigen, dass man den Grundsatz der Gleichheit zwischen den Geschlechtern beherzigt. In **privaten Gesprächen** wird und soll aber weiterhin so geredet werden, wie einem der „Schnabel gewachsen“ (Z. 105 f.) ist.

Kernfach Deutsch (Schleswig-Holstein) – Abiturprüfung 2021
Aufgabe 1: Interpretation eines literarischen Textes

Thema:
Lyrik

Arbeitsgrundlage:
1. Theodor Storm (1817–1888): *Abseits* (1848)
2. Sarah Kirsch (1935–2013): *Im Sommer* (1976)

Aufgaben:
1. Interpretieren Sie Theodor Storms Gedicht „Abseits". (60 %)
2. Vergleichen Sie die Gestaltung des Verhältnisses zwischen Mensch und Natur bei Storm mit der im Gedicht „Im Sommer" von Sarah Kirsch. Berücksichtigen Sie dabei sowohl inhaltliche als auch sprachlich-formale Aspekte. (40 %)

Erlaubte Hilfsmittel:
– Rechtschreibwörterbuch

Theodor Storm (1817–1888)
Abseits (1848)

Es ist so still; die Heide liegt
Im warmen Mittagssonnenstrahle,
Ein rosenroter Schimmer fliegt
Um ihre alten Gräbermale;
Die Kräuter blühn; der Heideduft
Steigt in die blaue Sommerluft.

Laufkäfer hasten durchs Gesträuch
In ihren goldnen Panzerröckchen,
Die Bienen hängen Zweig um Zweig
Sich an der Edelheide Glöckchen,
Die Vögel schwirren aus dem Kraut –
Die Luft ist voller Lerchenlaut.

Ein halbverfallen niedrig Haus
Steht einsam hier und sonnbeschienen;
Der Kätner[1] lehnt zur Tür hinaus,
Behaglich blinzelnd nach den Bienen;
Sein Junge auf dem Stein davor
Schnitzt Pfeifen sich aus Kälberrohr[2].

Kaum zittert durch die Mittagsruh
Ein Schlag der Dorfuhr, der entfernten;
Dem Alten fällt die Wimper zu,
Er träumt von seinen Honigernten.
– Kein Klang der aufgeregten Zeit
Drang noch in diese Einsamkeit. *(123 Wörter)*

Aus: Theodor Storm (1817–1888): Abseits (1848) in: Sämtliche Werke. Hrsg. von Karl Ernst Laage und Dieter Lohmeier, 4 Bände. Frankfurt am Main 1987–1988.

Anmerkungen:
1 *Kätner:* abhängiger Bauer oder Tagelöhner
2 *Kälberrohr:* Wiesen-Kerbel, auch „Flötenkraut“ genannt, Pflanze

Sarah Kirsch (1935–2013)
Im Sommer (1976)

Dünnbesiedelt das Land.
Trotz riesigen Feldern und Maschinen
Liegen die Dörfer schläfrig
In Buchsbaumgärten; die Katzen
Trifft selten ein Steinwurf.

Im August fallen Sterne.
Im September bläst man die Jagd an.
Noch fliegt die Graugans, spaziert der Storch
Durch unvergiftete Wiesen. Ach, die Wolken
Wie Berge fliegen sie über die Wälder.

Wenn man hier keine Zeitung hält
Ist die Welt in Ordnung.
In Pflaumenmuskesseln
Spiegelt sich schön das eigne Gesicht und
Feuerrot leuchten die Felder. *(77 Wörter)*

Aus: Sarah Kirsch (1935–2013): Im Sommer (1976), in: Werke in fünf Bänden, hrsg. von Franz-Heinrich Hackel, München 1999.

Hinweise und Tipps

Es liegen Ihnen zwei Gedichte vor, die es miteinander zu vergleichen gilt. ***Teilaufgabe 1*** *verlangt zunächst die* ***Interpretation des Gedichts „Abseits" von Theodor Storm****. Auch wenn hierbei noch kein Bezug zum zweiten Gedicht, Sarah Kirschs „Im Sommer", gefordert ist, so ist es doch ergiebig, dieses schon einmal zu lesen und auch die Teilaufgabe 2 wahrzunehmen. Beides kann Ihnen Hinweise darauf geben, welche Aspekte Sie auch schon bei der Untersuchung von Storms Text berücksichtigen sollten, um für den Vergleich eine gute Grundlage zu haben.*

Erarbeiten *Sie zunächst Storms Gedicht mit* ***Stift und Textmarker****. Am besten versuchen Sie zunächst die* ***Struktur des Gedichts*** *zu erfassen, indem Sie neben dem Text* ***Sinnabschnitte*** *markieren und benennen (z. B. V. 1–12: „Idyllische Heidelandschaft"). Untersuchen Sie dann insbesondere die* ***Sprachgestaltung*** *im Hinblick darauf, wie sie für die Beschreibung der Wahrnehmungen, die das Gedicht prägen, genutzt wird (z. B.: positiv besetzte Farbadjektive, die die Schönheit der Natur zeigen). Dazu können Sie einen Textmarker benutzen, mit dem Sie besondere Stilmittel hervorheben (z. B. Häufung des „l"-Lauts in V. 12); es ist aber auch sinnvoll, neben dem Text (sofern Platz ist) oder auf einem Stichwortzettel Aspekte zu notieren, die für das ganze Gedichte bzw. weite Teile davon gelten (z. B.: parataktische Syntax). Vermerken Sie möglichst auch, welche Wirkung bzw. Funktion die sprachlichen Merkmale haben (z. B. parataktische Syntax → Unterstützung des Beschreibungsgestus). Das Gleiche gilt für die* ***Form des Gedichts:*** *Halten Sie die strophische Struktur, das Reimschema und das Metrum fest und überlegen Sie, welche Rolle sie im Gedicht haben.*

Besondere Aufmerksamkeit sollten Sie der für die zweite Teilaufgabe zentralen Frage schenken, in welchem ***Verhältnis der Mensch zur Natur*** *steht. Fragen Sie sich u. a.,*

- *ob sich mit der Hinwendung des Gedichts zum Kätner (ab Strophe 3) formal und sprachlich etwas ändert,*
- *wie das Haus beschrieben wird,*
- *was über den Kätner und seinen Jungen ausgesagt wird und wie ihr Verhalten wirkt.*

Beginnen Sie nach diesen Vorarbeiten Ihren Aufsatz mit einer ***Einleitung****, in der Sie die grundlegenden Informationen zum Gedicht nennen (Autor, Titel, Gattung, Zeit). Im vorliegenden Lösungsvorschlag wird darüber hinaus der historische Kontext thematisiert. Das ist nicht notwendig, bietet aber bei Storms Gedicht einen guten Ausgangspunkt. Bei der anschließenden* ***Textuntersuchung*** *ist es sinnvoll, zunächst auf allgemeine Aspekte wie die* ***Form*** *und den* ***Aufbau*** *einzugehen, um dann das Gedicht in inhaltlicher und sprachlicher Hinsicht genauer zu analysieren. Denken Sie daran, die festgestellten sprachlichen Mittel in ihrer Bedeutung für den Text zu beschreiben. Am besten runden Sie die Textuntersuchung mit einer reflektierenden* ***Schlussfolgerung*** *ab.*

Teilaufgabe 2 *fordert dann einen aspektorientierten Gedichtvergleich: Im Zentrum des Vergleichs soll (wie schon oben angemerkt) das* ***Verhältnis von Mensch und Natur*** *stehen – wobei auch Sprache und Form zu thematisieren sind. Mit 40 % ist Teilaufgabe 2 im Vergleich zu Teilaufgabe 1 schwächer gewichtet. Eine eigenständige Analyse von Kirschs Gedicht wird insofern nicht nahegelegt.*

Es ist nicht ratsam, den Vergleich blockbildend (erst das eine Gedicht und dann das andere Gedicht) anzulegen. Vergleichen Sie besser im ***Wechselprinzip****, wie einzelne Aspekte jeweils in den Gedichten ausgestaltet sind. Das reduziert die Gefahr unnötiger Wiederholungen und in der Regel gelingt so auch ein differenzierterer Vergleich. Am besten fertigen Sie als Vorbereitung eine* ***Tabelle*** *an, in der Sie* ***zentrale Erkenntnisse zu Storms Gedicht*** *in der einen Spalte vermerken und diesen dann in der anderen Spalte* ***entsprechende Beobachtungen und Einsichten zu Kirschs Gedicht*** *gegenüberstellen (z. B.: unberührte Natur bei Storm vs. teilweise bearbeitete Natur [Felder, Maschinen] bei Kirsch). Im Anschluss können Sie Ihre Notizen in der Reihenfolge nummerieren, in der Sie die jeweiligen Aspekte in Ihrem Aufsatz anführen wollen. Dann formulieren Sie den Vergleich aus. Da Kirschs Gedicht ja nicht separat analysiert worden ist, werden dabei teilweise analytische Betrachtungen nötig sein, in denen Sie mit Zitaten arbeiten und den Text deuten.*

Lösungsvorschlag

Einleitung

Basisinformationen zum Gedicht und Hinleitung zu seinem Thema

Das Jahr, aus dem das vorliegende Gedicht „Abseits" von Theodor Storm stammt, war in historischer Hinsicht ein bewegtes Jahr: Im Frühjahr 1848 kam es in Berlin zur **Märzrevolution** und in der Folge arbeitete eine gewählte Nationalversammlung an einer Verfassung für den neu zu schaffenden Nationalstaat, mit dem die Kleinstaaterei des Deutschen Bundes überwunden werden sollte. Das Gedicht Storms muss damals wie aus der Zeit gefallen gewirkt haben, entwirft es doch eine **Naturidylle** jenseits jeglicher politischer Zusammenhänge.

Gedichtanalyse

Form

Das Gedicht besteht aus **vier Strophen** mit jeweils **sechs Versen**. Es herrscht ein weitgehend durchgehaltener **4-hebiger Jambus** vor, der jeweils in Vers 2 und 4 jeder Strophe eine überzählige Silbe hat. Dadurch entsteht hier am Versübergang eine **Doppelsenkung**, die den regelmäßigen Wechsel von Hebungen und Senkungen durchbricht und eine kleine Sprechpause nahelegt. Durch diese metrische Gestaltung wird die Feingliederung des Gedichts in **Doppelverse** unterstrichen, die sich aus der Satzstruktur ergibt: Das **Ende der Doppelverse** fällt mit einem **syntaktischen Einschnitt** zusammen, während innerhalb der Doppelverse überwiegend Enjambements zu finden sind. Zugleich wird die Regelmäßigkeit der strophischen Gestaltung noch dadurch gestützt, dass an jedem Strophenende ein Punkt steht, während innerhalb der Strophen fast ausschließlich Semikola oder Kommata verwendet werden. Das **regelmäßige Reimschema**, ein Kreuzreim verbunden mit einem Paarreim, betont die Abgeschlossenheit der Strophen noch. Insgesamt vermittelt die formale Gestaltung **Klarheit und Harmonie**, wobei die Anlage in Doppelversen den Beschreibungsmodus, der das Gedicht prägt, noch unterstützt: Zu weiten Teilen reiht das Gedicht **direkte Beobachtungen** einer Szenerie aneinander, die ein konkretes Bild vom harmonischen Zusammenleben von Mensch und Natur entwerfen. Ein **lyrisches Ich** wird dabei nicht greifbar, wodurch dieses Bild noch **unmittelbarer** wirkt, da kein vermittelndes Subjekt zwischen die Szenerie und die Leserinnen und Leser tritt.

Aufbau

In inhaltlicher Hinsicht ist das Gedicht von einem **zweiteiligen Aufbau** geprägt: Während im **ersten Abschnitt**, der aus den Strophen 1 und 2 besteht, eine **idyllische Heidelandschaft** beschrieben wird, rückt im **zweiten Abschnitt**, in den Strophen 3 und 4, ein **Honigbauer** in den Fokus, der in dieser **Heidelandschaft sein Haus** hat.

Erster Abschnitt (Strophe 1 und 2): Naturidylle

Gleich zu Beginn werden **Ort und Zeit** deutlich: Betrachtet wird eine **Heide zur Mittagszeit** (vgl. V. 1 f.). Die **Herrlichkeit** und der **Reichtum** dieser Naturlandschaft spiegelt sich nicht nur darin wider, dass sowohl die **Flora** als auch die **Fauna** beschrieben werden, sondern auch darin, dass **verschiedene Sinne angesprochen** werden: der auditive (u. a. „Es ist so still“, V. 1; „Lerchenlaut“, Z. 12), der visuelle (u. a. „Kräuter blühn“, V. 5), der olfaktorische (u. a. „Heideduft“, V. 5) und der taktile („warmen“, V. 2) Sinn. Worte wie „goldnen“ (V. 8) und „Edelheide“ (V. 10) deuten auf die Schönheit der Natur – und indirekt auf ihren Wert – hin. Der Eindruck **großer Ruhe** („Es ist so still“, V. 1) wird durch das Verb „lieg[en]“ (V. 1) unterstrichen. Die weiteren Verben in der ersten Hälfte des Gedichts deuten weiter in diese Richtung („blühn“, V. 5; „hängen“, V. 9) oder zeigen öffnende bzw. ins Freie weisende Bewegungen an („fliegt“, V. 3; „Steigt“, V. 6; „schwirren aus“, V. 11). Eine Ausnahme stellt hier lediglich das „[H]asten“ (V. 7) der Laufkäfer dar. Die **freundliche Atmosphäre** erzeugen unter anderem positiv konnotierte Adjektive (z. B.: „warmen“, V. 2) und Farbwörter (z. B.: „rosenroter“, V. 3; „blaue“, V. 6; „goldnen“, V. 8). Für **lautliche Harmonie** sorgen neben den Reimen Wiederholungen von Lauten oder Lautverbindungen wie beispielsweise das „ro“ in „rosenrot“ (V. 3), das „bl“ in der Mitte der Verse 5 und 6 oder auch die Häufung des „l“-Lauts in Vers 12.

Im Zentrum der ersten Gedichthälfte steht die konkrete Wahrnehmung verschiedener Naturelemente, die ein klares, von **Harmonie und Frieden geprägtes Bild** von der Heidelandschaft entstehen lässt. Zur Ausrichtung auf Klarheit passen dabei auch die **parataktische Struktur** der Sätze und die **gleichartige Satzgliedfolge** (Subjekt, Prädikat und dann weitere Satzglieder).

Zweiter Abschnitt (Strophe 3 und 4)

3. Strophe: Der Mensch und die Naturidylle

Der zweite Teil des Gedichts folgt zunächst noch dieser syntaktischen Struktur. Dadurch wird der Eindruck erzeugt, dass die Beschreibung der **Naturidylle fortgeführt** wird. So wie sich Strophe 3 in die syntaktische Struktur der vorigen beiden Strophen fügt, **fügt sich** auch das

Haus in die Landschaft ein („Steht einsam hier“, V. 14). Die Beschreibung des Hauses als „halbverfallen“, „niedrig“, „einsam“ und „sonnbeschienen“ (V. 13 f.) weckt auch **nicht** die Vorstellung, dass der ärmliche Kätner für die Idylle eine **Bedrohung** darstellt. Dementsprechend deuten seine Haltung („lehnt zur Tür hinaus“, V. 15) und sein Verhalten („Behaglich blinzelnd nach den Bienen“, V. 16) auf **Entspanntheit und Ruhe** hin, wobei die auffällige „b“-Alliteration in Vers 16 die harmonische Atmosphäre lautlich noch unterstreicht. Und auch das Schnitzen des Sohnes vor dem Haus wirkt **besinnlich**, zumal die entstehenden Pfeifen andeuten, dass er sich musikalisch betätigen will. Das Leben des Vaters mit seinem Jungen scheint von **Naturnähe** geprägt zu sein. Auch wenn sie die Natur im weitesten Sinne „ausbeuten“ – der Vater nimmt den Bienen den Honig, der Sohn bearbeitet Äste mit dem Schnitzmesser –, wirkt es hier trotzdem so, als ob sie im **Einklang mit der Natur** leben. Nicht einmal der Umstand, dass ein Kätner im sozialen Gefüge eher einen untergeordneten Rang einnimmt (vgl. Anmerkung 1), trübt den Eindruck friedlicher Beschaulichkeit.

4. Strophe: Naturidylle und Zeitgeschichte

Die **vierte Strophe** stellt dann jedoch einen **gewissen Bruch** dar – sowohl in sprachlicher als auch in inhaltlicher Hinsicht. So bringt die veränderte Satzgliedfolge (V. 19 ff.) mit der Inversion des Adverbs „Kaum“ (V. 19) und des Dativ-Objekts „Dem Alten“ (V. 21) Spannung in das bisher so gleichförmige Gedicht. Diese Spannung spiegelt sich inhaltlich darin wider, dass ein von außen kommendes, nicht der Naturidylle zuzuordnendes Geräusch zu hören ist: das Läuten einer Dorfuhr. Auch wenn dieses offenbar sehr leise ist (vgl. „Kaum“, V. 19), so deutet sich darin doch eine **leichte Störung der Idylle durch die Zivilisation** an, für die hier das entfernte Dorf symbolisch steht. Davon zeugt auch die Wortwahl: So haben das Zittern (vgl. V. 19) und der „Schlag“ (V. 20) **negative Konnotation**. Das Augenschließen des alten Kätners könnte man vor diesem Hintergrund als durch den Impuls von außen bewirkte **Abwendung von der Außenwelt** lesen. Dementsprechend geht zum ersten Mal im Gedicht der Blick von den direkten Wahrnehmungen der Außenwelt in die **Innen-**, ja sogar in die **Traumwelt:** „Er träumt von seinen Honigernten.“ (V. 22) Der letzte Doppelvers entfernt sich dann noch mehr von der Perspektive auf die konkrete Umwelt. Nach dem einen Einschnitt signalisierenden Gedankenstrich wird die eher abstrakte Einsicht formuliert, dass die **Idylle von zeitgeschichtlichen Zusammenhängen, von historischen Ereignissen unberührt** bleibt: „– Kein Klang der aufgeregten Zeit / Drang noch in diese Einsamkeit.“ (V. 23 f.) Die durch die Alliteration verstärkte Negation „Kein Klang“ (V. 23) unterstreicht die Unberührtheit der Lebenssituation des Kätners ebenso wie das Adverb „noch“, das hier am ehesten im Sinne von „je“ zu verstehen ist. Mit dem Verb „Drang“ (V. 24) assoziiert man dabei eine gewisse **Aggressivität**.

Unter anderem dadurch erscheint die **Naturidylle** indirekt als etwas **Schützenswertes**.

Gedichttitel

Erst von diesem Gedichtschluss her erschließt sich die volle Bedeutung des Gedichttitels „Abseits". Er akzentuiert die gerade beschriebene **Distanz zwischen den historischen Veränderungen und der abgelegenen Naturidylle**, in der der Kätner und sein Sohn leben.

Schlussfolgerung

Bezieht man den **historischen Kontext** des Gedichts ein, dann kann man die „aufgeregte[] Zeit" (V. 23) als Anspielung auf das Revolutionsjahr 1848 lesen. Das Gedicht beschwört als **Gegenpol zu diesen geschichtlichen Entwicklungen** die unberührte Naturlandschaft, mit der der Mensch im Einklang lebt. Daraus eine Positionierung zu den historischen Ereignissen abzulesen, würde zu weit führen, aber man darf das Gedicht durchaus als einen **Appell** lesen, die **Natur** vor Störungen von außen zu **beschützen**.

Vergleich mit Kirschs Gedicht „Im Sommer"

Basisinformationen zum Gedicht

In eine ganz ähnliche Richtung scheint Sarah Kirschs Gedicht „Im Sommer" zu weisen. Es wurde 1976 veröffentlicht, also zu der Zeit, in der sich die Umweltbewegung zunehmend in der Gesellschaft etablierte.

Gemeinsames Thema

Wie bei Storm steht im Mittelpunkt des Gedichts die **Natur** und das **Verhältnis des Menschen zu dieser**. Und auch hier tritt **kein lyrisches Ich** in Erscheinung, sodass ebenfalls **keine vermittelnde Instanz** fassbar wird. Die **Perspektive** jedoch ist eine andere: Während Storms Gedicht eine **konkrete Szenerie** – eine Heide zur Mittagszeit – gestaltet und aus der Nähe auf diese blickt, wählt Kirsch sowohl in zeitlicher als auch in räumlicher Hinsicht eine **weitere**, **allgemeinere Perspektive**. Davon zeugen abstraktere Formulierungen wie „Dünnbesiedelt das Land" (V. 1) oder „die Dörfer" (V. 3), die eine Sicht von oben suggerieren, aber auch die Zeitbegriffe (Titel „Im Sommer"; „August", V. 6; „September", V. 7) und das verallgemeinernde Pronomen „man" (V. 7, 11), dem bei Storm die konkreten Figuren des Kätners und seines Sohnes gegenüberstehen. Während Storm insofern die Beziehung eines **einzelnen Menschen zur Natur** ins Zentrum rückt, scheint Kirsch das Verhältnis des Menschen zur Natur **generalisierender** in den Blick zu nehmen.

Unterschiedliche Perspektiven

Ähnliche syntaktische Gestaltung

Die syntaktische Anlage der beiden Gedichte ist dagegen vergleichbar: Sie werden von **Parataxen** dominiert, die den **Beschreibungsgestus** der Gedichte stützen. Während jedoch Storms Text diesen durch die **Regelmäßigkeit** von Metrum, Reim(schema), Satzgliedfolge sowie durch die Doppelversigkeit noch weiter steigert, ist die **Form bei Kirsch heterogener:** Regelmäßig ist hier nur die Anzahl der Verse pro Strophe, auf ein metrisches Schema und auf Reime wird ebenso verzichtet wie auf einen gleichförmigen Bau der Sätze –

Unterschiede in der Form

dementsprechend finden sich hier eine Ellipse (vgl. V. 1) und viele Inversionen (vgl. z. B. V. 2, 8). Im Kontrast zu Storm, bei dem durch die aufeinanderfolgenden Beschreibungen der Naturelemente ein **geschlossen wirkendes Bild der Heidelandschaft** entsteht, spiegelt diese uneinheitliche Form bei Kirsch die **Heterogenität von Einzelbeobachtungen** wider, die sich nicht recht zu einem konkreten Gesamtbild zusammenfügen wollen.

Ähnliche Atmosphäre

Ähnlich sind sich die beiden Gedichte aber wieder im Hinblick auf die **ruhige Atmosphäre**. Darauf deutet schon die Verwendung des Wortes „Liegen" (V. 3) in Kirschs Text hin, das auch bei Storm (vgl. V. 1) vorkommt, aber auch die Schläfrigkeit der Dörfer (vgl. V. 3). **Storms Naturbild** allerdings wirkt insgesamt **harmonischer und idyllischer**. Das liegt unter anderem daran, dass Kirsch gleich von Beginn an den Menschen mitberücksichtigt und ihn mit abstrakten Begriffen wie „Dünnbesiedelt" (V. 1) bzw. mit einem Hinweis auf die **industrialisierte Landwirtschaft** („Trotz riesigen Feldern und Maschinen", V. 2) einführt. Der Entstehungszeit der Gedichte entsprechend ist die **Nutzbarmachung der Natur bei Kirsch** schon sehr viel **weiter fortgeschritten:** Die Felder sind keine „natürliche" Natur mehr, sondern eine mithilfe von Technik („Maschinen", V. 2) bearbeitete. Zugleich zeugen einige Formulierungen von einem aggressiveren Umgang mit der Natur: Katzen werden mit Steinen beworfen und der „angeblasenen" Jagd wird sicherlich das eine oder andere Tier zum Opfer fallen. Dazu passt auch, dass die – vermutlich noch unbearbeitete – Natur durch die Industrialisierung gefährdet erscheint: Das Adverb „Noch" (V. 8) hat hier nämlich eine andere Bedeutung als in Storms Gedicht, in dem es in ähnlichem Zusammenhang vorkommt – es deutet darauf hin, dass die Wiesen wohl bald nicht mehr „unvergiftet[]" (V. 9) sein werden, dass also die fortschreitende Industrialisierung der Natur – etwa durch den Einsatz von Pestiziden – schaden wird: „Noch […] spaziert der Storch / Durch unvergiftete Wiesen." (V. 8 f.) Bei Kirsch scheint die Natur daher **stärker durch den Menschen gefährdet** zu sein als bei Storm.

Unterschiede im Hinblick auf das Verhältnis des Menschen zur Natur

Gemeinsamkeit: Kontrast von Geschichte und Leben auf dem Land

Interessanterweise teilen die beiden Gedichte miteinander noch einen weiteren Aspekt, der damit indirekt zusammenhängt. Ähnlich wie Theodor Storm entwickelt auch Sarah Kirsch einen **Gegensatz zwischen Zeitgeschichte und Leben auf dem Land**. Dazu greift sie wie Storm auf eine Negation zurück: „Wenn man hier keine Zeitung hält / Ist die Welt in Ordnung." (V. 11) Dieser einzige hypotaktische Satz des Gedichts formuliert aber eine Bedingung, unter der die Welt in Ordnung zu sein scheint – wenn man die zeitgeschichtlichen, politischen und gesellschaftlichen Zusammenhänge, für die die Zeitung hier metonymisch steht, ausblendet. Implizit wird damit ausgedrückt, dass

Unterschiede im Grad der Gefährdung

die Welt eigentlich nicht in Ordnung ist. Auch dieser Umstand suggeriert im Gedicht „Im Sommer“ eine größere Gefährdung der geschilderten Natur als in Storms Text „Abseits“. Auch farbsymbolisch schlägt sich dieser Unterschied nieder: Storms „rosenrote[m] Schimmer“ (V. 3), der **Zartheit** und **Harmonie** andeutet, steht bei Kirsch das „[f]euerrot[e]“ (V. 15) Leuchten der Felder gegenüber, das **aggressiv** wirkt.

Schluss

Nicht nur die Form von Kirschs Gedicht bezeugt daher dessen **Modernität** im Vergleich zu Storms Text. Es spiegelt auch einen späteren Zeitpunkt in der Geschichte wider: Die landwirtschaftliche Nutzbarmachung der Natur war in den 1970er-Jahren sehr viel weiter fortgeschritten als noch 120 Jahre zuvor. Die **Natur** wirkt in Kirschs Gedicht daher **gefährdeter** als bei Storm, es mahnt – mehr als der Text „Abseits“ – einen **schonenden Umgang mit der Natur** an.

Kernfach Deutsch (Schleswig-Holstein) – Abiturprüfung 2021
Aufgabe 2: Materialgestütztes Verfassen eines argumentierenden Textes

Thema:
Grenzüberschreitungen – Johann Wolfgang von Goethe, *Faust I*

Arbeitsgrundlage:
M 1: Wilpert, Gero von: *Sachwörterbuch der Literatur.*
M 2: Burdorf, Dieter; Fasbender, Christoph; Moennighoff, Burkhard (Hrsg.): *Metzler-Lexikon Literatur: Begriffe und Definitionen.*
M 3: Stahl, Sabine (2015): *Klassiker der Schullektüre „Faust I"* – #Goethe #Science #Sex.
M 4: Scholz, Anna-Lena (2019): *Abitur: Goethe, mir graut's.*
M 5: Deutscher Bühnenverein: *Werkstatistik.* 2016/2017.
M 6: Schede, Hans-Georg*: Johann Wolfgang von Goethe. Faust I.*
M 7: Trunz, Erich: *Anmerkungen.*
M 8: Snurawa, Ralf (2018): *Den Faust in sich selbst entdecken.*

Aufgabe:
Erörtern Sie ausgehend vom Dramentext und den folgenden Materialien, inwiefern die Figur des Faust heute noch eine Identifikationsfigur sein kann.

Zitate aus den Materialien und dem Dramentext werden den üblichen Regeln des Zitierens entsprechend angegeben. (Belege aus dem Dramentext erfolgen durch Versangabe. Belege aus den Materialien durch Angabe des Namens der Verfasserin/des Verfassers und Zeilenangabe.)

Erlaubte Hilfsmittel:
- Rechtschreibwörterbuch
- Unkommentierte Textausgabe *Faust. Der Tragödie erster Teil* (Johann Wolfgang von Goethe)

M 1: Gero von Wilpert: Sachwörterbuch der Literatur (2001, Auszug)

Identifikation (lat. *Idem* = dasselbe, *facere* = machen), allg. Gleichsetzung: 1. des Schauspielers mit einer Rollenfigur, des Zuschauers bzw. Lesers mit einer Figur des Dramas, Films, Romans oder dem Ich eines Gedichts. Sie beruht auf Einfühlung, Bewunderung, Sympathie, Solidarisierung und lebhaftem und tiefwirkendem Ergriffensein vom Wesen des anderen und wird Unwürdigen verweigert.
[…] *(52 Wörter)*

Aus: Wilpert, Gero von: Sachwörterbuch der Literatur. Stuttgart 2001, S. 364.

Anmerkung: Gero von Wilpert (1933–2009) war Literaturwissenschaftler.

M 2: Dieter Burdorf, Christoph Fasbender, Burkhard Moennighoff: Metzler-Lexikon Literatur (2007, Auszug)

Verschiedene Typen der Identifikation […] lassen sich […] unterscheiden: die *assoziative* Identifikation (Übernahme einer Rolle in der imaginären Welt einer Spielhandlung), die *admirative* Identifikation (Bewunderung des Vollkommenen), die *sympathetische* Identifikation (Solidarisierung mit dem Unvollkommenen) […]. Zwischen diesen Typen sind Überlagerungen und Übergänge möglich.

[…] *(43 Wörter)*

Aus: Burdorf, Dieter; Fasbender, Christoph; Moennighoff, Burkhard (Hrsg.): Metzler-Lexikon Literatur: Begriffe und Definitionen. Stuttgart 2007, S. 339.

Anmerkung: Alle drei Autoren sind Literaturwissenschaftler.

M 3: Sabine Stahl: Klassiker der Schullektüre „Faust I" – #Goethe #Science #Sex (2015, Auszug)

Der Forscher Heinrich Faust sitzt in seinem Labor am Notebook und klickt sich im Internet von Quantenphysik über Informatik und Erkenntnistheorie zur Reproduktionsmedizin. Als er völlig frustriert den Stecker ziehen will, erscheint Mephisto auf dem Bildschirm, der ihm einschlägige erotische Webseiten zeigt und ihn zu Dates in der realen Welt verführt. […] So könnte ein Szenario von „Faust" im 21. Jahrhundert aussehen. Goethes Tragödie ist zeitlos aktuell. Bis heute spiegelt sie den rastlosen abendländischen Umgang mit der Welt, der im Namen des Fortschritts, aber auch der Liebe und Befreiung über Leichen geht. […]

Faust hadert nicht zuletzt deshalb mit sich, weil er die alles erklärende Formel, das Gesetz, das die Welt im Innersten zusammenhält, nicht finden kann. […]

Dieses Gesetz, das die Welt im Innersten zusammenhält, ist bis heute nicht gefunden worden – trotz Petrischale, Elektronenmikroskop und Teilchenbeschleuniger. Noch immer erkunden Wissenschaftler fieberhaft die Bausteine des Lebens, erforschen Gene, Quarks und Dunkle Energie. […] Goethe geht es bei seiner Faust-Figur nicht nur um den Wissenschaftler, sondern um den ganzen Mann. Faust leidet an seinem Ungenügen und ist verzweifelt und frustriert: ein ausgepowerter Wissenschaftler und ein sexuell unterversorgter, einsamer Mann mit, wie er sagt, „wilden Trieben", der „neuem buntem Leben" hinterher hetzt. Faust und Mephisto gehen auf die Straße, wo sich Faust an ein hübsches Mädchen heranmacht, dessen Vater er sein könnte. […] Obwohl sie sich zunächst sträubt, kann Margarete sich nicht gegen den Charme und das Werben des vermeintlichen Ehrenmannes Faust und gegen ihre eigene erwachende Sexualität wehren. Aber im Gegensatz zu Faust ist es ihr bitterernst. Sie riskiert alles, er nichts.

Auf die berühmte Gretchen-Frage „Wie hast du's mit der Religion?" antwortet Faust umständlich, ablenkend. Heute würde ihre Frage lauten: „Wie hältst du's mit Moral?" Denn Margarete geht es um Werte und Verbindlichkeit. Sie will wissen, was Faust bindet, ob ihm überhaupt etwas heilig ist und wie er es mit Verantwortung hält. Daran lassen sich viele weitere Fragen anknüpfen: „Wie weit dürfen wir eigentlich gehen im

Streben nach Macht? Wie weit dürfen wir gehen, um unsere Wünsche zu verwirklichen, um unser Begehren zu erfüllen? Gibt es irgendwo eine Grenze? Gibt es irgendwo ein Tabu? Faust im Schlepptau Mephistos akzeptiert keine Grenze, akzeptiert kein Tabu. Das ist sozusagen eine an sich schon mal sehr moderne Frage, weil wir in der Moderne in Zeiten leben, wo wir eigentlich die Mittel haben, alle Grenzen zu überschreiten in jeder Hinsicht, auch die von der Natur uns gesetzten Grenzen." [...] *(407 Wörter)*

Aus: Stahl, Sabine (2015): Klassiker der Schullektüre „Faust I" – #Goethe #Science #Sex. Zugriff am 16. 10. 2019 auf https://www.swr.de/swr2/literatur/johann-wolfgang-von-goethe-faust-I-klassiker,broadcastcontrib-swr-10932.html, 02. 11. 2020.

Anmerkung: Sabine Stahl (geb. 1959) ist Autorin und Journalistin.

M 4: Anna-Lena Scholz: Abitur: Goethe, mir graut's (2019, Auszug)

Kann man ein gebildeter Mensch sein, ohne *Faust* gelesen zu haben? Ja, sagt das Schulministerium von Nordrhein-Westfalen. Ab dem Jahr 2021 gehört Goethes Tragödie nicht mehr zum Prüfungsstoff für das Deutsch-Abitur. [...] Der Aufruhr folgte sogleich. Der Deutsche Lehrerverband empörte sich: Frevel am Kanon! *Faust* sei zeitlos, *Faust* sei für alle, ohne *Faust* drohe der Kulturverlust für die Abiturienten der Zukunft. [...]

Oder man versetzt sich in eine 17-jährige Schülerin und liest den Text mit ihrem Blick. Die Handlung ist so lala. Älterer promovierter Herr (Dr. Heinrich Faust), so gebildet wie gelangweilt (Midlife-Crisis), schließt einen großen Deal mit dem Teufel. Er tauscht sein Seelenheil gegen jugendliche Manneskraft, schwängert ein junges Mädchen aus bildungsfernem Milieu (#MeToo), das am Ende stirbt. Der Doktor schlägt sich fortan voller Schuldgefühle mit Hexen und Göttern herum *(Faust II)*. Zu polemisch? Vielleicht nur ein aktueller Blick auf einen alten Stoff. Monumental und auch ein bisschen fremd steht der *Faust* heute in der aufgepeitschten Gegenwart herum. *(159 Wörter)*

Aus: Scholz, Anna-Lena (2019): Abitur: Goethe, mir graut's, DIE ZEIT Nr. 42/2019, 10. Oktober 2019, https://www.zeit.de/2019/42/deutsch-abitur-faust-johann-wolfgang-von-goethe

Anmerkung: Anna-Lena Scholz (geb. 1984) ist Journalistin.

M 5: Deutscher Bühnenverein: Werkstatistik 2016/2017 (Auszug)

DEUTSCHLAND		*Zuschauer*	GESAMT (Deutschland, Österreich, Schweiz)		*Zuschauer*
1.	*Old Surehand* Michael Stamp (Vorlage: Karl May)	372 646	1.	*Old Surehand* Michael Stamp (Vorlage: Karl May)	372 646
2.	*Im Schatten des Todes* Anna-Theresa Hick und Peter Hick	338 305	2.	*Im Schatten des Todes* Anna-Theresa Hick und Peter Hick	338 305
3.	*Winnetou I* Jochen Bludau (Vorlage: Karl May)	214 041	3.	*Winnetou I* Jochen Bludau (Vorlage: Karl May)	214 041
4.	*Terror* Ferdinand von Schirach	148 776	4.	*Terror* Ferdinand von Schirach	164 753
5.	*Faust* Johann Wolfgang von Goethe	125 569	5.	*Nathan der Weise* Gotthold Ephraim Lessing	128 172
6.	*Nathan der Weise* Gotthold Ephraim Lessing	114 497	6.	*Faust* Johann Wolfgang von Goethe	126 968
7.	*Hamlet* William Shakespeare	81 833	7.	*Hamlet* William Shakespeare	89 365
8.	*Das Abschiedsdinner* Matthieu Delaporte und Alexandre de la Patèlliere	70 585	8.	*Das Abschiedsdinner* Matthieu Delaporte und Alexandre de la Patèlliere	70 585
9.	*Romeo und Julia* William Shakespeare	62 707	9.	*Romeo und Julia* William Shakespeare	66 027
10.	*Die Räuber* Friedrich Schiller	61 766	10.	*Die Räuber* Friedrich Schiller	63 110

(165 Wörter)

Daten nach: Deutscher Bühnenverein: Werkstatistik. 2016/2017

Anmerkung: Hier sind nur die ersten 10 Plätze abgedruckt.

M 6: Hans-Georg Schede: Johann Wolfgang von Goethe. Faust I (2017, Auszug)

Nicht zu Unrecht ist […] gerade in neuerer Zeit das Innovative von Goethes Ansatz als Dramatiker hervorgehoben worden, das bereits auf Bertolt Brechts Konzept des epischen Theaters vorausweise. Wie dieser wollte Goethe, dass Dichtung nicht einfach auf dem Wege der Identifikation genossen werde, sondern dass sie zu denken geben solle. […]

Zu diesem ersten Auftakt[1] bildet das lebhafte Dreiergespräch des „Vorspiels auf dem Theater" einen wirkungsvollen Kontrast. Seine Wirkung ist die einer doppelten Desillusionierung. Nicht nur wird dem Zuschauer ins Bewusstsein gerufen, dass das nachfolgende Stück keinen Ausschnitt aus dem ‚wirklichen Leben' bietet, sondern ‚nur' Literatur ist; die Auseinandersetzung und die Argumente der drei Theaterleute zeigen ihm auch, dass der typische Theaterbetrieb kein hehrer Ort, sondern wie jedes andere menschliche Tätigkeitsfeld von Eigensinn und Egoismus beherrscht ist. Zudem wird deutlich, dass vor allem der Direktor und der Dichter keine allzu hohe Meinung vom Publikum haben. Diese Erkenntnis ließe sich als eine dritte Desillusionierung bezeichnen.

[…] *(154 Wörter)*

Aus: Schede, Hans-Georg: Johann Wolfgang von Goethe. Faust I. Braunschweig 2017, S. 59–61.

Anmerkung:

1 *Auftakt:* Gemeint ist die „Zueignung"

Anmerkung: Hans-Georg Schede (geb. 1968) ist Literaturwissenschaftler.

M 7: Erich Trunz: Anmerkungen (1996, Auszug)

Mit einem Monolog Fausts beginnt schon das Puppenspiel, das Goethe kannte. Dieser Monolog geht zurück auf Marlowe, der einen Gelehrten des 16. Jahrhunderts zeigt, welcher unbefriedigt von allen vier Fakultäten sich dem zuwendet, was man damals Magie (magia) nannte. Goethe konnte in seiner Jugend an diesem Stoff seine eigene Erkenntnissehnsucht darstellen, die oft an ihre Grenzen stieß. Er erkannte, dass es nicht nur die Grenzen seines Individuums seien, sondern die der neuzeitlichen Wissenschaft seit dem 16. Jahrhundert. Er hatte in seinen Studienjahren die erkenntnishungrigen Bemühungen des 16., 17. und 18. Jahrhunderts an einigen typischen Beispielen [von Gelehrten und ihren Werken] studiert. […] Diese Forscher bemühten sich um eine Wissenschaft vom All […]; sie wollten den Makrokosmos (Weltall) und Mikrokosmos (Mensch) im Zusammenhang sehen und wollten das „Licht der Natur" (Naturwissenschaft) mit dem „Licht der Gnade" (Offenbarung, christliche Tradition, Bibel) in Einklang bringen. Sie glaubten an Geister und unterschieden dabei die Naturgeister (Elementargeister) von den Teufeln (Höllengeistern). Diese Vorstellungen bildeten den Hintergrund von Fausts Wendung zur Magie, seiner Betrachtung des Makrokosmos-Zeichens und seiner Beschwörung des Erdgeists. Faust ist für Goethe ein Drama mit einem Stoff aus dem 16. Jahrhundert. Ähnlich wie *Götz* das Rittertum und die Fürsten des 16. Jahrhunderts schildert und *Egmont* das Städteleben und den Kampf gegen die Spanier, ist *Faust* ein Drama des Gelehrtenlebens im 16. Jahrhundert bis in viele Kleinigkeiten hinein, und manches von den alten Sitten hatte sich bis ins 18. Jahrhundert erhalten.[1]

[…] *(231 Wörter)*

Aus: Trunz, Erich: Anmerkungen. In: Erich Trunz (Hrsg.): Goethes Werke. Hamburger Ausgabe in 14 Bänden. Band III. Dramatische Dichtungen I. München 1996, S. 512–513.

Anmerkung:
1 *Götz* und *Egmont* sind ebenfalls bekannte Dramen von Goethe.

Anmerkung: Erich Trunz (1905–2001) war Literaturwissenschaftler, der sich besonders mit dem Werk Goethes beschäftigt hat.

M 8: Ralf Snurawa: Den Faust in sich selbst entdecken. Interview mit dem Schauspieler Thomas Hupfer (2018, Auszug)

[…]
Und wer ist dieser Faust aus heutiger Sicht? Ein Mensch, der aller Dinge überdrüssig, gelangweilt ist und seine Seele verkauft, um etwas Neues erleben zu können?

Man hat immer so eine Ehrfurcht vor dem Stück und man denkt, das ist etwas ganz Heiliges. Aber für mich hat es mit jedem Menschen zu tun. Weil jeder Mensch, der schon eine Krise in seinem Leben zu bewältigen hatte, damit sofort etwas anfangen kann. Dass man sich irgendwann in seinem Leben die Frage stellt: Bis hierhin bin ich gekommen, aber was denn jetzt?

[…] Dann kommt die Sehnsucht nach dieser zweiten Chance auf. Dem Faust wird sie erfüllt. Mit dem Wissen, das man in einem höheren Alter hat, noch einmal in einen jungen Körper schlüpfen und die Weichenstellungen im Leben überdenken zu können, wer möchte das nicht? Goethes Faust ist zwar kein Sympathieträger, aber auf jeden Fall eine Identifikationsfigur für ganz viele Menschen.

Ist das des Pudels Kern oder noch etwas anderes?

Was man wissen muss: Goethe hat der „Faust" sein Leben lang begleitet. Er hat immer wieder daran geschrieben – auch und gerade wenn – er sich in einer Krise befand. Im Laufe eines Lebens verändern sich die Sehnsüchte, die Wünsche. Oder auch: In welche Richtung geht Verführung? Wovon lässt man sich verführen? Dafür steht Mephisto. Es geht um das Ausleben von Egoismen, dass man sich das traut mit allen Konsequenzen, die das nach sich zieht für die Gesellschaft, für das Umfeld und für sich selbst auch. Da steckt des Pudels Kern. Wie gesagt, man kann sich in der Figur des Faust erkennen und spiegeln. Mir geht da manches nahe, wenn ich das Stück lese.

[…] *(274 Wörter)*

Aus: Snurawa, Ralf (2018): Den Faust in sich selbst entdecken. https://www.swp.de/den-faust-in-sich-selbst-entdecken-26879602.html, 02. 11. 2020

Anmerkung: Ralf Snurawa ist als freier Journalist tätig.

Hinweise und Tipps

Die vorliegende Aufgabe verlangt von Ihnen das ***materialgestützte Verfassen eines argumentierenden Textes****. Das bedeutet, dass Sie auf der Grundlage eines Materialdossiers kritisch abwägend eine bestimmte Fragestellung behandeln müssen. Thematisch bezieht sich die Aufgabe auf das Ihnen aus dem Unterricht bekannte Drama „****Faust I****“ von Johann Wolfgang von Goethe. Sie sind nämlich dazu aufgefordert, zu erörtern, inwiefern die* ***Figur des Faust heute noch eine Identifikationsfigur*** *sein kann. Um diese Frage zu beantworten, sollen Sie sich sowohl auf den Dramentext als auch auf die acht Materialien stützen, die der Aufgabenstellung beigefügt sind. Noch vor deren Lektüre können Sie auf einem Konzeptpapier* ***Assoziationen sammeln****, die Ihnen spontan zum Erörterungsthema einfallen. Stellen Sie sich dabei zum Beispiel folgende Fragen:*

- *Kann man sich heute noch mit Faust identifizieren?*
- *Warum ist das möglich oder warum nicht?*
- *Fallen Ihnen Stellen aus dem Drama ein, die Ihre Antworten untermauern?*

Wenn Sie diese Fragen beantwortet haben, haben Sie schon einmal ein ganz gutes Grundgerüst für Ihre Erörterung, das Sie dann noch um ***Argumente aus dem Materialdossier*** *anreichern können. Es ist dabei nicht nötig, alle Materialien vollständig zu durchdringen und genau zu analysieren. Vielmehr geht es darum, die jeweilige* ***Stoßrichtung eines Materials*** *zu erkennen (Enthält es eher Argumente, die für Fausts Eignung als Identifikationsfigur sprechen, oder eher Argumente dagegen?) und* ***zentrale Textstellen zu markieren****, die Sie für Ihre Erörterung verwenden können. Danach fällt es Ihnen sicher nicht mehr schwer, Ihren Aufsatz zu strukturieren.*
Beginnen Sie mit einer ***Einleitung****, die zur Themenfrage hinführt. Auch hier können Sie schon Bezug auf eines der Materialien nehmen.*
Im Anschluss daran bietet es sich an, die ***Erörterungsfrage*** *kurz ausdrücklich zu* ***nennen****, um deutlich zu machen, was genau im Folgenden besprochen wird. Danach führen Sie die Argumente der Seite aus, die nicht Ihrer eigenen Meinung entspricht (in der vorliegenden Musterlösung:* ***Kontra-Argumente****), um anschließend Ihre eigene Position darzulegen (in der vorliegenden Musterlösung:* ***Pro-Argumente****). Natürlich können Sie auch eine Struktur wählen, bei der Sie zwischen Pro- und Kontra-Argumenten wechseln – übersichtlicher ist allerdings der zuvor beschriebene Aufbau.*
Bemühen Sie sich im Aufsatz, Ihre Dramenkenntnis herauszustellen und diese mit den vorgegebenen Materialien zu verknüpfen. Am Ende sollten Sie dann ein schlüssiges ***Fazit*** *ziehen, das Ihren Aufsatz sinnvoll abrundet.*

Lösungsvorschlag

Einleitung

Beliebtheit von „Faust“ auf deutschen Bühnen

(Bezug zu M 5)

In der Spielzeit 2016/17 konnte Goethes Drama „**Faust**“ in Deutschland ca. 126 000 Zuschauerinnen und Zuschauer ins Theater locken (vgl. Deutscher Bühnenverein, „Werkstatistik“). Damit rangiert es auf **Platz 5 der Stücke mit dem größten Publikum**, was angesichts seines hohen Alters – immerhin wurde „Faust I“ bereits im Jahr 1808 veröffentlicht – durchaus bemerkenswert ist. Die Menschen scheinen sich also selbst im 21. Jahrhundert noch von Goethes Werk angesprochen zu fühlen. Dies legt die Vermutung nahe, dass sein **Protagonist auch heute noch als Identifikationsfigur** dienen kann. Inwiefern diese These zutreffend ist, soll im Folgenden erörtert werden.

Definition von Identifikation

(Bezug zu M 2)

(Bezug zu M 1)

Dabei ist das Ergebnis auch davon abhängig, welche **Definition von Identifikation** man den Ausführungen zum Thema zugrunde legt. So existieren unterschiedliche „Typen der Identifikation“ (Burdorf, Fasbender, Moennighoff, Z. 1), die von der **Rollenübernahme** im Theater über die **Bewunderung einer vollkommenen Persönlichkeit** bis zur **Verbrüderung mit einem fehlerhaften Charakter** reichen kann. Der Literaturwissenschaftler Gero von Wilpert spricht in diesem Zusammenhang von „Einfühlung“ (Wilpert, Z. 3) und dem „Ergriffensein vom Wesen des anderen“ (Wilpert, Z. 4 f.). Dieses werde allerdings nur **Personen** gewährt, die solcher Emotionen **würdig erscheinen**.

Kontra-Argumente

Fehlende Bewunderung für Faust aufgrund seiner Destruktivität

(Bezug zu M 2)

Blickt man nun also auf Goethes Faust, ist klar, dass man zumindest von einer **admirativen Identifikation**, mit der eine Bewunderung des Vollkommenen gemeint ist (vgl. Burdorf, Fasbender, Moennighoff, Z. 3), **nicht sprechen** kann. Schließlich ist Faust alles andere als ein vollkommener Held, da er **gravierende Fehler** macht, die **dramatische Konsequenzen** haben und kaum dazu angetan sind, ihm Achtung oder gar Verehrung zu verschaffen. Nicht nur verführt er ein junges, unschuldiges Mädchen, sondern er **geht** dafür buchstäblich **über Leichen:** Erst **vergiftet er Margaretes Mutter**, indem er ihr einen Schlaftrunk verabreicht, um mit ihrer Tochter allein sein zu können, dann **tötet er ihren Bruder Valentin** in einem Degenkampf. Obwohl er behauptet, Margarete in Liebe verbunden zu sein, lässt er sie mit ihrem gemeinsamen ungeborenen Kind sitzen, welches diese aus Angst vor einer Ächtung durch die Gesellschaft kurz nach der Geburt tötet. Auch wenn Faust das Schicksal seiner jungen Geliebten, die nach dem **Kindsmord** zum Tode verurteilt im Kerker sitzt, durchaus mitnimmt, ist er **nicht wirklich in der Lage**, **die Schuld bei sich selbst zu suchen** und sich damit kritisch auseinanderzusetzen. So antwortet er auf Margaretes Rekapitulation der begangenen Taten (vgl. V. 4507 ff.) mit den Worten „Lass das Vergangne vergangen sein" (V. 4518) und setzt alles daran, sie zum Mitkommen zu bewegen. **Echte Reue** lässt er im Gegensatz zu Margarete **nicht erkennen**. Vielmehr zeigt Goethe ihn als **Egoisten**, der sein **Handeln nicht aus einer moralischen Perspektive betrachten** will. Während man als Zuschauer oder Zuschauerin großes Mitgefühl für Margaretes Schicksal aufbringt, begegnet man Faust mit **Verachtung**, lehnt ihn also als „Unwürdigen" (Wilpert, Z. 5) ab. Eine Identifikation mit **Fausts Destruktivität**, die sich durch das gesamte Drama zieht, scheint unmöglich.

(Bezug zu M 1)

Brechungen in der Konzeption des Stücks

Aber nicht nur das Verhalten Fausts im Drama erschwert es der Zuschauerschaft, sich mit ihm zu identifizieren, sondern bereits die Anlage des Stücks. So gibt es immer wieder **Brechungen in der Konzeption**, die eine **Desillusionierung** zur Folge haben. Laut dem Literaturwissenschaftler Hans-Georg Schede entsprach es der Intention Goethes (in einem Vorgriff auf Brechts episches Theater), „dass **Dichtung** nicht einfach auf dem Wege der Identifikation genossen werde, sondern dass sie **zu denken geben** solle" (Schede, Z. 3 ff.). Aus diesem Grund habe er der eigentlichen Tragödienhandlung die „Zueignung" und das „Vorspiel auf dem Theater" vorgeschaltet, die die **Komposition des Stücks** als Theater **deutlich erkennen lassen**. Bei der „Zueignung" handelt es sich quasi um eine **Widmung** („Sie hören nicht die folgenden Gesänge, / Die Seelen, denen ich die ersten sang", V. 17) und das „Vorspiel auf dem Theater" ordnet die folgende **Handlung als Ergebnis einer Diskussion** zwischen Theaterdirektor, Dichter und Schauspieler ein. Damit wird dem Publikum gleich zu Beginn vor Augen geführt, dass es sich im Theater befindet und es sich bei der folgenden Inszenierung um **reine Fiktion** handelt. So erzielt Goethe eine **Desillusionierung**, die es der Zuschauerschaft erschwert, sich auf rein emotionaler Ebene auf Faust einzulassen und weitestgehend unreflektiert mit ihm mitzufühlen. Dies wäre jedoch für eine Identifikation nötig (vgl. Wilpert, Z. 3 ff.). Stattdessen **regt** das Gesehene **auf rationaler Ebene zum Nachdenken an**, was im besten Falle zu einer Verbesserung der Menschen führt.

(Bezug zu M 6)

(Bezug zu M 1)

Veraltete Themen und Glaubensvorstellungen

Gegen Faust als Identifikationsfigur spricht zudem die **Entstehungsgeschichte** von Goethes Werk. So geht der Fauststoff auf einen selbsternannten Wunderheiler und Magier aus der **Renaissance-Zeit** zurück, der durchaus seine Spuren im Drama hinterlassen hat (vgl. Trunz, Z. 16 f.). Folglich sind es eher **veraltete Themen und Glaubensvorstellungen**, die Goethes Faust umtreiben. Die wenigsten Menschen beschäftigen sich heute noch ernsthaft mit der Vereinbarkeit von **Mikrokosmos und Makrokosmos**, die Faust so wichtig ist, und auch der **Glaube an Geister** – gute wie böse – ist den meisten wohl eher fremd (vgl. Trunz, Z. 9 ff.). Dadurch **fällt es schwer**,

(Bezug zu M 7)

Fausts Verzweiflung in seinem Studierzimmer wirklich **nachzuvollziehen** und ernst zu nehmen, was einer Identifikation im Wege stehen dürfte. Vielmehr können dem modernen Publikum Fausts Probleme, aufgrund derer er sogar Selbstmord begehen will, eher lächerlich vorkommen. Es fällt also leicht, eine **distanzierte Haltung zu Goethes Protagonisten** einzunehmen. Dass dies einer Identifikation nicht gerade förderlich ist, verwundert nicht weiter. Gerade **Schülerinnen und Schüler**, die vor Abschluss ihrer Schullaufbahn fast überall in der Bundesrepublik noch immer mit Goethes „Faust" in Berührung kommen, empfinden den Protagonisten des Dramas als „**fremd**" (Scholz, Z. 14) und als **nicht in ihre Lebenswelt passend**. (Bezug zu M 4) Es kann zu Recht bezweifelt werden, dass sich das im Erwachsenenalter stark ändert.

Überleitung

Wie die bisher ausgeführten Argumente gezeigt haben, gibt es durchaus Gründe, **Faust seine Eignung als Identifikationsfigur** in der heutigen Zeit **abzusprechen**. Allerdings kennzeichnet Goethes Protagonisten ein solcher **Facettenreichtum**, dass es doch auch überzeugende Argumente für dessen **Identifikationspotenzial** gibt.

Pro-Argumente
Aufwerfen noch heute aktueller Fragen

Zwar erzeugt Faust in mancherlei Hinsicht auf den ersten Blick **Ablehnung**, jedoch **verrät** diese oft **mehr über den Charakter des Urteilenden** als über den Beurteilten. Wir haben **mehr mit Faust gemeinsam**, als uns manchmal lieb ist, was eine Identifikation erleichtern sollte. So wirft Fausts Verhalten noch heute **aktuelle Fragen** auf, die auf die **moralischen Grenzen des Menschen** abzielen. Angeregt durch Fausts Verfehlungen, wird das Theaterpublikum in die Lage versetzt, sich die **Frage nach der eigenen Verführbarkeit** zu stellen (vgl. Snurawa, Z. 18). (Bezug zu M 8) Auch heute noch stehen menschliche Sehnsüchte und Wünsche oft im Gegensatz zu moralischen Normen und nicht immer sind dem **Streben nach der eigenen Bedürfnisbefriedigung** klare Grenzen gesetzt. Schließlich leben wir in Zeiten, „wo wir eigentlich die Mittel haben, alle Grenzen zu überschreiten" (Stahl, Z. 32), (Bezug zu M 3) und oft meinen, alles Erreichbare stünde uns auch zu. Ähnlich geht es Faust, der sich nach jahrzehntelangen **Bemühungen in seiner Studierstube** dazu berechtigt fühlt, endlich einmal ins pralle Leben einzutauchen und dabei alle **Vergnügungen** auszuleben, die sich ihm bieten (vgl. V. 1750 ff.). So stellt er nach der ersten Begegnung mit Margarete ungehemmt weitreichende **Forderungen an Mephisto**. Er verlangt von seinem teuflischen Gefährten, dass er ihm „die Dirne schaff[t]" (V. 2619), und droht ihm mit den Worten: „Wenn nicht das süße junge Blut / Heut Nacht in meinen Armen ruht; / So sind wir um Mitternacht geschieden." (V. 2636 ff.) Zwar wirken diese Formulierungen nicht gerade sympathisch, doch können sich auch heutige Zuschauerinnen und Zuschauer – freiwillig oder unfreiwillig – in Fausts Wunsch wiederfinden, das eigene **Begehren auszuleben**.

Darüber hinaus können wir Faust auch ganz bewusst **Verständnis entgegenbringen** und mit ihm **mitfühlen**. So will Faust „erkenne[n] was die Welt / Im Innersten zusammenhält“ (V. 382 f.). Dieses **Streben nach absoluter Erkenntnis** ist auch der modernen Gesellschaft nicht fremd: „Noch immer erkunden Wissenschaftler fieberhaft die Bausteine des Lebens“ (Stahl, Z. 12 f.) und Menschen hetzen auf der **Suche nach dem Sinn des Lebens** von einer Vergnügung zur nächsten oder betreiben in Fitnessstudios sowie Mentalcoachings Selbstoptimierung. Fausts **Verzweiflung**, seine innere Unruhe und sein **Getriebensein**, die verdichtet in seinem Wunsch zum Ausdruck kommen, „zum Augenblicke [zu] sagen: / Verweile doch! du bist so schön!“ (V. 1699 f.), stoßen also etwas in uns an, weil wir fühlen, dass wir ihm darin gar nicht so unähnlich sind. Die meisten Menschen kommen irgendwann in ihrem Leben einmal an einen Punkt, an dem sie sich fragen: „Bis hierhin bin ich gekommen, aber was denn jetzt?“ (Snurawa, Z. 7 f.) Wer eine solche **Existenzkrise** schon einmal erlebt hat, wird sicher keine Probleme haben, sich mit **Faust** zu identifizieren, der ebenfalls ein **Suchender** ist, auch wenn sich seine Wünsche und Sehnsüchte vielleicht im Detail von denen moderner Menschen unterscheiden.

Erkenntnisstreben und Sinnsuche

(Bezug zu M 3)

(Bezug zu M 8)

Eine **Identifikationsfigur par excellence** ist Faust gerade auch deshalb, weil er nicht als perfekter und makelloser Held gezeigt wird, sondern als fehlerhaft, **menschlich und unvollkommen**. Er weist somit eine große Realitätsnähe auf und ermöglicht damit die **sympathetische Identifikation**, also eine „Solidarisierung mit dem Unvollkommenen“ (Burdorf, Fasbender, Moennighoff, Z. 4). So **sehnt sich** Faust, wie wahrscheinlich die meisten Menschen, **danach, wirklich zu lieben** (vgl. V. 3188 ff.), schafft es aber nicht, sich von seinen Trieben zu befreien und Margarete als Individuum zu respektieren und zu achten. Vielmehr **projiziert** er nur seine **eigenen Wünsche und Sehnsüchte auf sie** (vgl. V. 2687 ff.). Dabei zeugen manche Stellen durchaus von einem **schlechten Gewissen** – beispielsweise wenn Faust sein Eindringen in Gretchens Gemach hinterfragt („Was willst du hier?“, V. 2719) oder wenn er später **bereut**, Gretchens kleine Welt betreten und sie dadurch gefährdet zu haben (vgl. V. 3349 ff.). Dies führt aber jeweils nicht zu einer konsequenten Änderung seines Verhaltens. Indem Goethe Faust jedoch zumindest die **Fähigkeit zur Schuldeinsicht** zugesteht, kann man ihn trotz seiner Instrumentalisierung Margaretes nur schwer rundheraus ablehnen. Stattdessen bewirkt er beim Publikum ein **Mitleiden** und die **Hoffnung**, das vom Herrn im „Prolog im Himmel“ geäußerte **Wohlwollen in Bezug auf den Menschen** möge sich als wahr erweisen

Solidarisierung mit Fausts Unvollkommenheit

(Bezug zu M 2)

(„Ein guter Mensch in seinem dunkeln Drange / Ist sich des rechten Weges wohl bewusst.“, V. 328) – am besten sowohl im Stück als auch in unserer eigenen Wirklichkeit. Goethes Faust mag „zwar **kein Sympathieträger** [sein], aber auf jeden Fall eine **Identifikationsfigur** für ganz viele Menschen“ (Snurawa, Z. 12 f.).

(Bezug zu M 8)

Schluss

Vielfältiges Identifikationspotenzial von Werk und Protagonist

Betrachtet man die zuvor ausgeführten Argumente, wird deutlich, dass ein **gewisses Identifikationspotenzial der Faust-Figur** nicht von der Hand zu weisen ist. Zwar gibt es auch Aspekte, die eine **Annäherung** des modernen Publikums an Faust **erschweren**, jedoch ist dieser von Goethe so menschlich gezeichnet, dass er doch den meisten auf die eine oder andere Art und Weise **Anknüpfungspunkte** bietet. Es kann sich also durchaus lohnen, sich im Laufe seines Lebens immer wieder einmal auf Goethes „Faust“ einzulassen, da das Werk in seiner Gesamtheit und im Hinblick auf seinen Protagonisten immer wieder neue Sichtweisen eröffnet.

Kernfach Deutsch (Schleswig-Holstein) – Abiturprüfung 2021
Aufgabe 3: Interpretation eines literarischen Textes

Thema:
Familiengeschichten der Gegenwartsliteratur, ausgehend von Hans-Ulrich Treichel, *Der Verlorene*

Arbeitsgrundlage:
Zsuzsa Bánk (*1965): *Die hellen Tage* (2012)

Aufgaben:
1. Interpretieren Sie den vorliegenden Ausschnitt aus Zsuzsa Bánks Roman „Die hellen Tage". (70 %)
2. Vergleichen Sie den Romanausschnitt und Hans-Ulrich Treichels Erzählung „Der Verlorene" in Bezug auf den Umgang der Figuren mit den Verlusterfahrungen. (30 %)

Erlaubte Hilfsmittel:
- Rechtschreibwörterbuch
- unkommentierte Textausgabe: Hans-Ulrich Treichel, *Der Verlorene*

Zsuzsa Bánk, Die hellen Tage (2012)

Die Erzählerin Seri blickt zurück auf die gemeinsame Kindheit mit Aja und Karl, während der die Freunde viele Tage bei Évi, Ajas Pflegemutter, verbracht haben.

Nachdem sie [Karls Mutter] die Wunde, nachdem sie den Verband gesehen hatte, Karls Hände, die sich unablässig bewegten, auch in den Nächten darauf, änderte sich ihr Blick auf Ben [Karls Bruder], auf die blasse Farbe seines Gesichts, das Kreuz auf seiner Brust, wenn er badete, auf seine fahrigen, hastigen Bewegungen, wenn er einem Ball hinterherlief[1]. Wenn sie auf Bens Füße schaute, konnte sie nicht aufhören zu denken, sie, nicht Karls Füße hatten sich im Kabel verfangen und das Eisen herabgerissen, und vielleicht war es deshalb, dass Ben später zu seinem Vater zog, zu der Zeit, als Karls Mutter anfing, Karl fotografieren zu lassen, die Stelle überschminken, das Licht einrichten und Karls Kopf so drehen zu lassen, dass man nicht mehr als einen Schatten sehen konnte, einen Fleck am Haaransatz, der nur noch denen auffiel, die davon wussten. Es war nichts auf seiner Haut, es störte niemanden, wenn sie sich hinter seiner Wange in tausend Wellen legte, und jedes Bild von sich, das Karl in einem Schaufenster sehen konnte, in einem Katalog, in einer Zeitung, sollte ihm helfen zu glauben, es mache nichts, dass seine Mutter ihn und Ben sich selbst überlassen hatte, in einem

Haus voller Zimmer, mit einem Bügeleisen, das sie hatte stehen lassen und das Karls Haut in einer einzigen Sekunde verbrannt hatte.

Jahre später, als wir schon selbst Fotos von uns schossen, zeigte Karl uns Bilder aus dieser Zeit, die in einem Schuhkarton unter seinem Bett lagen und von denen uns nur eines gefiel. Karl lag neben einer Reihe Steckdosen unter einem großen Fenster, dessen schwarze Sprossen den Hof zerteilten, die Mauern unter Efeu, Fahrräder und zwei Akazien, die anfingen auszuschlagen. Er lag in einem Haufen schwarzer Kabel, er war eingeschlafen, die Arme von sich gestreckt, die Knie angezogen. Karl war nur am Rand der Aufnahme zu sehen, die unter Lichtern und Schirmen ein anderes Kind zeigte, dessen Haar gekämmt und dessen Kleider abgebürstet wurden. Mir gefiel dieses Bild sofort, schon weil es etwas von Karl zeigte, das nicht jeder bemerkte – dass er sich nie stören ließ von dem, was ihn umgab, wie laut und aufdringlich es auch sein mochte. Karl erzählte, das Bild sei später wenigstens hundertmal so groß in einer Ausstellung aufgetaucht, die nichts mit Kleidern oder Schuhen zu tun gehabt habe und zu deren Eröffnung Karls Mutter eine Einladung erreicht habe, auf der nicht mehr gestanden hatte als: Vielleicht hätten Sie Lust, Ihr schönes Kind einmal anders zu sehen.

Heute glaube ich, Karl hat angefangen zu fotografieren, weil er den Blick für das, was andere für wesentlich hielten, nie teilen konnte, weil er ihn auf etwas Anderes lenken wollte, auf etwas, das sich am Rand abspielte, und weil er keinen anderen Beruf fand, in dem zwei Sekunden entscheiden können. Als man schon mehr wusste über seinen Bruder und sein Verschwinden, als man sicher war, dass er mitten in Kirchblüt an einem hellblauen Nachmittag in einen Wagen gestiegen war, dass jemand die Tür zugezogen hatte und losgefahren war, und all das nicht länger als zwei Sekunden gedauert hatte, wurden zwei Sekunden zur Zeiteinheit, die Karl nicht mehr los- und seine Mutter nicht mehr zur Ruhe kommen ließ, die Zeiteinheit, in der beide fortan dachten, in der sie dem Sekundenzeiger mit ihren Blicken folgten, in der sie zählten und rechneten, mit der sie ihre Stunden, Tage und Jahre einteilten. Obwohl Karls Mutter ohne Uhr am Handgelenk ging und die wirkliche Zeit sie nicht kümmerte, musste diese Zählung in ihren Gedanken ohne Unterbrechung, dieser Takt ohne Unterlass mitlaufen. Zwei Sekunden, nicht länger als das Klack-Klack in Karls Kopf, zwei Sekunden, die ausreichten, in einen Wagen zu klettern und die Tür zu schließen, zwei Sekunden, die ausreichten, eine Aufnahme zu machen, einen Auslöser zu drücken und loszulassen. Zwei Sekunden, die Karls Mutter abzählte und neu zählte und dabei jedes Mal versuchte, sie in die Länge zu ziehen, sie zu dehnen und dann anders, ganz anders ausgehen zu lassen, sie gut ausgehen zu lassen, als könne sie Ben noch sehen und ihm zuwinken, als könne sie noch loslaufen und ihn abhalten davon, in ein Auto zu steigen und mitzufahren.

Wenn sie jetzt kam, um Karl abzuholen, ließ Évi ihr Zeit, in die Küche zu gehen und das Kästchen vom Regal zu nehmen, und weil Karls Mutter vor uns nicht zugeben wollte, dass sie Murmeln über Évis Tisch rollen ließ und auf das Geräusch hörte, das sie dabei machten, tat sie, als brauche sie nur ein Glas Wasser, als habe sie etwas liegenlassen und suche in Évis Küche alles, nur kein zitronengelbes Kästchen aus Blech, in dem früher kleine Tafeln Schokolade gelegen hatten, die Karl und sein Bruder aus bunten, glänzenden Papieren gewickelt und auf ihre Zungen gelegt hatten. Wir alle taten so, obwohl wir das leise Klacken hörten, wenn wir am Fenster vorbeiliefen und unseren Blick senkten, damit wir Karls Mutter nicht störten, wenn sie an Évis Tisch Kreise aus grünen und blauen Glasmurmeln legte. Seit sie wusste, dass Évi ein Kästchen für Ben aufbewahrte, schien sie Karl lieber bei ihr zu lassen, als ließe sie etwas glauben, Karl könne seinem Bruder nirgendwo näher sein als hier, näher jedenfalls als in ihrem eigenen Haus, in dem die Dunkelheit in jedes Zimmer gekrochen war, und näher als im Haus seines Vaters, an dem sich die Rosen hoch zum Dach rankten und anfingen, Stein um Stein zuzudecken. Vielleicht lag es an Évis Garten, auf den ein helleres Licht fiel als auf andere Gärten, vielleicht an Évis Stimme, an diesem Summen, das Évi umgab, wenn sie über Blüten strich, wenn sie ein Glas mit Wasser aus dem Hahn füllte und auf den Tisch stellte, neben eines ihrer Taschentücher mit den Stickrosen, wenn sie wusste, dass Karls Mutter kommen würde, sie würde im Haus verschwinden und unter dem schiefen Fenster, vor der Spüle mit schmutzigem Geschirr sitzen, ein Kästchen aus Blech in den Händen halten und die Murmeln darin anschauen, während Évi schon das Herbstlaub zusammenkehrte und bald die ersten Eiszapfen von der Regenrinne schlagen würde.

Bis zum Neujahrstag blieb es so, als Aja und ich Reste von Blei aus einer Schüssel fischten und Karls Mutter mitten im dichten Schneetreiben, das sie in ihrem eisblauen Mantel zerschnitt, ein rotes Päckchen mit weißer Schleife brachte, darin acht hohe Gläser aus Kristall, die Évi im Schrank über der Spüle verschwinden ließ, aber jede Woche herausnahm, um sie mit einem weichen Tuch abzuwischen und vor dem Fenster gegen das Licht zu halten. *(1 061 Wörter)*

*Aus: Zsuzsa Bánk (*1965): Die hellen Tage, Frankfurt/Main 2012, S. 118–122.*

Anmerkung:

1 Karls Bruder Ben kam krank auf die Welt, mit dem Kreuz auf der Brust sind Narben einer schweren OP unmittelbar nach der Geburt gemeint.

Hinweise und Tipps

***Teilaufgabe 1** fordert von Ihnen die **Interpretation** eines Textes, der Ihnen unbekannt sein dürfte. Es handelt sich um einen Auszug aus Zsuzsa Bánks Roman „Die hellen Tage" von 2012. Er stellt insofern eine Herausforderung dar, als es sich um keine geschlossene Einheit, z. B. ein Kapitel oder Ähnliches handelt, sondern um einige Seiten des Romans, die ganz unvermittelt beginnen und auf die vorausgegangene, dem Leser unbekannte Handlung verweisen. Beim Interpretieren sind Sie deshalb zum Teil auf Vermutungen angewiesen bzw. müssen Leerstellen zulassen, die sich aus dem Auszug nicht erklären lassen. Scheuen Sie sich nicht, diese Leerstellen offen anzusprechen. Wie bei allen Interpretationsaufgaben besteht der erste Schritt in einer **genauen Textlektüre**. Machen Sie sich dabei u. a. zu folgenden Erschließungsfragen Notizen:*

- *Welche **Themen** werden angesprochen?*
- *Wie ist der Text **aufgebaut**? Ist eine äußere Gliederung erkennbar, z. B. Abschnitte?*
- *Wie lässt sich die **Handlung**, das **Geschehen zusammenfassen**?*
- *Welche **Figuren** treten auf und in welcher Beziehung stehen sie zueinander?*
- *Wie werden die Figuren **charakterisiert**?*
- *Welche Figur wollen Sie als Hauptfigur (Protagonist/Protagonistin) betrachten?*
- ***Wer erzählt?** Wie wird erzählt (Perspektive, Haltung)?*
- *Wie ist der Text **sprachlich** gestaltet (z. B. Syntax, Tempus, Modus, Erzählbericht oder szenisches Erzählen, Wortwahl, Symbole und Bilder)?*
- *Worauf deutet der **Titel** des Romans hin?*

*Aus der Beantwortung dieser Fragen ergibt sich eine **erste Deutungshypothese**. Beziehen Sie dabei auch die Aufgabenstellung der zweiten Arbeitsanweisung mit ein: Welche **Verlusterfahrungen** machen die Figuren im Textauszug? Welche Figuren sind betroffen? Wie **gehen** sie mit ihren **Erfahrungen um**?*

***Teilaufgabe 2** verlangt von Ihnen einen **Vergleich** des Auszugs mit der **Erzählung „Der Verlorene"** von Hans-Ulrich Treichel. Als Vorbereitung können Sie beispielsweise eine **Tabelle** anlegen, in der Sie vermerken, welche Gemeinsamkeiten und Unterschiede die Texte im Hinblick auf den geforderten Vergleichsaspekt – den Umgang mit den Verlusterfahrungen – aufweisen. Vergegenwärtigen Sie sich dazu die hierfür relevanten Handlungselemente der Erzählung.*
***Führen** Sie in Ihrem Aufsatz dann zunächst knapp **in Treichels Erzählung ein**, aber vermeiden Sie eine ausführliche Nacherzählung oder Inhaltsangabe. Anschließend **setzen** Sie **die Erzählung** auf der Grundlage Ihrer Vorarbeit **zu dem Romanausschnitt in Beziehung**. Nutzen Sie die Möglichkeit, zentrale Erkenntnisse durch Zitate aus der Ihnen vorliegenden Ausgabe der Erzählung abzusichern.*

Verfassen Sie vor der Ausarbeitung Ihres Aufsatzes einen Schreibplan und formulieren Sie Gliederungspunkte für Einleitung, Hauptteil und Schluss. Beachten Sie dabei, dass die erste Teilaufgabe zu 70 %, die zweite zu 30 % in die Gesamtwertung einfließt. Die Textanalyse bildet insofern den Schwerpunkt der Aufgabe.

Lösungsvorschlag

Einleitung

Grundlegende Informationen zum Textauszug und zum ersten Leseeindruck

Der vorliegende Text ist ein Auszug aus Zsuzsa Bánks Roman „Die hellen Tage“ (2012), in dem die Erzählerin Seri auf die **gemeinsame Kindheit mit Karl und Aja** zurückblickt. Die Passage hinterlässt die Lesenden zunächst etwas ratlos und wirft viele Fragen auf, die sich auf den Plot des Romans beziehen: Wer ist die Erzählerin Seri? Von welchem Zeitpunkt aus erzählt sie die Geschichte? Was ist mit Ajas „richtiger“ Mutter und mit ihrem Vater? Wie verarbeitet es der Vater, wie Karl, dass Ben verschwunden ist? Taucht er irgendwann wieder auf? Auch die literarische Gestaltung des Textes erscheint ohne Wissen über den Kontext geheimnisvoll und verschlüsselt. So fragt man sich zum Beispiel, was es mit dem „Klack-Klack in Karls Kopf“ (Z. 44) auf sich hat und welche Bedeutung dem Motiv der Glasmurmeln zukommt (vgl. Z. 60 f.).

Interpretation

Linearer Durchgang durch die Abschnitte mit Blick auf den Inhalt

Erster Abschnitt: Der Unfall Karls und seine Folgen

Der Auszug ist in **fünf Abschnitte** gegliedert. Der erste (Z. 1–16) beginnt mit dem Verweis auf ein vorausgehendes Ereignis („nachdem“, Z. 1). Erst allmählich erschließen sich dem Leser die **inhaltlichen Zusammenhänge**. Karl, der Freund von Aja und Seri, hat sich eine Wunde zugezogen, als seine Mutter ihre beiden noch jungen Söhne allein gelassen hat. Dabei haben sich die Buben im Kabel eines Bügeleisens verfangen, das sie hatte stehen lassen und das dann vom Bügelbrett auf Karls Kopf gefallen ist und ihm **schwere Verbrennungen** zugefügt hat. Der Anblick des verletzten Kindes, seines Verbands, seiner „Hände, die sich unablässig bewegten, auch in den Nächten darauf“ (Z. 2), **verändert das Verhältnis der Mutter zu ihren beiden Söhnen**. Den jüngeren Ben, ein Sorgenkind, das gleich nach der Geburt eine schwere Operation überstehen musste (vgl. „das Kreuz auf seiner Brust“, Z. 3 f.), sieht sie nun mit einem anderen Blick, sie kann sich nicht von der Vorstellung lösen, dass er sich im Kabel verfangen hat. Ob sie ihn für den Verursacher des Unfalls hält oder sich ausmalt, er selbst wäre verletzt worden, bleibt offen. Als sie beginnt, Karl fotografieren zu lassen, **zieht Ben zu seinem Vater**, der offensichtlich getrennt von seiner Familie lebt. Auf den professionell ausgeleuchteten Bildern des geschminkten Kindes, die in Schaufenstern, Katalogen und Zeitungen zu sehen sind, ist nichts von seinen Versehrungen zu sehen. Die Mutter hofft, dass Karl selbst darüber die **Ursache des Unfalls** und **ihre Schuld daran vergisst** (vgl. Z. 13 ff.). Die Erzählerin Seri gewährt hier **Einblicke in das mütterliche Innenleben**, die sie aus ihrer Perspektive eigentlich nicht haben kann. Aber sie reflektiert deren Verhalten nicht weiter und versucht auch nicht, es psychologisch zu erklären. Untergründig wird hier allerdings der Eindruck vermittelt, dass Ben deswegen zum Vater zieht, weil sich das **Verhältnis der Mutter** zu ihm nach dem Unfall **verschlechtert** hat – vielleicht auch, weil sie ihre **mütterliche Sorge** vor allem **auf den Bruder Karl** richtete, dessen Versehrungen sie mit den inszenierten Fotos wenn nicht ungeschehen, so zumindest **ungesehen** machen will.

Zweiter Abschnitt: Ein besonderes Foto Karls

Das **Motiv des Fotografierens** durchzieht auch den **zweiten** (Z. 17–30) und **dritten Textabschnitt** (Z. 31–51). Mit einem **Zeitsprung** gewinnt die Erzählerin **Distanz** zu dem schrecklichen Unfall, der das Leben von Karls und Bens Familie offenbar nachhaltig verändert hat. „Jahre später […] zeigte Karl uns Bilder aus dieser Zeit“ (Z. 17 f.), so berichtet sie. Nur eines davon habe ihr und ihrer Freundin Aja gefallen. Karl ist darauf **nicht** in seiner damals **üblichen Rolle als Fotomodell** für Kleider und Schuhe zu sehen, sondern schlafend, während gerade eigentlich ein anderes Kind fotografiert wird. Für die Erzählerin zeigt dieses Bild Karls oft übersehene **Fähigkeit**, sich von seiner Umgebung **nicht stören zu lassen**, „wie laut und aufdringlich“ (Z. 26) sie auch sein mochte. Auch Karls Mutter war diese Fähigkeit wohl nicht bewusst, was sich aus dem Einladungstext zu einer Ausstellung erschließen lässt, auf der eine stark vergrößerte Reproduktion dieses Fotos zu sehen war: „Vielleicht hätten Sie Lust, Ihr schönes Kind einmal anders zu sehen.“ (Z. 30) Diese **Einladung zum Blickwechsel** wird von der Erzählerin ohne jeden Kommentar zitiert. Wiederum werden hier die Lesenden zu einer Deutung angeregt: Die inszenierten Fotografien, mit denen die Mutter ihre Schuld an Karls Verbrennungen unsichtbar machen will, vermögen offenbar eine ganz **zentrale Fähigkeit** des Sohnes **nicht abzubilden:** Gerade in dem Moment, in dem Karl nicht das fotografierte „Objekt“ ist, scheint sich sein Ich klarer zu zeigen. Unterschwellig **stellt** diese Textstelle daher **den Blick der Mutter auf ihren Sohn infrage**.

Dritter Abschnitt: Verlust Bens als Schicksalsschlag

Dass Karl selbst „den Blick […] auf etwas Anderes lenken wollte, auf etwas, das sich am Rand abspielte“, hält Seri „[h]eute“ (Z. 31 ff.), also in der Erzählgegenwart, für ein wichtiges **Motiv seiner Berufswahl** als Fotograf – neben der Tatsache, dass beim Fotografieren „zwei Sekunden“ (Z. 34) über alles entscheiden können. Denn Karls Familie hat damals, in den Kindheitstagen, einen schweren **Schicksalsschlag** erlitten, der alles von einem Moment zum anderen verändert hat. **Ben**, der jüngere Bruder, ist „mitten in Kirchblüt an einem hellblauen Nachmittag in einen Wagen gestiegen“ (Z. 35 f.) und mit „jemand[em]“ (Z. 36) fortgefahren. In nicht mehr als zwei Sekunden ist er **für immer verschwunden**. Eindringlich beschreibt die Erzählerin in einer Reihe von Attributsätzen (vgl. die sieben Wiederholungen von „[z]wei Sekunden“ in Z. 34, 37, 38, 44, 45, 47), wie „zwei Sekunden zur Zeiteinheit [werden], die Karl nicht mehr los- und seine Mutter nicht mehr zur Ruhe kommen ließ, die Zeiteinheit, in der beide fortan dachten, […] in der sie zählten und rechneten, mit der sie ihre Stunden, Tage und Jahre einteilten." (Z. 38–41) Diese **Fixierung** auf die **vergangenen „zwei Sekunden"** bleibt zwar unkommentiert. Für die Leserinnen und Leser unterstreicht diese Darstellung aber die **nachhaltige und tiefgreifende Beeinflussung** des Lebens durch den Verlust.

Beim **erneuten Rückblick in die Kindheit** der drei Freunde (vgl. Abschnitt 4, Z. 52–74) wird deutlich, dass das **Verhaftetsein** der Mutter **in der Vergangenheit** das **Weiterleben in der Gegenwart** stark **beeinträchtigt:** Jedes Mal, wenn Karl von seiner Mutter bei Aja und ihrer Pflegemutter Évi vom Spielen abgeholt wird, läuft ein **merkwürdiges Ritual** ab: Unter einem Vorwand geht sie in die Küche, wo sie sich ein „zitronengelbes Kästchen aus Blech" (Z. 56) holt, in dem früher Schokolade für Karl und Ben gelegen hat und in dem sich nun Glasmurmeln befinden, mit denen sie spielt. Vorsichtig (vgl. das Verb „schien" und den Konjunktiv) versucht die Erzählerin, dieses seltsame Verhalten als **Bewältigungsstrategie** der Mutter zu **deuten:** „Seit sie wusste, dass Évi ein Kästchen für Ben aufbewahrte, *schien* sie Karl lieber bei ihr zu lassen, als *ließe* sie etwas glauben, Karl *könne* seinem Bruder nirgendwo näher sein als hier, näher jedenfalls als in ihrem eigenen Haus, in dem die Dunkelheit in jedes Zimmer gekrochen war […]." (Z. 61 ff.) Die hellen Tage, von denen der Romantitel spricht, sind im Haus der Mutter ausgelöscht. Auf Évis Garten aber fällt „ein helleres Licht […] als auf andere Gärten" (Z. 67), ihre Stimme, ihre Alltagsgesten, ihre Zurückhaltung und Diskretion, ihr Glaube an Bens Rückkehr (sie bewahrt das Kästchen für Ben auf, vgl. Z. 61 f.) lassen die Mutter offenbar ein wenig Trost erfahren.

Vierter Abschnitt: Verhalten der Mutter nach dem Verlust Bens

Von **Évi** erfährt man in dem Romanausschnitt **nur wenig**. Sie wird als **gastfreundliche Frau** beschrieben, die im Einklang mit der Natur lebt, Taschentücher bestickt, Garten- und Hausarbeit verrichtet und ihre Pflegetochter Aja versorgt. Aber es entsteht dennoch das Bild einer **empathischen Person**, die auch ohne Worte Mitgefühl zeigt.

So könnten die acht Kristallgläser, die Karls Mutter Évi am Neujahrstag schenkt (vgl. Abschnitt 5, Z. 75–80), als Zeichen ihrer Dankbarkeit gedeutet werden. Évi nimmt das Geschenk zwar an, aber sie lässt die Gläser „im Schrank über der Spüle verschwinden" (Z. 78) und holt sie nur heraus, um sie jede Woche zu putzen und „gegen das Licht zu halten" (Z. 80), vielleicht um die Erinnerung an die „hellen Tage" wachzuhalten.

Fünfter Abschnitt: Weiterleben der Mutter?

Auch wenn man den Roman nicht kennt, wird deutlich, dass sich die Ich-Erzählerin, die in diesem Auszug nicht im Mittelpunkt des

Sprachliche und erzählerische Gestaltung

Erzählten steht, mit den **Themen Schuld, Verlust und Trennung** auseinandersetzt und durch Schreiben die Erlebnisse ihrer Kindheit zu **verarbeiten** sucht. Behutsam, unter Verwendung des Konjunktivs (vgl. Z. 14, 49, 50, 55, 62, 70, 74), der Verben „scheinen" (Z. 62) und „glauben" (Z. 13, 31, 63) und des Adverbs „vielleicht" (vgl. Z. 7, 66, 67), tastet sie sich an die Vergangenheit heran. Sie schildert die Personen und Ereignisse in langen hypo- und parataktischen Sätzen, mit variierenden Reihungen und Wiederholungen, z. B. bei den Erläuterungen zur Bedeutung der „zwei Sekunden" für das Leben nach Bens Verschwinden (vgl. z. B. Z. 44–51). In der Sprache der Erzählerin spiegelt sich wider, wie schwer sich die vielschichtigen Erinnerungen ordnen lassen. Sie springt dabei zwischen den Zeitebenen hin und her und folgt insofern weniger der Chronologie, sondern mehr den eigenen Assoziationen. **Dialoge** kommen in dem Romanauszug **nicht** vor. Überhaupt fällt auf, dass zwischen den Figuren **wenig verbale Kommunikation** stattfindet. Sowohl Karls Mutter als auch Évi, Ajas Pflegemutter, teilen sich ihrer Umwelt eher indirekt mit. Auch die Kinder Karl, Aja und Seri stellen keine Fragen, sondern senken den Blick (vgl. Z. 60), um das seltsame Murmelspiel der Mutter nicht zu stören. Das deutet darauf hin, dass **Bens Verschwinden** mit einem **Tabu** belegt wird, über das nicht geredet werden kann, und dass **nicht versucht** wird, die Ereignisse **kommunikativ** und **aktiv zu verarbeiten**.

Vergleich mit Treichels Erzählung

Vorstellen des Vergleichstextes

Auch in Hans-Ulrich Treichels autobiografisch inspirierter Erzählung „Der Verlorene" von 1998 geht es um eine **Mutter**, die den **Verlust eines Kindes nicht verwinden** kann. Die Handlung der Familiengeschichte spielt nach dem Zweiten Weltkrieg in Westdeutschland, in der Zeit des Wirtschaftswunders. Der **Ich-Erzähler** ist der Protagonist des Werks: Er ist der jüngere, nach dem Krieg in Westdeutschland geborene Sohn der Familie. Der andere Sohn der Familie, Arnold, ist während des Krieges **auf der Flucht aus dem Osten „verlorengegangen"**.

Knappe Darstellung der Erzählung

Dominiert wird das Familienleben von diesem **eigentlich abwesenden Sohn**. Ein einziges Foto des Kindes, das einen prominenten Platz im Fotoalbum einnimmt, wird wieder und wieder unter Tränen von der Mutter betrachtet, während sie für die vielen winzigen Bilder des namenlos bleibenden Ich-Erzählers kaum Interesse zeigt. In den ersten Jahren seiner Kindheit beunruhigt der verschollene Bruder den Ich-Erzähler kaum, eines Tages jedoch gesteht die Mutter, dass Arnold **nicht den Hungertod gestorben**, sondern **verloren gegangen** sei – und zwar durch ihre **Schuld**, denn auf der Flucht vor „dem Russen" habe sie ihr Kind einer fremden Frau in die Arme gelegt, aus Angst, zusammen mit dem Kind von den Soldaten getötet zu werden. Seither gibt es keine Nachricht von Arnold. Während der

Vater sich in wirtschaftliche Aktivitäten als Fleischgroßhändler stürzt, das Haus modernisiert und immer größere Autos anschafft, wird die Mutter von ihren **Schuldgefühlen** in die **Depression** getrieben. Neue Hoffnung keimt auf, als der **Suchdienst** des Roten Kreuzes das **Findelkind 2307** auftut und die Eltern erbbiologische Gutachten durchführen lassen, um Arnolds Identität zu klären. Für den Ich-Erzähler wird immer deutlicher, dass „der untote Bruder die Hauptrolle in der Familie spielte" (S. 17), er entwickelt zunehmend **Eifersucht und Neid** und reagiert mit **psychosomatischen Beschwerden**, z. B. Übelkeit beim Autofahren und neuralgischen Gesichtsschmerzen, auf die potenziell bedrohliche Existenz des Bruders. Erst im Rückblick begreift er, dass er „in einer von Schuld und Scham vergifteten Atmosphäre aufgewachsen" (S. 17) ist.

Die Mutter leidet nicht nur unter dem Verlust ihres Erstgeborenen, sondern ist auch von einer Vergewaltigung auf der Flucht **traumatisiert**. Aber sie kann weder über die Ereignisse noch über ihre Gefühle sprechen. Wie beim Ich-Erzähler **reagiert nur ihr Körper**, z. B. mit Tränenausbrüchen, unkontrolliertem Zittern des Kopfes und indem sie den Ich-Erzähler fast gewaltsam an sich drückt (vgl. S. 70, 73). Trotz der nahezu nullprozentigen Wahrscheinlichkeit, dass es sich beim Findelkind 2307 um Arnold handelt, **gibt die Mutter auch nach dem Herztod des Vaters nicht auf** und bemüht sich sogar um eine Adoption. Die Erzählung endet mit einer kurzen **Begegnung** mit dem inzwischen von anderen Eltern adoptierten und Heinrich genannten **Findelkind**, bei dem der Erzähler eine frappierende Ähnlichkeit mit sich selbst feststellt, die die Mutter jedoch offenbar nicht wahrhaben will.

Vergleich im Hinblick auf Umgang mit Verlusterfahrung

In beiden Texten **prägt der Verlust eines Kindes das Leben der ganzen Familie** nachhaltig. In Treichels Erzählung kann vor allem die Mutter nicht verwinden, dass ihr erstgeborenes Kind durch ihre Schuld auf der Flucht verloren gegangen ist. Sie unternimmt alles, um Arnold wiederzufinden, fällt schließlich in **Depression** und Lethargie – und vernachlässigt ihren zweiten Sohn. Auch Bens Mutter scheint mit **depressiven Verhaltensweisen** auf sein plötzliches, nicht von ihr **verschuldetes Verschwinden** zu reagieren. Sie zieht sich von ihrer Umwelt zurück (vgl. das Ritual des Murmelspiels) und in ihrem Haus herrscht **Dunkelheit** in jedem Zimmer (vgl. Z. 64). Aber sie sorgt weiterhin für Karl und versucht ihm **über den Verlust des Bruders hinwegzuhelfen**, indem sie ihn lieber als früher bei Évi lässt, weil er hier dem Bruder näher sein könne (vgl. Z. 62 f.), wie die Erzählerin vermutet. Umgekehrt verhält auch Karl sich **rücksichtsvoll** gegenüber seiner Mutter und ihrer Trauer. Der Textauszug deutet darauf hin, dass beide in der Freundschaft mit Seri, Aja und Évi **Unterstützung** finden.

Ganz anders ist die Situation in der Erzählung „Der Verlorene". Im Unterschied zu Karl, der mit Ben aufgewachsen ist, hat der Ich-Erzähler den verlorenen Bruder gar nicht gekannt, er wächst als Einzelkind auf. Umso mehr **leidet** er darunter, dass die Eltern den **abwesenden Arnold in den Mittelpunkt der Familie stellen**. Schließlich entwickelt er ihm gegenüber **Eifersucht und Neid**. Auch zu den Eltern, die über ihre schmerzlichen Erinnerungen nicht sprechen können, vermag er **keine vertrauensvolle Beziehung** aufzubauen, der Mutter kann er in ihrer Trauer nicht beistehen. So bleibt er, wie seine Eltern, sprachlos und einsam in seinem Unglück, das er erst später durch Schreiben verarbeiten kann.

In beiden Werken spielt das Fotografieren eine wichtige Rolle: Für Arnolds Mutter ist das einzige Foto des verlorenen Kindes ein **wichtiges Erinnerungsmedium**, die vom jüngeren Kind aufgenommenen Fotos dienen allein dem Zweck, den verschollenen Bruder wiederzufinden und zu identifizieren. Die Mutter von Karl und Ben versucht durch inszenierte Fotos dagegen, ihre **Schuld an Karls Unfall** und seinen **Versehrungen zu kaschieren**. Als **Medium der Erinnerung** dient ihr das **Kästchen mit den Murmeln**, das Évi für Ben aufbewahrt, womit implizit die Hoffnung verbunden zu sein scheint, ihr verlorener Sohn könne wieder auftauchen.

Die Vorstellung, den Verlust **wiedergutzumachen** oder gar **rückgängig zu machen**, spielt dabei in beiden Texten eine Rolle – allerdings in ganz unterschiedlicher Weise. Bei Bens Mutter bleibt sie **reine Fantasie:** Sie versucht in ihrem Kopf die zwei Sekunden, in denen Ben verschwunden ist, „gut ausgehen zu lassen" (Z. 49). Arnolds Mutter dagegen setzt ihre gesamte Energie daran, den **Verlust in der Realität rückgängig zu machen**, indem sie die Suche nach ihrem Sohn auf fast schon exzessive Weise betreibt.

Schluss

Zsuzsa Bánk und Hans-Ulrich Treichel erzählen von **Familien**, die vom **Verlust eines Kindes nachhaltig geprägt** sind, jedoch unterschiedlich damit umgehen. Die Mutter in Treichels Erzählung wird von ihren **Schuldgefühlen** gegenüber dem „verlorenen" Arnold und vom Trauma einer Vergewaltigung verfolgt. Ob sie sich jemals von der **Vergangenheit lösen** und etwas Neues beginnen kann, bleibt angesichts des Schlusses der Erzählung aber **fraglich**. Im Auszug aus Bánks Roman „Die hellen Tage" deutet sich hingegen an, dass die Mutter in der **Verarbeitung ihrer Trauer** weiterkommt. Das heimliche **Erinnerungsritual** mit den Glasmurmeln **findet ein Ende** und das sorgfältig verpackte Geschenk der „acht hohe[n] Gläser aus Kristall" (Z. 77 f.) am Neujahrstag kann als Hinweis gedeutet werden, dass sie sich nun der **Zukunft zuwenden** kann.

Kernfach Deutsch (Schleswig-Holstein) – Abiturprüfung 2021
Aufgabe 4: Analyse eines pragmatischen Textes

Thema:
Sprache, Medien, Lesen und Literatur

Arbeitsgrundlage:
Margarete Stokowski: *Hamse jedient im Genderkrieg?* (2016)

Aufgaben:
1. Analysieren Sie die Kolumne „Hamse jedient im Genderkrieg?“ von Margarete Stokowski. (70 %)
2. Nehmen Sie begründet Stellung zur Forderung Stokowskis. (30 %)

Erlaubte Hilfsmittel:
– Rechtschreibwörterbuch

„Hamse jedient im Genderkrieg?“ (2016)

Eine Kolumne von Margarete Stokowski

Eine Schlacht tobt zwischen den Geschlechtern. Meinen zumindest einige Medien. Geht es auch ein paar Nummern kleiner? Es muss dringend verbal abgerüstet werden.

In letzter Zeit habe ich viel zu oft komische Konstruktionen gelesen wie „Gender-Kampf“, „Feministinnen-Krieg“ und „Krieg der Geschlechter“. „Zeit Online“ hat ein extra Schlagwort dafür, ernsthaft, „Geschlechterkampf“, süddeutsche.de auch. It’s a thing.

Der Radiosender Ostseewelle spielt allmorgendlich die „Schlacht der Geschlechter“. Okay, das entbehrt nicht einer gewissen Niedlichkeit, aber ich muss auch sagen: Was zur Hölle? In einem Medium für junge Menschen habe ich gelesen, „Feminist sein, das fühlt sich eben nach Frontlinie an“ und „auf den Barrikaden“. Sagt mal: Frontlinie, Barrikaden, Krieg – habt ihr alle zu viel „Star Wars“ geguckt?

Echt, wenn es einen Gender-Kampf oder Geschlechterkrieg gäbe, ich glaube, ich wüsste davon. Ich werde militant genannt, Feminazi, extremistisch und radikal, aber ich lebe nicht im Krieg. Ist es so weit gekommen, dass ich irgendwem erklären muss, was Krieg ist? Krieg ist, wenn ich meine Katze essen muss. Zum Beispiel. Muss ich aber nicht. Es ist Sommer, Leute posten wieder ihre Füße auf Facebook, und die Füße sind an den Beinen noch dran und das Einzige, was im Supermarkt manchmal fehlt, sind bestimmte Sorten von Kaltgetränken, die wir vor fünf Jahren noch nicht mal kannten. Wir haben außer der Katze, die wir nicht essen müssen, noch einen Hund, der uns vor nichts beschützen muss. Meine Beziehung wird nicht daran scheitern, dass jemand an die Front muss, ich habe Großeltern, die mich zum Essen einladen, und meine Oma erzählt dann, wie sie zur Erstkommunion ein gekochtes Ei bekommen hat. Ein Ei. Ich habe sechs Eier im Kühlschrank und Hunderte auf Twitter[1], und ich brauche sie alle nicht zu essen, wenn ich nicht will, weil kein verdammter Krieg ist.

Wir reden so viel über Hetze gerade, über Stimmungsmache und Populismus und wie Leute gegeneinander aufgestachelt werden, indem zu viel Scheiße geredet wird. Ich will niemandem Hetze vorwerfen, der mal ein unpassendes Wort gebraucht hat, aber wie sollen wir wie gechillte Menschen miteinander reden, wenn wir mit lauter Großvokabeln um uns schmeißen, die eigentlich Ausnahmezuständen vorbehalten sind? Shitstorm hier, Krieg da.

Offen gestanden habe ich keine Ahnung, wer diese Leute sind, die vom Krieg der Geschlechter reden und wie sie drauf sind. Wer seid ihr? Ist das Ironie? Magnesiummangel? Sekundenschlaf? Oder meint ihr das ernst? Wenn euch in der Straßenbahn einer fragt: „Hamse jedient?“, dann sagt ihr: „Öh nein, aber ich habe mal eine Viertelstunde lang einer Frau versucht zu erklären, dass die Frauenquote Frauen nur wegen ihres Geschlechts …“. Bla, der Fragende ist vor drei Stationen ausgestiegen oder gestorben.

Die „Zeit“ hat einen Mail-Wechsel veröffentlicht, in dem es darum ging, dass eine Autorin von „Studierenden“ schreiben wollte und ein Redakteur das in „Studenten“ geändert hat. Der Onlinekiosk Blendle[2], zugegebenermaßen ohnehin bekannt für blumig blöde Ansprachen, kündigte das in seinem Newsletter so an: „Hier erlebst du den Gender-Kampf live.“ Jo, geil, Gender-Kampf live, hab sofort geklickt, aber leider tauschen die Beteiligten dann Argumente aus. Argumente! Keine Barrikaden aus Binnen-Is oder Unterstrichen. Okay, es ist ein Kampf. Streit, auch das. Aber kein Gender- oder Geschlechterkampf. Der Redakteur hätte genauso gut eine Frau sein können, was wäre es dann gewesen? „Zickenkrieg“?

Es ist nur eine Metapher, sagt ihr. Nein, es ist unbedachtes Wörterkotzen. Metaphern haben einen Sinn, sie sollen etwas klarer oder schöner sagen. Wer aber von Krieg spricht, macht es weder klarer noch schöner, der sagt nur: Guckt, wie sie sich prügeln. Aber was, wenn sie gar nicht prügeln? „There is a war between the ones who say there is a war and the ones who say that there isn't“, singt Leonard Cohen[3]. Ja, vielleicht das.

Wer nicht aufpasst, macht durch Sprache alles schlimmer. Hier meine These dazu: Das ist scheiße. Es klingt nach Eskalation, aber da eskaliert nichts. Da reden Leute. Wenn ihr jetzt schon von Krieg sprecht, was macht ihr, wenn tatsächlich mal was passiert, und zwar mehr als Argumente – wenn plötzlich alle Frauen, die weniger verdienen als ihre Kollegen, in Streik treten und auf die Straße gehen? Was ist dann? Apokalypse?

Wir können gerne über Hate Speech, Homophobie und Transphobie sprechen und über sexualisierte Gewalt und häusliche Gewalt, aber das ist magischerweise nie gemeint, wenn von so was wie „Gender-Kampf“ die Rede ist. Beim „Feministinnen-Krieg“, den der Perlentaucher-Newsletter[4] ankündigte, um was ging es da? Um Debatten von Feministinnen unterschiedlicher Denkströmungen. Wissenschaftlerinnen, die Texte schreiben: Krieg! Und dann bringt ein Mann eine Frau um, und was wird daraus? Ein „Beziehungsdrama“. „Es war schon tief in der Nacht, als Anna zum letzten

Mal die Liebe widerfuhr", schreibt stern.de über den Moment, in dem jemand erwürgt wird.

So viel Feinfühligkeit darf man erwarten, nicht von Krieg zu sprechen, wo kein Krieg ist, und von Mord, wo Mord ist. Wörter sind relevant, wir verbinden in unseren kleinen, schmutzigen Hirnen Dinge mit ihnen, auch unbewusst. Wer „Krieg" sagt, ruft andere Assoziationen hervor, als wenn er sagt: Debatte. Ein ständiges Bemühen. Lauter kleine Versuche, etwas besser, gerechter, würdiger zu machen. *(837 Wörter)*

Aus: Margarete Stokowski, DER SPIEGEL, 07. 06. 2016, http://www.spiegel.de/kultur/gesellschaft/der-unsinn-von-gender-kampf-und-geschlechter-krieg-a-1096176.html, letzter Zugriff am 07. 01. 2021.

Anmerkungen:

1 *Hunderte auf Twitter:* Twitter-Nutzer ohne eigenes Profilbild werden als Eier dargestellt
2 Online-Angebot, das einzelne Artikel aus Zeitungen vertreibt
3 Leonard Cohen (1934–2016): kanadischer Sänger, Songwriter, Dichter, Schriftsteller, Maler; weltbekannt für Folksongs
4 *Perlentaucher:* Online-Kulturmagazin mit Presseschau, Rezensionen etc.

Hinweise und Tipps

Die gegebene Aufgabenstellung ist zweigeteilt. Zunächst sollen Sie die Kolumne von Margarete Stokowski ***analysieren****. Die Angaben zur Gewichtung der Teilaufgaben zeigen Ihnen, dass der* ***Schwerpunkt auf dem Analyseteil*** *liegt. Bei der Untersuchung des Ausgangstextes müssen Sie eigenständig Akzente setzen. Im vorliegenden Fall bietet es sich an, den* ***Inhalt*** *des Textes zu erschließen und daneben auf den* ***Gang der Argumentation****, den* ***Adressatenkreis****, Formen der* ***Leserlenkung*** *sowie die* ***sprachlich-stilistische Gestaltung*** *des Textes einzugehen. Überlegen Sie sich bei der Gliederung des Aufsatzes, an welchen Stellen es sinnvoll ist, bestimmte Untersuchungsaspekte zusammenzuführen. Bei der ausgearbeiteten Lösung wurde beispielsweise die Inhaltsangabe mit Feststellungen zum Gang der Argumentation verknüpft.*

Bevor Sie mit dem Schreiben beginnen, ist es unerlässlich, dass Sie sich intensiv mit der Kolumne von Stokowski beschäftigen. Lesen Sie den Text zunächst mehrmals durch, um ein Gespür für den Schreibstil der Verfasserin zu erhalten. Gliedern Sie den Text zudem in ***Sinnabschnitte****. Das hilft Ihnen, die inhaltlichen Zusammenhänge zu verstehen und den argumentativen Aufbau der Kolumne nachzuvollziehen. Markieren Sie bei der weiteren Bearbeitung* ***Textstellen, die Aufschluss über den Adressatenkreis geben*** *oder die* ***aus stilistischer Sicht besonders markant sind****. Fragen Sie sich daneben, wie die Autorin versucht, die* ***Leserinnen und Leser in ihrem Sinn zu beeinflussen****. Auf diese Weise können Sie feststellen, von welchen Formen der Leserlenkung die Verfasserin Gebrauch macht.*

Nachdem Sie Ihre Ergebnisse auf einem Konzeptpapier notiert und geordnet haben, können Sie mit dem Schreiben beginnen. Eine kurze ***Textvorstellung dient als Einleitung****. Im* ***Hauptteil*** *erfolgt die* ***Analyse*** *des Textes.*

Im Anschluss sollen Sie, wie in der zweiten Teilaufgabe verlangt, ***begründet zur Forderung der Autorin Stellung nehmen****. Lesen Sie hierzu erneut den letzten Absatz der Kolumne, in dem Stokowski zu einem klareren und sensibleren Sprachgebrauch aufruft. Überlegen Sie dann als Vorbereitung, wie Sie zu Stokowskis Forderung stehen, und notieren Sie sich, wie sich Ihr Standpunkt* ***argumentativ*** *stützen lässt. Verfassen Sie auf dieser Grundlage Ihre Stellungnahme.*

In einem ***Fazit****, das den* ***Schlussteil*** *Ihres Aufsatzes bildet, können Sie abschließend Ihren* ***Standpunkt*** *noch einmal zusammenfassen.*

Lösungsvorschlag

Einleitung
Angaben zur Textvorlage
Position der Verfasserin

In der Kolumne „Hamse jedient im Genderkrieg?", die am 7. Juni 2016 auf „Spiegel Online" veröffentlicht wurde, kritisiert Margarete Stokowski die aus ihrer Sicht **übertriebene Rede vom vermeintlichen Genderkrieg**. Nach Meinung der Verfasserin ist die Anwendung martialischer Begriffe auf Diskussionen rund um Fragen der Geschlechtergerechtigkeit unangemessen. Daher plädiert sie in der Genderdebatte **für einen differenzierteren Sprachgebrauch**, der keine falschen Vorstellungen weckt.

Ihre Position entwickelt Stokowski in mehreren Schritten. Zunächst nennt sie verschiedene **Beispiele** dafür, **dass in den Medien Kampfbegriffe** im Zusammenhang mit Debatten zur Geschlechtergerechtigkeit verwendet werden (vgl. Z. 1–9). Damit schafft die Verfasserin ein **Bewusstsein** für ein aus ihrer Sicht problematisches Phänomen.

Analyse
Inhalt und Gang der Argumentation
Sinnabschnitt 1

Im zweiten Sinnabschnitt (vgl. Z. 10–28) verdeutlicht die Autorin die **Unangemessenheit des Begriffs „Krieg"** für unsere heutigen Lebenszusammenhänge, indem sie diese den **Verhältnissen im Krieg** gegenüberstellt. Zugleich warnt sie vor den Folgen eines unreflektierten Gebrauchs der Kriegsmetapher und anderen „Großvokabeln" (Z. 27). Dazu zählt aus Sicht der Verfasserin die **Beeinträchtigung einer konstruktiven Debattenkultur**.

Sinnabschnitt 2

Im folgenden Abschnitt (vgl. Z. 29–44) **polemisiert** Stokowski gegen diejenigen, die Begriffe wie „Geschlechterkrieg" verwenden. Dabei übt sie auch **Kritik** daran, dass mit solchen Begriffen genderbezogene **Debatten als Kampf zwischen Mann und Frau etikettiert** würden – und nicht als Kampf um das bessere Argument.

Sinnabschnitt 3

Anschließend (vgl. Z. 45–55) knüpft die Verfasserin an ihre eingangs gefassten Überlegungen zum Kriegsbegriff an, indem sie sich gegen das Argument wendet, dass das Wort „Krieg" im Zusammenhang mit der Genderthematik **doch nur eine Metapher** sei. Denn als Metapher – so lassen sich Stokowskis Überlegungen verstehen – sei der Begriff **untauglich**, weil er **überdramatisiere** und auch kaum eine weitere Steigerung zulasse, wenn es tatsächlich zu einer Verschärfung im Konflikt um Geschlechtergerechtigkeit kommen sollte.

Sinnabschnitt 4

Ihr Plädoyer für eine **angemessenere Sprache** unterstreicht die Verfasserin im nächsten Abschnitt (vgl. Z. 56–64). Sie verdeutlicht, dass die Begriffe „Kampf" und „Krieg" vor allem dramatisierend im Kontext von Geschlechterdebatten verwendet würden, aber **nicht in Bezug auf Themen und Geschehnisse**, die tatsächlich mit **Gewalt oder Hass** zu tun hätten. Sie legt damit nahe, dass schlimmste Verbrechen, etwa die Tötung von Frauen, sprachlich verharmlost würden.

Sinnabschnitt 5

Am Ende der Kolumne (vgl. Z. 65–69) erhebt Stokowski die **Forderung nach einem sensibleren Umgang** mit der Sprache. Sie plädiert für einen Sprachgebrauch, der **Sachverhalte klarer benennt** und keine falschen Assoziationen weckt.

Sinnabschnitt 6

Mit ihrer Kolumne wendet sich Stokowski an all jene, die an Genderfragen interessiert sind. Dass sie dabei vor allem eine **jüngere Leserschaft** im Blick hat, legt der umgangssprachliche, von jugendlichem Jargon geprägte Ton nahe. So verwendet die Verfasserin Floskeln und Begriffe, die typisch für **Jugendsprache** sind, etwa: „Was zur

Adressatenkreis
Ausrichtung auf eher junge Leserschaft

Hölle?“ (Z. 6 f.), „Echt“ (Z. 10) oder „gechillt[]“ (Z. 26). Neben der Tatsache, dass die Autorin auf **Social-Media-Kanäle** wie „Facebook“ (Z. 14) oder „Twitter“ (Z. 21) Bezug nimmt, spricht auch das selbstverständliche Aufgreifen **englischer Redewendungen und Zitate** (vgl. Z. 3 f., 48 f.) für eine Ausrichtung auf eher jüngere Leserinnen und Leser.

Leserlenkung

persönliches Zeugnis als Ausweis von Glaubwürdigkeit

Diese versucht Stokowski nicht nur durch ihre Argumentation zu beeinflussen, sondern auch durch die **Perspektive**, die sie in ihrer Kolumne einnimmt. Der Text stellt keine abstrakte Abhandlung über Gefahren eines unreflektierten Sprachgebrauchs dar, sondern geht von der **subjektiven Sicht der Verfasserin** aus. Diese gibt mehrere Details zur eigenen Person preis. So erfährt man, dass sie in einer Beziehung lebt (vgl. Z. 18 f.) und ab und zu von ihren Großeltern zum Essen eingeladen wird (vgl. Z. 19 f.). Außerdem gesteht sie, dass sie „militant genannt“ (Z. 11) und als „Feminazi, extremistisch und radikal“ (ebd.) bezeichnet wird. Sie erzeugt also den Eindruck einer für Feminismus eintretenden Frau, die meinungsstark ist und über ein intaktes Sozialleben verfügt. Dadurch bietet sie ihrer Leserschaft **Identifikationsmöglichkeiten** mit der eigenen Person und Sichtweise an. Zudem verleiht sie ihrem Text **durch den persönlichen Zugang Glaubwürdigkeit**. Eine Nähe zu ihrer Leserschaft stellt die Autorin auch her, indem sie des Öfteren in der **Wir-Form** spricht (vgl. z. B. Z. 16, 23, 56). Darüber hinaus inszeniert die Verfasserin in ihrer Kolumne ein **Zwiegespräch**, indem sie vorgibt, sich direkt an diejenigen zu wenden, die sie kritisiert. Dadurch unterstreicht Stokowski die Direktheit der Auseinandersetzung mit diesen (Z. 45: „Es ist nur eine Metapher, sagt ihr.“) oder verstärkt die Infragestellung der Gegenposition (Z. 30: „Wer seid ihr?“).

Sprachliche Gestaltung der Argumentation

Vorgabe der Stoßrichtung durch den Titel

Auch sprachliche Mittel setzt Stokowski gezielt ein, um ihrer Argumentation zu größerer Durchschlagskraft zu verhelfen. Dies zeigt sich bereits im **Titel der Kolumne** („Hamse jedient im Genderkrieg?“). Damit spielt die Verfasserin auf eine Frage an, die früher teilweise noch von älteren Herren geäußert wurde: „Haben Sie gedient im Krieg?“ Indem diese Frage durch die Verwendung des Begriffs „Genderkrieg“ abgewandelt wird, entsteht ein unmittelbarer **Bruch in der Vorstellung**. Dabei wird deutlich, dass die Genderthematik überhaupt nichts mit Krieg zu tun hat. Gleich der Titel der Kolumne bringt also die Kernaussage der Autorin auf den Punkt: Durch den Sprachgebrauch darf nicht der Eindruck erweckt werden, in der Genderdebatte herrsche Krieg. Daneben steht die **mundartliche Formulierung** – die „Berliner Schnauze“ ist deutlich herauszuhören – im Kontrast zu den meist akademisch geführten Auseinandersetzungen in der Geschlechterfrage. Der **humorvolle Effekt**, der dadurch erzielt wird, hat eine entlastende Wirkung auf die Leserinnen und Leser. Ihnen wird der Eindruck vermittelt, die Rede vom Genderkrieg nicht allzu ernst nehmen zu müssen.

Emotionale Beeinflussung der Leserschaft durch emphatischen Ausdruck

Der Titel der Kolumne gibt die Argumentationslinie des Textes vor. Die Verfasserin möchte deutlich machen, dass sie die übertriebene Art und Weise, wie über die Genderdebatte gesprochen wird, für unangemessen hält. Ihr Missfallen ist so groß, dass sie ihrer **Empörung** freien Lauf lässt. Daher ist der gesamte Text von einem **emphatischen Ausdruck** geprägt. Stokowski möchte damit erreichen, dass ihr die Leserinnen und Leser entrüstet beipflichten. So verwendet sie Adjektive wie „ernsthaft" (Z. 3) oder „[e]cht" (Z. 10), die in Gesprächen häufig dann fallen, wenn der oder die Sprechende ankündigt, dass nun etwas gesagt wird, was ihm bzw. ihr besonders wichtig ist. Daneben finden sich im Text zahlreiche **Vulgarismen**, in denen sich die **Emotionalität der Verfasserin**, das heißt ihre tiefste Missbilligung zeigt. Sie betont, dass „kein verdammter Krieg ist" (Z. 22) und dass ein unbedachter Sprachgebrauch in der Genderdebatte kontraproduktiv sei, da angesichts der aufgeheizten gesellschaftlichen Stimmung ohnehin „zu viel Scheiße geredet wird" (Z. 24). Den Rückgriff auf Kriegsmetaphorik in der Diskussion um Geschlechtergerechtigkeit bezeichnet sie daher als „unbedachtes Wörterkotzen" (Z. 45). Indem die Autorin ihre Entrüstung demonstrativ herausstellt, möchte sie die **Leserinnen und Leser emotional beeinflussen**. Das erzeugt den Eindruck, dass bei Stokowskis Positionierung die Lenkung über Gefühle einen ähnlichen Stellenwert einnimmt wie sachliche Argumente.

Infragestellung eines drastischen Sprachgebrauchs durch Humor

Daneben zielt sie darauf ab, die Rede von Genderkrieg **durch humorvolle, teilweise übertreibende Bemerkungen ad absurdum** zu führen. Nach einer Aufzählung martialischer Begriffe (vgl. Z. 1–4, 8 f.), die im Zusammenhang mit der Genderthematik oft gebraucht werden, stellt sie beispielsweise folgende Frage: „[H]abt ihr alle zu viel ‚Star Wars' geguckt?" (Z. 9) Ein **humorvoller Ton** schwingt auch in der Beschreibung mit, die die Autorin zum Begriff „Krieg" liefert. Sie erklärt: „Krieg ist, wenn ich meine Katze essen muss." (Z. 13) Zwar handelt es sich dabei um ein drastisches Bild, das darauf abzielt, die prekäre Ernährungslage in Kriegszeiten vor Augen zu führen. Doch die Aussage ist so prägnant formuliert und durch die Alliteration so eingängig, dass sie wie ein witziger Aphorismus wirkt. Die Verfasserin möchte damit deutlich machen, dass es **lächerlich** ist, die Kontroverse um das **Genderthema mit Kriegsmetaphern zu belegen**. Durch Humor versucht sie, offenzulegen, dass ein solcher Sprachgebrauch unangebracht ist.

Am **Ende der Kolumne** wird der **Ton** dann **sachlicher und weniger übertreibend**. Damit unterstreicht Stokowski die Ernsthaftigkeit ihres Anliegens, dass eine **angemessenere Sprache** gewählt werde. Dass dies nicht schwer ist, verdeutlicht sie in einer tautologisch wirkenden Formulierung: Sich klar auszudrücken, bedeute demnach unter anderem, „nicht von Krieg zu sprechen, wo kein Krieg ist, und von Mord, wo Mord ist" (Z. 65 f.).

Eher sachlicher Tonfall bei der zentralen Forderung der Autorin

Insgesamt bleibt festzuhalten, dass Stokowski mit lauter Stimme für ihre Position wirbt. Sie fordert, **auf Kriegsmetaphorik zu verzichten**, wenn von Auseinandersetzungen zum Thema „Gender" die Rede ist. Durch **Humor** und einen **emphatischen Ausdruck** versucht sie, eine Nähe zu den Leserinnen und Lesern herzustellen. Ob sie mit dem Ton, den sie anschlägt, alle Adressaten erreicht, ist fraglich. Denn die **sachlichen Argumente**, die im Text durchaus zu finden sind, geraten durch die emotionale Ausdrucksweise beinahe **in den Hintergrund**. Daher soll im Folgenden geprüft werden, ob die **Forderung** der Verfasserin gerechtfertigt ist.

Fazit aus der Analyse

Ohne Zweifel ist es so, dass **Sprache einen großen Einfluss** darauf hat, wie wir **denken** und die Wirklichkeit wahrnehmen. Das liegt daran, dass ein Wort semantisch betrachtet keine in sich abgeschlossene Einheit darstellt, sondern auch **Assoziationen** hervorruft, die auf Erfahrungen in der Welt beruhen. Stokowski erklärt: „[W]ir verbinden in unseren kleinen, schmutzigen Hirnen Dinge mit [Wörtern], auch **unbewusst**." (Z. 66 f.) Welche Worte wir wählen, hat aufgrund dieses Zusammenhangs von Sprache und Denken durchaus eine Bedeutung. Dass sich ein ungenauer Sprachgebrauch **negativ auf die Gesellschaft auswirken** kann, zeigte sich auch in den Diskussionen zum Thema „Flucht und Migration". Begriffe wie „Flüchtlingsströme" oder „Fluchtwellen" schürten in der Bevölkerung die Angst, von einer Masse an Flüchtenden quasi überrollt zu werden. Dadurch erhielten populistische Strömungen Auftrieb. Es wird also deutlich, dass eine **genauere Kommunikation** und eine **bedachtere Wortwahl Fehleinschätzungen** und falschen Vorstellungen **vorbeugen kann**.

Begründete Stellungnahme

Zusammenhang von Sprache und Denken: Wecken unangemessener Emotionen

Und sicherlich kann man der Verfasserin auch darin beipflichten, dass die **mediale Inszenierung** eines **Kampfes zwischen Mann und Frau** über den Begriff „Genderkrieg" **problematisch** ist – insbesondere dann, wenn dadurch das Geschlecht der Debattierenden in den Vordergrund gerückt wird und die Argumente in den Hintergrund geraten (vgl. Z. 40–43). Den Eindruck zu erwecken, Gegner und Befürworter des Genderns würden sich gegenseitig „die Köpfe einschlagen", wenn sie sich doch nur argumentativ austauschen, ist dabei oft eine Strategie für mehr Klicks oder Zeitungskäufe. Eine

Mediale Inszenierungen als Problem

Versachlichung, wie sie Stokowski fordert, wäre hier sicher wünschenswert.

Auf der anderen Seite ist zu betonen, dass ein **Verzicht auf uneigentliches Sprechen**, etwa in Form von Metaphern, Vergleichen oder Symbolen, **dem nicht gerecht** wird, **was Sprache leisten kann**. Sprache ist ein Mittel zur Verständigung – und damit es zu keinen Missverständnissen kommt, müssen sich die Gesprächsteilnehmer und Gesprächsteilnehmerinnen aufeinander einstellen. Es muss auf die Situation geachtet werden, in der man sich beim Sprechen befindet und Formulierungen müssen **auf das Gesprächsziel ausgerichtet** werden. **Übertreibungen**, **Metaphern** oder gewagte **Vergleiche** gehören hier dazu. Sie können sogar **Klarheit schaffen**, indem sie pointiert auf einen bestimmten Sachverhalt hinweisen oder eine Bewertung verdeutlichen. Die Autorin selbst stellt Bedenken hinsichtlich einer sensiblen Sprache hintan, wenn sie eine teils **ins Vulgäre abgleitende Ausdrucksweise** wählt, um ihre **Empörung** zu zeigen. Umgekehrt kann es auch angemessen sein, beschönigend bzw. äußerst vorsichtig und behutsam von einer Sache zu reden. Welcher Schüler, der eine schlechte Note erhalten hat, möchte das unverblümte Urteil seiner Lehrkraft hören, etwa: „Das war ein Totalversagen!" Diese Rückmeldung dürfte wohl kaum die Motivation im Unterricht fördern. Das Beispiel zeigt, dass es **in manchen Situationen auch angebracht** sein kann, die **Dinge nicht direkt beim Namen zu nennen**.

Anpassung der Sprache an den situativen Kontext

Und im **Einzelfall** mag auch die **Metapher „Geschlechterkampf" aussagekräftig** sein – und zwar, wenn tatsächlich eine erbitterte Debatte zwischen Männern und Frauen ausgetragen wird, mit verhärteten „Fronten" und mit allen rhetorischen „Waffen", die das „Arsenal" der Sprache zur Verfügung stellt. Die Metapher kann dann tatsächlich zur Klarheit beitragen, wie Stokowski es ja auch fordert (vgl. Z. 45 f.).

Berechtigte Verwendung von Metaphern

Daher bin ich der Meinung, dass die **Forderung** Stokowskis teilweise **zu kurz greift**. Selbstverständlich ist auf eine klare und sensible Ausdrucksweise zu achten. Gerade in der Genderdebatte ist hier bisweilen Maß und Mitte verloren gegangen. Und eine dramatisierende Sprache, die eine Debatte mit einem falschen Etikett versieht, um Aufmerksamkeit zu erzeugen (in Überschriften, Tweets, Newslettern), darf man guten Gewissens kritisieren. Aber eine grundsätzliche **Verdammung metaphorischen Sprechens geht zu weit**. Wenn wir Metaphern mit Bedacht wählen, dann bereichern sie unsere Sprache. Ob Stokowskis Wendung „unbedachtes Wörterkotzen" (Z. 45) hier dazugehört, müssen die Leserinnen und Leser selbst entscheiden.

Schluss

Persönlicher Standpunkt

Kernfach Deutsch (Schleswig-Holstein) –
Abiturprüfung 2022

Um Ihnen die Prüfung 2022 schnellstmöglich zur Verfügung stellen zu können, bringen wir sie in digitaler Form heraus.

Sobald die Original-Prüfungsaufgaben 2022 freigegeben sind, können sie als PDF auf der Plattform **MyStark** heruntergeladen werden (Zugangscode vgl. Farbseiten vorne im Buch).

Prüfung 2022

www.stark-verlag.de/mystark

PRÜFUNGS-ANGST

STOPP DIE PANIK

Mit der Fußsohlen-Methode

Prüfungen können Angst- und Fluchtsituationen sein. Dein Körper schüttet Adrenalin aus und dämpft das Gefühl in den Füßen. Z. B. beim Weglaufen ist es gut, wenn man die Füße nicht spürt. Eine Prüfung ist aber **keine Gefahrensituation**. Signalisiere deinem Körper, dass du nicht weglaufen musst, und bring das Gefühl in deine Füße zurück:

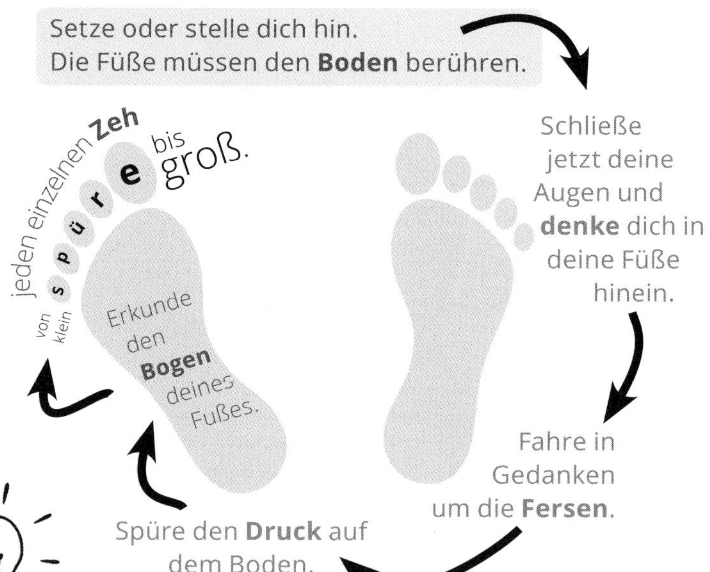

Dein Körper **fühlt** die Füße wieder und denkt, er sei in keiner Panik-Situation, sondern in **Sicherheit**.